Kyung Jik Lee – Platons Raumbegriff

EPISTEMATA

WÜRZBURGER WISSENSCHAFTLICHE SCHRIFTEN

Reihe Philosophie

Band 276 — 2000

Kyung Jik Lee

Platons Raumbegriff

Studien zur Metaphysik und Naturphilosophie im „Timaios“

Königshausen & Neumann

Gedruckt mit Unterstützung des Deutschen Akademischen Austauschdienstes

Die Deutsche Bibliothek — CIP-Einheitsaufnahme

Ein Titeldatensatz für diese Publikation
ist bei der Deutschen Bibliothek erhältlich.

D 352

Gedruckt auf säurefreiem, alterungsbeständigem Papier
Umschlag: Hummel / Lang, Würzburg
Bindung: Rimparer Industriebuchbinderei GmbH

Printed in Germany
ISBN 3-8260-1822-2

Meinen Eltern gewidmet

Inhaltsverzeichnis

Vorwort

Bekanntlich steht für Platon die Problematik des Aufbaus der Natur im Zentrum seines Spätdialogs „Timaios". Dabei ist vor allem bemerkenswert, daß Platon im zweiten Teil des „Timaios" den Raum als die dritte Gattung oder als das neue Prinzip seiner Kosmologie bzw. Kosmogonie einführt. Aufgabe dieser Gattung oder dieses Prinzips ist es, die Materialität der Dinge der Natur und die Veränderungen der Phänomene zu erklären. Diesem seinem Versuch darf man deshalb große philosophische Bedeutung beimessen, weil mit ihm die in den Früh- und Mitteldialogen (besonders im „Phaidon") aus dem Bereich der Wissenschaft verwiesene natürliche Welt zum Gegenstand der Untersuchung gemacht wird, und weil sich auf diese Weise die Möglichkeit einer neuen Art der Erklärung der Natur, die einen großen Einfluß auf die spätere Entwicklung der Physik ausüben sollte (im Unterschied zur Erklärung der Natur bei den Vorsokratikern), abzeichnet. In diesem Sinne bildet der Raum als die dritte Gattung einen wichtigen Themenbereich, der für das Verständnis der Naturphilosophie bei Platon und Aristoteles sowie für die weitere Geschichte der Naturphilosophie von entscheidender Bedeutung ist.

In der bisherigen Interpretation von Platons Naturphilosophie ist es nicht gelungen, die Systematik dieser Naturphilosophie vollständig ans Licht zu bringen. Die wesentlichen Gründe dafür sind die folgenden:

1. Platon selbst hat im „Timaios" bemerkt, daß der Begriff des Raumes dunkel und schwierig ist. Er macht in diesem Zusammenhang auf unzulässige Analogien und auf Widersprüche aufmerksam. Die Platon-Forschung hat versucht, diese Widersprüche zu beseitigen. Dabei werden aber wichtige Aspekte zugunsten anderer vernachlässigt oder konsistente Interpretationen durch einseitige Auslegungen erzwungen.

2. Das Problem des Raumbegriffs wurde in der bisherigen Platon-Interpretation hauptsächlich im Zusammenhang mit der Naturphilosophie des Aristoteles oder mit der vorsokratischen Naturphilosophie behandelt. Dabei wurde der Begriff des Raumes entweder nur als erster Schritt in Richtung auf den Aristotelischen Materiebegriff oder nur als eine Erweiterung der Naturphilosophie der Vorsokratiker betrachtet. Eine Folge davon war, daß man die Möglichkeit übersah, daß es zwei unterschiedliche Raumbegriffe bei Platon geben könnte.

Im Gegensatz zu den gängigen Auffassungen wird hier die These vertreten, daß die Rede vom Raum bei Platon tatsächlich zwei unterschiedliche Bedeutungen hat und daß die Ursache dafür in der Ontologie liegt. Das bedeutet, daß man die Platonische Kosmologie im Kontext der Platonischen Ontologie verstehen muß.

In dieser Perspektive geht es in der vorliegenden Arbeit um den Begriff des Raumes und seinen Zusammenhang mit der Platonischen Metaphysik als ein fundamentales Problem der Platonischen Philosophie. Die Analysen und Überlegungen konzentrieren sich auf die Frage, von welcher Art der Begriff des Raumes ist und warum Platon zwei unterschiedliche Bedeutungen des Raumes unterscheidet. Daher besteht die Hauptaufgabe dieser Arbeit darin, den Zusammenhang der Naturphilosophie Platons mit seiner Ontologie, der bisher in der Forschung zu wenig beachtet wurde, deutlich zu machen und kritisch zu analysieren. Erst auf diese Weise können der Sinn und das Wesen der Platonischen Naturphilosophie zufriedenstellend geklärt werden.

Die wichtigste Grundlage bildet der Dialog „Timaios", der zu einem der schwierigsten Dialoge Platons gehört und zentrale Themen der Naturphilosophie behandelt. Die Schwierigkeiten beginnen bereits bei der Datierung des Dialogs, der für die einen (wegen der Präsenz der Ideenlehre) eher zu den mittleren Dialogen, für die anderen (wegen des elaborierten Charakters einer ‚mathematischen Physik') zu den Spätdialogen zählt, setzen sich im unklaren und scheinbar unentschiedenen Nebeneinander von ideentheoretischen und mathematischen Konstruktionen fort und enden bei einem weitgehend ungeklärten Raumbegriff im Zentrum dieser Konstruktionen. Wie im Laufe der Untersuchung deutlich wird, lassen sich durch eine sorgfältige Interpretation dieses Textes neue Aspekte von Platons Naturphilosophie aufdecken. In diesem Zusammenhang wird auch die Struktur des Dialogs auf eine neue Weise interpretiert.

Die vorliegende Arbeit ist die leicht überarbeitete Fassung meiner Dissertation, die im Sommersemester 1999 von der Philosophischen Fakultät der Universität Konstanz angenommen wurde. Meine Beschäftigung mit dem „Timaios" begann im Herbstsemester 1990 an der Nationalen Universität in Seoul. Dafür möchte ich Professor Dr. NamDuh Kim danken, denn er war es, der mir die ersten Anregungen vermittelte. An erster Stelle gilt mein Dank aber meinem Doktorvater, Professor Dr. Jürgen Mittelstraß, der die Arbeit von Anfang an mit seinem wissenschaftlichen Rat und konstruktiver Kritik gefördert hat. Ohne seine Unterstützung wäre das Vorhaben in dieser Form nicht durchführbar gewesen. Mein Dank gilt auch dem zweiten Gutachter dieser Arbeit, Professor Dr. Gereon Wolters, vor allem für viele Anregungen, die ich in seinen Seminaren über die Naturphilosophie der Vorsokratiker erhielt, und Professor Dr. Gerhard J. Baudy für eine kundige Einführung in die griechische Literatur, ferner Dr. Karl-Heinz Hülser und Dipl.-Math. Jacob Rosenthal für viele Anregungen.

Dank sagen möchte ich aber auch den Platon-Forschern, die mir im September 1995 im Rahmen des IV. Symposium Platonicum in Granada wichtige Hinweise gaben, insbesondere Professor Tomás Calvo (Universität Madrid), dem Präsidenten dieser Tagung, und denjenigen, die mir unveröffentlichte Manuskripte zum „Timaios" zur Verfügung stellten: Professor Matthias Baltes (Universität Münster), Professor Denis O'Brien (C.N.R.S. Paris), Professor Luc Brisson (C.N.R.S. Paris), Professor Michael Erler (Universität Würzburg), Professor Claude Gaudin (Universität Jean Moulin. Lyon 3), Professor Francisco

Lisi (Universität Salamanca), Professor Tim Mahoney (Universität Texas, Arlington), Dr. Walter Mesch (Universität Tübingen), Professor Erik Ostenfeld (Universität Aarhus), Professor Thomas Robinson (Universität Toronto), Professor Livio Rossetti (Universität Perugia), Professor Samuel Scolnicov (Universität Jerusalem) und Professor Thomas A. Szlezák (Universität Tübingen). Für weitere Manuskripte danke ich Professor Hiroyuki Ogino (Universität Sophia, Tokyo), Professor Rosamond Sprague (Universität South Carolina) und Professor Harold Tarrant (Universität Newcastle).

Ich danke dem Deutschen Akademischen Austauschdienst (DAAD), der mir durch ein Stipendium ein weiterführendes Studium und die Promotion in Deutschland ermöglicht und mit einem Druchkostenzuschuß zur Veröffentlichung dieser Arbeit beigetragen hat, und dem Verlag Königshausen & Neumann für eine problemlose Zusammenarbeit. Ein besonders herzlicher Dank gilt meiner Frau Ellie für ihre Liebe und ihre große Geduld, mit der sie meine Arbeit gefördert hat.

Konstanz, im Sommer 1999 Kyung Jik Lee

I Die Erklärung der Welt als wahrscheinliche Erklärung (eikôs logos)

1 Einleitung

Am Ende der Vorrede zum „Timaios" (Tim. 29C) markiert Platon eine Grenze seiner kosmologischen Darstellung: „Wenn nun, Sokrates, bei ausführlichem Vortrag über mannigfaltige Vorgänge – Entstehung von Göttern und des Alls – wir nicht in der Lage sein sollten, in jedem Augenblick ganz und gar mit sich selbst übereinstimmende und genau abgestimmte Rede zu führen, so sei bitte nicht verwundert; vielmehr wenn wir Erklärungen vortragen, die nicht weniger wahrscheinlich sind als die anderer auch, so müssen wir uns damit zufriedengeben."[1]

Was ist gemeint? Die Vorstellungen darüber sind unterschiedlich. So suchen die meisten Platon-Interpreten Platons kosmologische Konzeption, auch gegen offenkundige Unklarheiten und sogar Widersprüche, als begriffliche und theoretische Einheit darzustellen. Steht einer entsprechenden Interpretation etwas im Wege, so wird es als Beispiel für die partielle Begrenztheit der Platonischen Naturerklärung beiseitegeschoben. Übersehen wird, daß diese Begrenztheit Teil der Platonischen Konzeption sein könnte, d.h. mit Platons eigenen Vorstellungen über die Grenzen der Naturphilosophie übereinstimmen könnte. Die Folge sind gelegentlich fast beliebig anmutende Interpretationen des sachlichen Gehalts der Platonischen Kosmologie.

Demgegenüber wird hier die These vertreten, daß Platon durchaus gesagt hat, wann und warum die Rede über die Welt eine wahrscheinliche Rede, d.h. nicht wahr (oder exakt) und gegebenenfalls nicht widerspruchsfrei, ist, und daß diese Feststellung nicht auf die dargelegte kosmologische Darstellung insgesamt zutrifft. Dazu sollen zunächst alle Stellen geprüft werden, in denen Platon seine Erklärung als wahrscheinliche Rede bezeichnet. Auf diese Weise wird klar, wo seine Naturphilosophie nicht exakt (akribês), sondern wahrscheinlich (eikôs) ist. Die Wahrscheinlichkeit der Naturerklärung, so wird sich herausstellen, ist dort gegeben, wo Ideenlehre und mathematische Konstruktionen Anwendung auf die Naturdinge finden.[2]

Mit ‚wahrscheinliche Rede' wird hier sowohl der Ausdruck ‚eikôs logos' als auch der Ausdruck ‚eikôs mythos' wiedergegeben, die beide dasselbe zu bedeuten scheinen. Einige Platon-Interpreten behaupten, daß der Ausdruck ‚mythos'

---

[1] In der Regel wird die Timaios-Übersetzung von O. Apelt (Timaios [griech./dt.], Leipzig 1919, Hamburg 1992) verwendet.

[2] Vgl. D. J. O'Meara (1989), Pythagoras Revived: Mathematics and Physics in Late Antiquity, 183, 185.

im „Timaios" dasselbe bedeutet wie in anderen Dialogen Platons. Wenn Protagoras im gleichnamigen Dialog sagt, „ich will dir keinen mythos vorlegen, sondern einen logos" (Prot. 324D), dann meint er, daß es nicht um Fiktionen, sondern um Tatsachen geht.[3] In diesem Kontext steht der Ausdruck ‚mythos' für eine Fiktion. Im gleichen Sinne heißt es dann, daß Platons Kosmogonie bzw. Kosmologie im „Timaios" eine Fiktion, und zwar eine Fiktion aus pädagogischen Gründen, sei.[4]

Nun scheinen aber aus moderner Sicht die Erklärungen im „Timaios" auf sehr verschiedenen Ebenen zu liegen und auch von unterschiedlichem sachlichen Niveau zu sein. Während die mathematische Erklärung der Materie außerordentlich anspruchsvoll ausfällt und Platons Physiologie und Pathologie die neuesten Vorstellungen der medizinischen Schule in Sizilien widerspiegeln[5], scheint es sich bei den Erklärungen im dritten Teil des „Timaios", insbesondere bei der physiologischen Erklärung des Unterschieds zwischen Männern und Frauen, um Pseudoerklärungen zu handeln.[6] Außerdem wirkt die Darstellung der Konstruktion der Weltseele im ersten Teil des „Timaios" überaus spekulativ. Das aber bedeutet, daß Platons Intentionen schwer zu fassen sind und eine einheitliche Deutung schwierig ist.

2 Die Synonymität von eikôs mythos und eikôs logos

In diesem Zusammenhang unterscheiden einige Platon-Interpreten zwischen einem auf einem eikôs logos beruhenden Teil und einem auf einem eikôs mythos beruhenden Teil. Auf diese Weise soll ermöglicht werden, die mathematische Darstellung der Materie im zweiten Teil des „Timaios" als etwas anderes denn als bloße Fiktion zu deuten.[7] So beginnt z.B. Gadamer seine Interpretation der Na-

---

[3] Vgl. Gorg. 523A. Dazu W. K. C. Guthrie (1978), A History of Greek Philosophy V: The Later Plato and the Academy, 250.

[4] E. Howald (1922), Eikos logos, Hermes 100, 65-66, 70; W. K. C. Guthrie (1978), 251, Anm. 2 (gegen Howald). Vgl. F. M. Cornford (1937), Plato's Cosmology, 29-32; W. Kullmann (1998), Aristoteles und die moderne Wissenschaft, 43, 257.

[5] W. K. C. Guthrie (1978), 252-253.

[6] Beispiel: Die Leber, wie ein Spiegel, bedient sich der Sehergabe im Schlaf (Tim. 71A-D).

[7] Vgl. K. M. Meyer-Abich (1973), Eikos Logos. Platons Theorie der Naturwissenschaft, in: E. Scheibe/G. Süßmann (Hrsg.) (1973), Einheit und Vielheit. Festschrift für Carl Friedrich v. Weizsäcker zum 60. Geburtstag, 22-44; H.-G. Gadamer (1974), Idee und Wirklichkeit in Platons Timaios; K. Gloy (1986), Studien zur platonischen Naturphilosophie im Timaios; J. E. Moncada (1994), Chora und Chronos. Logos und Ananke in der Elemententheorie von Platons „Timaios". Siehe auch G. Reale (1996), Platons protologische Begründung des Kosmos, in: E. Rudolph (Hrsg.) (1996), Polis und Kosmos. Naturphilosophie und Politische Philosophie bei Plato, 16; ders. (1997), Plato's Doctrine of the Origin of the World: With Special Reference to the Timaeus, in: T. Calvo/L. Brisson (Hrsg.) (1997), Interpreting the Timaeus-Critias, 151-152, 154; D. T. Runia (1989), Plato: Timaeus 30B6-C1, Elenchos 10, 435-443; ders. (1992), The Language of Excellence in Plato's Timaeus and Later Platonism, in: G.

turphilosophie Platons damit, die Vorrede des „Timaios“ (27D-29D) in zwei Teile zu gliedern: einen Teil über das reine Werden und einen Teil über das einmalige Werden. Seiner Deutung nach geht es im ersten Teil (Tim. 27D-28A) um Folgendes: „Was ist das immer Seiende, das kein Werden an sich hat, und was ist das immer Werdende, das doch nie ist? – Das eine ist durch Denken, mit Vernunft erfaßbar, stets so seiend, wie es ist, das andere dagegen durch Meinung, mit vernunftloser Wahrnehmung vermutbar, werdend und vergehend, doch nie in Wirklichkeit seiend.“

An dieser Stelle unterscheidet Platon tatsächlich streng zwischen dem Sein und dem Werden. Einige Platon-Interpreten, so z.B. F. M. Cornford und H.-G. Gadamer, behaupteten jedoch, daß dem ein anderer Begriff des Werdens folge. Wenn Platon sage, alles Werdende entstehe notwendigerweise infolge einer bestimmten Ursache, dann werde hier in einem anderen Sinne vom Werden gesprochen als zuvor. Diejenigen Platon-Interpreten, die wie Gadamer auch einen Unterschied zwischen einem eikôs logos und einem eikôs mythos machen, argumentieren, daß beiden Begriffen des Werdens auch unterschiedliche Sachverhalte entsprächen, nämlich zum einen das reine, immer erfolgende Werden, zum anderen das einmalige, vom Demiurgen herbeigeführte Werden. Ihrer Meinung nach bildet das zweite Werden, die Schöpfung des Demiurgen, das Hauptthema des ersten Teils des „Timaios“, während das erste Werden, das immer erfolgende Werden bzw. die ständige Veränderung, im zweiten Teil des „Timaios“ behandelt werde. In diesem Sinne muß es im ersten Teil des „Timaios“ den Demiurgen geben, der, auf die Ideen blickend, die Welt so schön wie möglich zusammenfügt,

---

Gersch/C. Kannengiesser (Hrsg.) (1992), Platonism in Late Antiquity, 21-25; ders. (1997a), The Literary and Philosophical Status of Timaeus Prooemium, in: T. Calvo/L. Brisson (Hrsg.) (1997), 101-118. Nach Reale und Runia ist besonders die Vorrede des „Timaios“ nicht mythisch, sondern metaphysisch, d.h. dialektisch. Runia (1989) sucht eine Stelle (Tim. 30B-C), in der der Begriff der Wahrheit auftritt, mit seiner Vorstellung zu harmonisieren. Die dialektische bzw. exakte Rede läßt sich im „Timaios“ an einigen Stellen außerhalb der Vorrede finden (Tim. 30B, 37B, 37E-38B, 44A, 49A, 51E, 52C, 59C). Anders P. L. Donini (1988), Il Timeo. unità del dialogo, verisimiglianza del discorso, Elenchos 9, 47. Donini erklärt die exakte Rede im „Timaios“ als eine Art von wahrscheinlicher Rede. E. N. Lee (1966) (On the Metaphysics of the Image in Plato's Timaeus, Monist 50, 341-350) versteht die Rede in Tim. 48E-52D als konsistente Rede von Abbildern, damit als nicht wahrscheinliche Rede. Nach F. Solmsen (1977) (Plato and Science, in: H. F. North (Hrsg.) (1977), Interpretations of Plato, 87-90) ist die Kosmologie des „Timaios“ deswegen nicht in dialektischer, sondern in mythischer Form vorgetragen, weil sie sowohl wissenschaftliche Überlegungen als auch nicht-wissenschaftliche Überlegungen enthalten solle. Er sagt aber nicht, warum auch wissenschaftliche Überlegungen die Form eines Mythos haben sollen. Nach T. S. Hall (1965) (The Biology of the *Timaeus* in Historical Perspective, Arion 4, 109) ist Platons Kosmogonie mythisch, seine Physik und seine Biologie wissenschaftlich. Dadurch schließt er aber die Physik als das Resultat einer poiêsis aus (109). Das wiederum ist nicht der Fall; der Demiurg, der eine mathematische Physik konstruiert, wird als poiêtês geschildert. Vgl. E. J. Aiton/A. M. Duncan/J. V. Field (1997), J. Kepler. The Harmony of the World, xiv. Nach diesen Autoren ist nur die mathematische Theorie der Elemente im „Timaios“ exakt. Dazu später mehr.

während im zweiten Teil die Ideen den Platz des Demiurgen einzunehmen scheinen.[8]

In der Tat benutzt Platon im zweiten Teil des „Timaios" für die Ideen die Metapher ‚Vater', die im ersten Teil für den Demiurgen verwendet wird.[9] Dies ist auch einer der von Gadamer angeführten Gründe; er sucht in diesem Zusammenhang zu zeigen, daß der Demiurg bei der geometrischen Konstitution der Elemente nicht beteiligt ist.[10] Gegen diese Deutung, die sich zugleich als eine Entmythologisierung des Timaios[11] versteht, lassen sich allerdings einige Gründe geltend machen. Wenn Gadamer z.B. die geometrische Ordnung bereits im Bereich der Notwendigkeit wirksam sieht, muß er die Notwendigkeit als die Notwendigkeit mechanischer Gesetze verstehen und folglich auch annehmen, daß die ‚Überredung' (peithô, Tim. 48A), die Platon als eine der wichtigsten Tätigkeiten des Demiurgen schildert, bei der Wahl der schönsten Urdreiecke (Tim. 54A) auch ohne diesen erfolgen könne.[12] Ferner betont Gadamer den lediglich plausiblen Charakter der Notwendigkeit[13]; unerklärt bleibt, warum Platon die Notwendigkeit auch als ‚wandernde' bzw. ‚umherschweifende' Ursache bezeichnet. Nach Gadamers Auffassung wäre die Notwendigkeit vorstrukturiert und deshalb immer ein geeignetes Material für die Konstruktion der Welt. In diesem Fall wäre die Überredung, die nur so weit wie möglich, nicht perfekt, erfolgreich ist, nicht nötig.[14] Außerdem gibt es eine Stelle (Tim. 69B-C), die deutlich macht, daß der Demiurg bei der geometrischen Konstruktion der Elemente beteiligt ist: Zuerst hat er alle (noch nicht konstruierten) Elemente in eine Ordnung gebracht; dann fügt er aus ihnen die Welt als ein Lebewesen zusammen.

Überdies findet sich im ersten Teil des „Timaios" die Bemerkung, daß auch die Rede von der Welt eine begründbare Erklärung sei (Tim. 40E). Auch scheint Gadamer die Unterscheidung zwischen den Elementen und ihren ‚Spuren' nicht

---

[8] Vgl. R. D. Mohr (1985), The Platonic Cosmology, 108-109.

[9] Vgl. M. L. Gill (1987), Matter and Flux in Plato's Timaeus, Phronesis 32, 38-39.

[10] H.-G. Gadamer (1974), 22. Gadamer schließt die Anwendung „nach Gestalt und Zahl" (eidesi te kai arithmois, Tim. 53B) an die geometrische Konstitution der Elemente an, will diese aber nicht als eine Tätigkeit des Demiurgen verstehen. Eine ähnliche Interpretation findet sich bei R. D. Mohr (1985), 110-112.

[11] H.-G. Gadamer (1974), 34.

[12] Vgl. K. Alt (1978), Die Überredung der Ananke zur Erklärung der sichtbaren Welt in Platons Timaios, Hermes 106, 466. Hier wird behauptet, daß „alle Ordnung bis hin zu den letzten unserem Erkennen erreichbaren ‚Anfängen' göttlich geplant ist". A. Laks (1990) (Legislation and Demiurgy: On the Relationship Between Plato's Republic and Laws, Classical Antiquity 9, 227, Anm. 85) folgt Alt. Vgl. ferner K. Gaiser (1987), Die Ursprünge des idealistischen Naturbegriffs bei Platon, in: M. J. Petry (Hrsg.) (1987), Hegel und die Naturwissenschaften, 19.

[13] Gadamer versteht die geometrische Erklärung der vier Elemente als eine Theorie im modernen Sinne (27). Dagegen J. Mittelstraß (1962), Die Rettung der Phänomene. Ursprung und Geschichte eines antiken Forschungsprinzips, 100-101, 101, Anm. 148.

[14] Vgl. J. E. Moncada (1994), 84; S. Sharafat (1997), Elemente von Platons Anthropologie in den *Nomoi*, 38-39. Ferner S. Sambursky (1987), The Physical World of the Greeks, 49.

zu beachten.[15] Tatsächlich ist diese Unterscheidung wichtig; die Elemente können als ‚das Derartige' (to toiouton) bezeichnet werden, während das bei ihren ‚Spuren' nicht möglich ist (Tim. 53B, 69B). Schließlich betont Gadamer, daß die ‚Hörer' der geometrischen Darstellung im „Timaios" Spezialisten sind, die an den Tugenden der mathematischen Bildung teilhaben, und versucht auch auf diese Weise zwischen einer spekulativen Naturphilosophie im ersten Teil und einer theoretischen, mathematischen Naturphilosophie im zweiten Teil zu unterscheiden. Doch sind die ‚Hörer' des zweiten Teils auch die ‚Hörer' des ersten Teils; es sind Sokrates, Kritias und Hermokrates. Sokrates bestätigt, daß Kritias in allem, was die Dialogteilnehmer bereden, ein beschlagener Mann sei, und daß Hermokrates dank seiner Begabung und Bildung allen diesen Dingen (auch den mathematischen) gewachsen sei.[16] Sie sind kritische Sachverständige gegenüber der auf einer geometrischen Erklärung basierenden Darstellung des Timaios (Tim. 29D).

Hinzu kommen andere Unplausibilitäten einer derartigen Interpretation. So würde Platon nach dieser Interpretation den eikôs logos ganz anders verstehen als den eikôs mythos: der eikôs logos ist verisimilis, nämlich eine sich der Wahrheit nähernde Darstellung, der eikôs mythos dagegen eine ‚märchenhafte' Rede. Dagegen legt Platon seine Erklärung des Werdens bzw. der Veränderung der Elemente auf den eikôs mythos fest (Tim. 59C, 68D). Auch an denjenigen Stellen, wo man einen eikôs logos erwarten könnte, spricht Platon vom eikôs mythos. Eben dies bedarf der Erklärung.[17]

Gadamer sucht auszuschließen, daß vom eikôs logos und vom eikôs mythos in der Vorrede des „Timaios" in gleicher Weise geredet wird, und begründet dies damit, daß das Adverb ‚immer (aei)' beim Werden in Tim. 28A fehlt; das Werden an dieser Stelle bedeute das einmalige Werden, während das ständige Werden in Tim. 27D-28A die stete Veränderung in der Welt sei. In diesem Sinne sei von den beiden Teilen der Vorrede der eine die Einleitung zum ersten Teil des Dialogs, der andere die zum zweiten Teil. Nach Gadamers Interpretation bietet also der erste Teil des „Timaios" eine andere Erklärung als der zweite Teil: der erste Teil ist eine ‚märchenhafte' Rede vom einmaligen Werden in Form einer Kosmogonie, der zweite Teil verisimilis, nämlich eine sich an exaktes Wissen annähernde Rede, die die Veränderungen in der Welt mathematisch zu erklären versucht. In diesem Sinne sieht Gadamer daher auch keinen wesentlichen Unterschied zwischen Platons mathematischer Erklärung der Naturdinge und modernen naturwissenschaftlichen Erklärungen: beide haben den Zweck, möglichst nahe an die Wahrheit heranzuführen. In diesem Sinne schätzen auch andere Interpreten Platons Naturphilosophie, insbesondere die Geometrie der Materie, hoch ein.

---

[15] H.-G. Gadamer (1974), 22-24.

[16] Hier liegt daher auch eine Beziehung zur Rolle der Mathemata im Bildungsprogramm der „Politeia" nahe.

[17] J.-F. Mattéi (1996) (Platon et le Miroir du Mythe. De l'Âge d'Or à l'Atlantide) behauptet, daß Platon hier die Unterscheidung zwischen logos und mythos nicht beachte, obwohl er dies seiner Auffassung nach tun müßte (4-5).

Darüber hinaus wird von philologischer Seite behauptet, daß das Adverb ‚immer', bezogen auf das Werden, auch in Tim. 27D-28A fehlt.[18] Wenn dies richtig ist, gerät eine Interpretation, die in der Vorrede des „Timaios" zwei Bedeutungen von Werden festzustellen sucht, allerdings in eine schwierige Lage.

Nun könnte man, wie K. M. Meyer-Abich[19], argumentieren, daß die Veränderungen der Elemente in der ersten Hälfte des zweiten Teils quantitativ behandelt werden, während sie in der zweiten Hälfte (Tim. 58C-68D) als sinnliche Gegenstände betrachtet werden. Die zweite Betrachtung ist eikôs in dem Sinne, daß das sinnlich Gegebene begründet wird, aber nicht eikôs logos, sondern eikôs mythos in dem Sinne, daß es nicht quantitativ begründet werden kann.[20] Nach dieser Interpretation gäbe es aber zwei Bedeutungen von ‚mythos', was Platon schwerlich gemeint haben kann. Außerdem setzt die Erklärung der Veränderungen der Elemente die geometrische, quantitative Erklärung voraus; im Grunde ist sie zugleich eine quantitative Darstellung der Veränderung.

Um diese Schwierigkeiten zu überwinden, ließe sich (mit K. Gloy) sagen: Der eikôs logos und der eikôs mythos sind aus unterschiedlichen Gesichtspunkten zwei Erklärungen desselben Sachverhaltes. So wird z.B., was in der mathematischen Elemententheorie als eikôs logos angesehen wird, zum eikôs mythos, wenn sich ein ‚höherer' Anfang als der von Platon gewählte Anfang mit zwei Arten von Urdreiecken finden ließe. Wäre dies der Fall, würde die Erklärung über den vorhergehenden höheren Anfang vom eikôs logos zum eikôs mythos. Dieser Interpretation nach werden der eikôs logos und der eikôs mythos relativ zum menschlichen Erkenntnisvermögen ermittelt.[21]

Doch ein derartiger Relativismus findet sich bei Platon an keiner Stelle.[22] Gloy sucht eine Begründung für diese Behauptung in unterschiedlichen Stufen der Einsicht in Tim. 23B.[23] Kritias' logos gehört demnach zu einer höheren Stufe

---

[18] Vgl. J. Whittaker (1968), The „Eternity" of the Platonic Forms, Phronesis 13, 131-132; ders. (1969), Timaeus 27d 5ff., Phoenix 23, 184; ders. (1973), Textual Comments on Timaeus 27C-D, Phoenix 27, 387-391; T. M. Robinson (1979), The Argument of Tim. 27dff., Phronesis 24, 106-108. Vgl. ferner M. Baltes (1996a), Gégonen (Platon. Tim. 28B7), in: K. A. Algra/P. W. van der Horst/D. T. Runia (Hrsg.) (1996), Polyhistor: Studies in the History and Historiography of Ancient Philosophy, 76-94, der die Probleme einer Deutung, die die Schöpfung des Demiurgen als einmalig versteht, ausführlich darstellt. Vgl. H. Krämer (1996), Die Idee der Einheit in Platons Timaios, Perspektiven der Philosophie. Neues Jahrbuch 22, 290-297.

[19] Meyer-Abich behauptet, daß der eikôs logos sich auf die Materie im zweiten Teil bezieht, während der eikôs mythos die Götter und den Ursprung des Alls im ersten Teil betrifft. Doch sagt Platon am Ende des „Timaios" (92C), daß seine Rede über das All ein Ende gefunden hat; die Rede im „Timaios" bezieht sich folglich auf das All, nämlich auf die ganze Welt.

[20] K. M. Meyer-Abich (1973), 41-42.

[21] Nach J. B. Skemp (1967) (The Theory of Motion in Plato's Later Dialogues, 67, 110) ist der eikôs mythos seiner Möglichkeit nach eikôs logos.

[22] I. W. Rath (1990), An den Grenzen des wissenschaftlichen Logos. Zu Platons Timaios, Zeitschrift für Ganzheitsforschung 34, 152.

[23] Vgl. Tim. 21A, 21C-D, 26D-E.

der Einsicht als im Falle von ‚Kindermärchen'.[24] Doch dieser Unterschied läßt sich wohl nur als eine Bewertung aus der Perspektive des Kritias verstehen. In diesem Zusammenhang wird auch deutlich, warum der ägyptische Priester, der die Quelle der Rede des Kritias ist, nach Kritias die Rede von Solon als ein Kindermärchen auffaßt (Tim. 23B). Solon, wie Timaios, versteht seine Rede als eine nachgeordnete Aufgabe. Hauptaufgabe Solons ist die Politik, Hauptaufgabe des Timaios die Philosophie. Im Gegensatz dazu bedauert Kritias, daß Solon der Poetik kein Vorrecht einräumt, und behauptet, daß Solon als poiêtês seine Rede besser als Homer und Hesiod gemacht hätte, wenn er die Poetik als seine Hauptaufgabe verstanden hätte. In Tim. 26C faßt Kritias auch Sokrates' Rede vom Idealstaat als eine Schilderung in Form eines Mythos auf.[25] Timaios' Antwort lautet jedenfalls: „Wenn jemand die wahrscheinliche Rede über das Werden durchmustert, so verschafft er sich wohl eine angemessene und verständige Abwechslung in seinem Leben" (Tim. 59C-D). Hier scheint Timaios Kritias' Verständnis einer Metapher zu kritisieren: *Kinder-(paidôn)*märchen könnten eine verständige Abwechslung (paidia) bedeuten.[26] In diesem Sinne betont Timaios die Angemessenheit und die Vernunft dieser Abwechslung. Schon zuvor hatte Timaios eine bildhafte Rede verwendet, um seine Gegner zu kritisieren: „Die Behauptung unzählig vieler Welten sei Meinung eines Mannes, der nun wahrlich kenntnislos ist in Dingen, in denen man kenntnisreich sein sollte" (Tim. 55D).[27] Timaios übernimmt Kritias' Beurteilung nicht. So ist die Erklärung, die mit zwei Arten von Urdreiecken operiert, auch dann noch ein eikôs logos, wenn zunächst ‚höhere' Anfänge als dieser Anfang gefunden wären.[28] In diesem Sinne gibt es denn auch keinen Unterschied zwischen Platons Rede vom eikôs logos und vom eikôs mythos.[29]

---

[24] K. Gloy (1986), 42.

[25] Vgl. Tim. 26D-E, Krit. 107A-108A.

[26] Vgl. L. Brisson (1996a), Einführung in die Philosophie des Mythos, 25 (paidia stammt von pais ab). Vgl. auch G. E. R. Lloyd (1991), Methods and Problems in Greek Science, 333. Nach I. W. Rath (1990) deutet diese Bemerkung an, daß sich die Rede des „Timaios" an das Sein binden ließe (153). Diese Bemerkung soll allerdings als eine Antwort für Kritias verstanden sein; auch hier wird das Bildliche betont. Rath übersieht hier, daß Timaios das Nachdenken über das stets Seiende beiseitesetzt (Tim. 59C).

[27] Ein anderes Beispiel: Die griechische Bezeichnung für das Tetraeder ‚pyramis', das im „Timaios" das Feuer darstellt, enthält dieselben Buchstaben wie die griechische Bezeichnung des Feuers ‚pyr'. J. A. Arieti (1991), Interpreting Plato: The Dialogues as Drama, 35.

[28] Anders M. L. Gill (1987), Phronesis 32, 50, 53.

[29] eikôs logos (Tim. 30B, 48D, 53D, 55D, 56A, 56B, 57D, 68B, 90E); eikôs mythos (Tim. 29D, 59C, 68D). Vgl. G. Vlastos (1965a), The Disorderly Motion in the Timaeus, in: R. E. Allen (Hrsg.) (1965), Studies in Plato's Metaphysics, 382; R. Hackforth (1959), Plato's Cosmogony (Timaeus 27D ff.), Classical Quarterly 53, 19; J. Atzpodien (1985), Philosophischer Mythos (eikos mythos) und mathematische Metaphorik in Platons Timaios, 107-108; P. Veyne (1987), Glaubten die Griechen an ihre Mythen? Ein Versuch über die konstitutive Einbildungskraft, 11; I. W. Rath (1990), 148, 152.

Diejenigen, die zwischen einem eikôs logos und einem eikôs mythos unterscheiden wollen[30], gehen von der (falschen) Voraussetzung aus, daß mythos bei Platon tatsächlich Mythos in unserem Sinne ist. Tatsächlich bedeutet mythos zunächst einmal die gesprochene Rede bzw. Erklärung.[31] So unterscheidet auch Enno zwischen einem eikôs logos und einem eikôs mythos.[32] Nach seiner Meinung „beschäftigt sich der eikôs logos mit dem Werden als solchem, ohne zwischen Werden und Sein unterscheiden zu können, und nur der eikôs mythos behandelt die Frage, wie im Abbild das Urbild ‚wiederzuerkennen' ist."[33] In dieser Weise scheint Enno den eikôs mythos höher als den eikôs logos einzuschätzen. Als Grund dafür wird angegeben, daß ungenaue Rede innerhalb des eikôs mythos kritisiert werden könne. Doch gilt diese Kritik in Tim. 38B nicht dem eikôs mythos, sondern dem akribês logos.

3 Der eikôs logos als nicht-philosophische Erklärung

Interpretationen der hier angeführten Art haben die Tendenz, Grenzen der Erkenntnis zu betonen und in diesem speziellen Fall keinen Unterschied zwischen der Ideenlehre Platons und der wahrscheinlichen Rede über die Welt zu sehen.[34] Dazu gehört auch eine Deutung wie diejenige J. E. Moncadas, in der die Bestimmung des eikôs logos nicht nur das Wesen der kosmologischen Erklärung, sondern auch das der philosophischen Erklärung allgemein hervorhebt. Moncada versucht unter Rekurs auf Platons Sprachphilosophie im „Kratylos" zu zeigen, daß die Sprache ein Abbild eines Gegenstandes ist, daß die Erkenntnis über das

---

[30] Anders H. Walter (1994), Die Entwicklung der Mythopoiie in den Platonischen Dialogen, 96, 138. Nach Walter ist alle Rede des Timaios Mythos. Er versteht aber den Mythos als eine Darstellungsform, behauptet, daß der Mythos nicht aller Rede vom Werden gelte; nach Walter bildet der „Timaios" eine Ausnahme. Vgl. O. Wichmann (1966), Platon. Ideelle Gesamtdarstellung und Studienwerk, 430. Nach Wichmann ist der eikôs mythos im „Timaios" nicht eine mythische, sondern eine glaubwürdige, wenn auch weder begründete noch begründbare Erklärung. Das ist aber nicht der Fall. Hier sollte nicht ‚mythos', sondern ‚eikôs' betont werden. Ein anderes Beispiel für die weitgehende Synonymität von logos und mythos findet sich im „Phaidon": Die Rede des Aesop wird in Phaid. 60D als logos, in Phaid. 61B als mythos bezeichnet. Siehe R. S. Stewart (1989), The Epistemological Function of Platonic Myth, Philosophy and Rhetoric 22, 261.

[31] Vgl. G. S. Claghorn (1954), Aristotle's Criticism of Plato's Timaeus, 100. Die Ursache der Verwendung beider Ausdrücke, nämlich ‚eikôs mythos' und ‚eikôs logos', liege darin, daß die Rede des „Timaios" zwar eine fiktive Form, jedoch eine argumentative Struktur hat, immer unterstellt, daß mythos bei Platon Mythos in unserem Sinne bedeutet; M. I. Santa Cruz (1997), Le Discourse de la Physique: eikos logos, in: T. Calvo/L. Brisson (Hrsg.) (1997), 135.

[32] R. Enno (1994), Platons Weg vom Logos zum Mythos, in: ders. (Hrsg.), Mythos. Zwischen Philosophie und Theologie, 98-101.

[33] R. Enno (1994), 98.

[34] K. Gloy (1986), 43.

sprachliche Abbild nicht hinausgehen kann und daß alles menschliche Wissen in diesem Sinne nur eikôs logos, nicht exakte Erklärung ist.[35]

Nun sollte man einen Dialog Platons zunächst einmal und so weit wie möglich für sich genommen zu verstehen suchen.[36] Erst wenn es in einem Erklärungskontext weitere Hinweise, z.B. in einem erkenntnistheoretischen Zusammenhang Hinweise auf das Verhältnis von Sprache und Gegenstand, gibt, legt sich das Eingehen auf einen größeren Textzusammenhang nahe.

Im „Timaios" gibt es einen derartigen Hinweis. Er lautet: „Die Erklärungen sind mit den Gegenständen, deren Dolmetscher sie sind, (...) auch verwandt" (Tim. 29B). Obwohl Platon sich hier metaphorisch ausdrückt, ist der Begriff der Verwandtschaft doch ein Kernbegriff, der die Beziehung der Erklärung zu ihrem Gegenstand erläutert. Im „Timaios" treten einige benachbarte Bezeichnungen auf, z.B. ‚Freund'[37], ‚Bruder'[38] und auch ‚Dasselbe'.[39] Dabei drücken vor allem die Bezeichnungen ‚Dasselbe' und ‚Dasgleiche' die grundlegende Beziehung der Verwandtschaft aus. Diese macht deutlich, daß die Erklärung kein unvollkommenes Abbild der Gegenstände ist[40] und daß das Wahrscheinliche nicht auf dem Verhältnis der Erklärung zu ihrem Gegenstand beruht, sondern auf dem Verhältnis des Abbilds zu seinem ‚Urbild'.[41] Tatsächlich erfolgt die Konstruktion der Welt nicht auf einer ontologischen, sondern auf einer epistemologischen Ebene. Z. B. läßt sich die Bemerkung, daß der Demiurg zuerst den Körper des

---

[35] J. E. Moncada (1994), 32-42; I. W. Rath (1990), 148; J. Pelikan (1997), What Has Athens to Do with Jerusalem? Timaeus and Genesis in Counterpoint, 31.

[36] Vgl. W. K. C. Guthrie (1975), A History of Greek Philosophy IV: Plato The Man and His Dialogues: Earlier Period, 324; W. J. Prior (1985), Unity and Development in Plato's Metaphysics, 163; D. Clay, Gaps in the „Universe" of the Platonic Dialogues, in: J. J. Cleary (Hrsg.) (1988), Proceedings of the Boston Area Colloquium in Ancient Philosophy III, 131-157; Die Auffassung Clays ist zu stark, weil Platons Dialoge nach Clay eine Herakliteische Welt darstellen. Siehe auch D. Frede (1996), The Philosophical Economy of Plato's Psychology: Rationality and Common Concepts in the Timaeus, in: M. Frede/G. Striker (Hrsg.) (1996), Rationality in Greek Thought, 29; R. Kraut (1997), Plato, in: D. J. Zeyl (Hrsg.) (1997), Encyclopedia of Classical Philosophy, 390.

[37] Tim. 88D-89A. Hier werden die Vorgänge der Veränderung in einem menschlichen Körper sowie die der Veränderung in der Welt betrachtet.

[38] Tim. 67E.

[39] Tim. 63C: Die Verwandten sind die gleichen. Tim. 79D: Hier will das Warme an eine Stelle gehen, wo das ihm Verwandte, d.h. die Wärme, ist. Dies ist zugleich ein Beispiel für die Bewegung des Gleichen zum Gleichen. Tim. 81A: Ein jedes Verwandtes geht zu seinesgleichen. Vgl. G. Martin (1973), Platons Ideenlehre, 111-112. Nach Martins Auffassung führt der Mythos „zur Personifizierung und Hypostasierung; der Logos führt zum allgemeinen Begriff."

[40] Siehe Phaid. 100A. Anders J. A. Arieti (1991), 23.

[41] Anders M. v. Perger (1997), Die Allseele in Platons *Timaios*, 20. Nach M. Dixsaut (1985) (Le Naturel Philosophe. Essai sur les Dialogues de Platon, 163, Anm. 47) ist die Welt ein Abbild, weil die Rede von der Welt eine wahrscheinliche Rede ist, nicht umgekehrt. Das ist aber nicht der Fall. Nach Platon wird der Status einer Rede durch den Status ihres Gegenstandes bestimmt. Vgl. Phaidr. 276A; hier wird der logos, wie die Welt, als lebendige und beseelt bezeichnet.

Alls aus Feuer und Erde machte, nicht als eine ontologische, sondern nur als eine erkenntnistheoretische Aussage verstehen, weil es keinen wesentlichen Unterschied zwischen diesen Elementen (Feuer und Erde) und den anderen Elementen (Wasser und Luft) gibt: Die vier Elemente sind alle Abbilder der Ideen. Dazu später mehr.

Ferner weist Moncada im „Timaios" nur zwei Stellen (Tim. 20A, 47A-C) dafür nach, daß die philosophische bzw. dialektische Rede keine exakte Rede sei: Timaios, dessen Erklärung kosmologisch ist, sei ein Philosoph bzw. Dialektiker. Den Hinweis auf den Philosophen in Tim. 20A sollte man dabei nicht im engeren Sinne als Hinweis auf den Dialektiker verstehen. In Tim. 47A-C dient die Astronomie der Philosophie; Astronomie und Philosophie sind aber nicht dasselbe.[42] Außerdem scheint die gängige Interpretation zu behaupten, eine exakte Erklärung sei für den Menschen nicht möglich. Eine derartige Interpretation beruft sich auf Tim. 29C-D: Die Menschen sind nicht in der Lage, eine ganz mit sich übereinstimmende und exakte Rede zu führen. Diese Bemerkung scheint die genannte Interpretation zu stützen: Es ist die Natur des Menschen, die exakte Erklärungen nicht zuläßt.

Nun gilt eine solche Vorstellung bei Platon nicht für beides, Sein und Werden, sondern nur für das Werden.[43] Hier wird ein Unterschied zwischen dem Demiurgen bzw. Gott und dem Menschen gemacht.[44] So läßt sich nach Platon für die Mischung der Farben nur eine wahrscheinliche Erklärung anführen, keine exakte. Sie ist ein Versuch, die qualitative Farbe durch ihre mathematischen Mischungsverhältnisse sowie durch mathematische Verhältnisse der Zusammensetzung ihrer Elemente und ihrer Urdreiecke darzustellen. Anders die Erkenntnis eines göttlichen Wesens. Dieses ist hinreichend kundig und zugleich auch fähig, das Viele zu Einem zu mischen und wieder aus Einem in Vieles aufzulösen; der Mensch ist dazu nicht in der Lage (Tim. 68D). So läßt sich z.B. auch die exakte

---

[42] K. Gloy (1995), Das Verständnis der Natur I. Die Geschichte des ganzheitlichen Denkens, 106.

[43] Siehe J. Annas (1992), Plato the Sceptic, in: J. C. Klagge/N. D. Smith (Hrsg.) (1992), Methods of Interpreting Plato and His Dialogues, 65, Anm. 38; D. Sedley (1997), ‚Becoming like God' in the Timaeus and Aristotle, in: T. Calvo/L. Brisson (Hrsg.) (1997), 333-335. Dafür gibt Sedley einen Beleg (Tim. 90D): Den Kreisläufen des Alls soll ein jeder folgen; er soll die ‚in Bezug auf das Werden' (peri tên genesin) im Kopf durcheinandergeratenen Umläufe ausrichten. H. G. Zekl (Hrsg.) (1992) (Platon: Timaios [griech./dt.], 185, 231, Anm. 298) übersetzt ‚peri tên genesin' im Zusammenhang mit Tim. 43C-44A mit ‚bei der Geburt'. Obwohl beide Übersetzungen möglich sind, dürfte die Übersetzung von Sedley die Deutung dieser Stelle vereinfachen. Siehe auch R. Bolton (1998), Plato's Discovery of Metaphysics: The New *Methods* of the *Phaedo*, in: J. Gentzler (Hrsg.) (1998), Method in Ancient Philosophy, 107-108.

[44] Vgl. K. Albert (1992), Über den Begriff der Philosophie im Platonischen *Phaidros*, in: L. Rossetti (Hrsg.) (1992), Understanding the Phaedrus, Proceedings of the II Symposium Platonicum, 240: Nach Albert kann auch der Mensch eine vollkommene Erkenntnis erreichen. Dies gilt nicht vom Werden, sondern nur vom Sein.

Zahl der die Farben bildenden Feuerpartikel nicht festlegen[45]; dies ist allein Sache des Demiurgen bzw. eines Gottes, der ein exaktes Wissen auch über alles Sinnliche besitzt.[46] Obwohl der Demiurg eine ähnliche Rolle wie die empirischen Naturwissenschaften zu spielen scheint, wenn es um den Begriff der Erklärung geht, und der Unterschied zwischen dem Demiurgen und dem Menschen in diesem Sinne den empirischen Naturwissenschaften ein eigenartiges Kompliment (in methodischer Hinsicht) zu machen scheint[47], ist es in Wirklichkeit doch anders: Für Platon ist die empirische Naturwelt der menschlichen Vernunft entzogen.[48]

4 Der eikôs logos

4.1 Akribês logos?

Einige Platon-Interpreten vertreten die Auffassung, daß eine exakte Erklärung der sinnlichen Welt nur wenigen möglich sei. Verwiesen wird in diesem Zusammenhang darauf, daß die Bemerkung, daß der Mensch mit einer bloß wahrscheinlichen Erklärung der sinnlichen Welt zufrieden sein müsse, nicht für Sokrates, sondern für Timaios gelte und deshalb nicht ernstgenommen werden sollte.[49] Daraus könnte man wiederum schließen, daß die Rede des Timaios die Vorstellungen Platons nicht wiedergibt.[50]

---

[45] Vgl. F. M. Cornford (1937), 276 f.

[46] Vgl. A. E. Taylor (1928), A Commentary on Plato's Timaeus, 485, unter Hinweis auf die These von Leibniz, daß für uns kontingente Wahrheiten vor Gott notwendige Wahrheiten sind.

[47] Vgl. G. E. R. Lloyd (1968), Plato as a Natural Scientist, Journal of Hellenic Studies 88, 83-84. Vgl. auch G. C. Field (1933) (Platon and Natural Science, Philosophy 8, 137-138), der behauptet, daß sich Platon der Möglichkeit der weiteren Entwicklung auf der Ebene der empirischen Beobachtung bewußt war. Anders D. H. Fowler (1987), The Mathematics of Plato's Academy: A New Reconstruction, 121.

[48] G. Vlastos (1975) (Plato's Universe, 92, Anm. 39) sieht eine Ursache dafür, bezogen auf eine Erklärung der Mischung der Farben, darin, daß Platon so unterschiedliche Eigenschaften wie die Helligkeit und die Farbe in unserem Sinne unter dem Begriff der Farbe zusammenschließt. Dazu ferner A. Stückelberger (1988), Einführung in die antiken Naturwissenschaften, 145.

[49] G. Müller (1986), Platonische Studien, 121.

[50] K. M. Sayre (1983) (Plato's Late Ontology: A Riddle Resolved, 238-241) vertritt eine derartige Implikation, um den „Timaios", der die im „Parmenides" kritisierte Ideenlehre vertritt, nicht vor dem „Parmenides" datieren zu müssen und um seine These nicht zu gefährden, daß Platons Ideenlehre nach der Kritik des „Parmenides" grundsätzlich verändert wurde. Z. B. gebe es keine dialektische Betrachtung über die Wahrheit und Falschheit eines Satzes wie im „Sophistes" (241). Auf diese Weise scheinen die Rätsel, die der „Timaios" bereitet, gelöst zu sein. Platon behandelt jedoch diese Probleme im „Timaios" deshalb nicht, weil das Thema des „Timaios" ein anderes als das des „Sophistes" ist. In Tim. 38B wird die genauere Untersuchung des Ausdrucks ‚einai', der im „Sophistes" intensiv analysiert wird, aus diesem Grund verschoben.

Warum ist eine empirische Naturforschung der menschlichen Vernunft entzogen? Warum läßt sich nach Platon die sinnlich zugängliche Natur empirisch nicht (exakt) erforschen? Warum ist hier nur eine wahrscheinliche Erklärung möglich? Um auf diese Fragen zu antworten, muß man die Rolle des Demiurgen näher betrachten. Dieser ist, wie gesagt, in der Lage, das Viele zu Einem zu mischen und das Eine wieder in Vieles aufzulösen, während der Mensch zu Derartigem nicht fähig ist. Obwohl dieses göttliche Wirken auf den ersten Blick z.B. mit der Arbeit eines Malers vergleichbar ist, ist doch wohl eine Anwendung spekulativer, metaphysischer Begriffe auf das Mischungsverhältnis von Farben gemeint.[51] Dabei läßt sich die göttliche Methode durchaus auf Platons Kosmogonie bzw. Kosmologie anwenden, von der Zusammensetzung der Weltseele (Tim. 34C-35A) über die Schöpfung der Weltkörper (Tim. 36D-37C), der Sterne (Tim. 38B-41E) und der menschlichen Seele (Tim. 42E-43C) bis zur Zusammensetzung der menschlichen Körper. Die göttliche Methode ist eine Mischungs- und Trennungsmethode; durch sie, so heißt es, können alle Naturdinge hergestellt werden.

Bei der Erschaffung der Weltseele greift der Demiurg auf drei Bestimmungselemente zurück: das Sein, das Selbe und das Verschiedene. Das in der Mitte liegende Sein besteht aus unteilbarem und teilbarem Sein, das in der Mitte liegende Selbe aus unteilbarem und teilbarem Selben und das in der Mitte liegende Verschiedene aus unteilbarem und teilbarem Verschiedenen.[52] Der Demiurg mischt diese drei Bestimmungselemente zu einer einzigen Form und teilt danach dieses Ganze wieder in Teile. Dieses Vorgehen wird in der Herstellung der Weltkörper und der Sterne durch die Bewegung des Selben und des Verschiedenen konkretisiert: die erste Bewegung repräsentiert die Bewegung des äußersten Bandes und der Fixsterne, die zweite Bewegung die Bewegung der inneren Bänder und der Planeten. Die Götter bzw. die Kinder des Demiurgen befolgen die Anweisung ihres Vaters, d.h. die göttliche Methode bei der Erschaffung der menschlichen Seele (Tim. 42E), nämlich das Viele zu Einem zu mischen und das Eine wieder in Vieles aufzulösen. Bei der Zusammensetzung der menschlichen Körper wird die Methode weiter, nach Aussonderung und Mischung, angewen-

---

[51] Platon gibt ein unzutreffendes Beispiel einer Farbmischung an: Die Farbe ‚lauchgrün' (praision) sei ein Resultat der Mischung von rot und schwarz (Tim. 68C). E. C. Keuls (1978), Plato and Greek Painting, 69, Anm. 38. Es ist unklar, ob Platon diesen Fehler absichtlich oder unabsichtlich macht. Wenn er ihn absichtlich macht, wäre dies ein Beispiel dafür, daß der Mensch zu einer korrekten Farbmischung nicht fähig ist.

[52] F. M. Cornford (1937), 59-66. Diese Stelle setzt der Interpretation große Schwierigkeiten entgegen. Hier sei nur die Aufmerksamkeit darauf gelenkt, daß die Begriffe des Selben und des Verschiedenen bei der Erschaffung der Weltseele verwendet werden.

det.[53] In diesem Prozeß kommen somit die metaphysischen Konstruktionen, d.h. das Selbe (Tim. 75D) und das Verschiedene[54], zur Anwendung.

Warum ist diese metaphysische Methode dem menschlichen Erkenntnisvermögen unerreichbar? Zur Beantwortung dieser Frage muß genauer analysiert werden, auf welche Weise der Demiurg seine Arbeit fortsetzt. Bei der Erschaffung der Weltseele muß er das Selbe mit dem Verschiedenen mischen. Dies aber ist schwer, weil die Begriffe des Selben und des Verschiedenen entgegengesetzte Begriffe sind. Deswegen müssen beide auch gewaltsam vermischt werden: ihre Mischung ist nicht vernünftig und in diesem Sinne auch für die Vernunft unerreichbar.[55]

Der Umstand einer zwanghaften Verbindung läßt sich deutlich in der Erklärung der sterblichen Teile der menschlichen Seele erkennen: Wenn der begehrende Teil dem vernünftigen Teil nicht freiwillig gehorchen will, hält ihn der vernünftige Teil zusammen mit dem dritten, dem mutigen Teil gewaltsam nieder. Der begehrende Teil ist nicht vernünftig, nicht dazu bestimmt, den Logos zu begreifen, und von Trugbildern und falschen Vorstellungen erfaßt. Der Zwang ist als das Erschrecken vor der Macht des vernünftigen Teils wie in einem Spiegel in der Leber konkretisiert (Tim. 70A, 71A-B). Er ist ein Mittel, durch das ein unvernünftiges Element der Vernunft ohne Einsicht Gehorsam leistet. Dabei haben Vernunft und Unvernunft, d.h. der unvernünftige Teil der Seele, nichts gemeinsam; sie stehen überdies im Widerspruch zueinander.[56]

Dieser Umstand macht deutlich, daß der natürlichen Welt etwas Unvernünftiges schon bei ihrer Konstitution innewohnt, und daß es nach Platon unmöglich ist, etwas Unvernünftiges vernünftig zu verstehen. So hat der Gegenstand der (nur) wahrscheinlichen Erklärung schon etwas Unvernünftiges in sich,

---

[53] Z.B. Tim. 73B. Bei der Herstellung des Markes sondert der Demiurg die Dreiecke, die die vier Elemente repräsentieren, jede für sich genommen aus, vermischt sie nach passendem Verhältnis miteinander und stellt daraus das Mark her.

[54] Tim. 74A (das Vermögen des Verschiedenen). Anders F. Solmsen (1942), Plato's Theology, 112; nach Solmsen schließt Platon den Zwang als göttliche Tätigkeit aus.

[55] Nach G. R. Morrow (1979) (Plato's Conception of Persuasion, in: K. V. Erickson (Hrsg.) (1979), Plato: True and Sophistic Rhetoric, 347-348) ist auch der Zwang ein Mittel der Überredung, aber kein vernünftiges. Vgl. S. Menn (1995), Plato on God as Nous, 51, 67, Anm. 6. H. Gauss (1961) (Philosophischer Handkommentar zu den Dialogen Platos III/2: Die Spätdialoge Philebus, Timaeus, Critias und Gesetze, 192) erklärt, daß der Zwang kein göttliches Mittel sei.

[56] Für den begehrenden Seelenteil gibt es nur eine Möglichkeit, an der Wahrheit teilzuhaben: im Schlaf hat er teil an einer Sehergabe. Es ist aber nicht seine Aufgabe, das, was ihm erscheint und was er wahrnimmt, zu beurteilen, da er eben an Vernunft und Einsicht keinen Anteil hat (Tim. 71D). Anders C. Bobonich (1991) (Persuasion, Compulsion and Freedom in Plato's Laws, Classical Quarterly 41, 387-388), der behauptet, daß Wissen durch Überredung erreichbar sei. Vgl. S. K. Toombs (1987), Medicine and the Patient-Physician Relationship in Ancient Greece, in: R. M. Baird/W. F. Cooper/E. H. Duncan/S. E. Rosenbaum (Hrsg.) (1987), Contemporary Essays on Greek Ideas: The Kilgore Festschrift, 77. Nach Toombs spielt ein griechischer Arzt zwei Rollen: er lehrt die Ursache der Krankheit und überredet zur Behandlung.

und in diesem Sinne erscheint es als unmöglich, die natürliche Welt mit vernünftigen Mitteln zu begreifen. Daß sich über die wahrscheinliche Erklärung nicht hinausgehen läßt, hat seinen objektiven Grund darin, daß die natürliche Welt (als Gegenstand der wahrscheinlichen Erklärung) keine der Vernunft zugängliche Welt wie die Ideenwelt ist, zudem eine sinnliche, das Unvernünftige einschließende Welt. Es gibt nach Platon keine wesentliche Differenz zwischen einem Gegenstand und seiner Erklärung.

Im Unterschied dazu scheint es für den Demiurgen eine Möglichkeit zu geben, die sinnliche Welt nicht auf eine bloß wahrscheinliche, sondern auf eine exakte Weise (akribês) zu verstehen und zu erklären. Doch ist es nach Platon schwierig, den Schöpfer und Vater der Welt, d.h. den Demiurgen, zu finden; und wenn man ihn gefunden hat, ist es unmöglich, ihn allen erkennbar zu machen (Tim. 28C). Darüber hinaus übersteigt die Aufgabe, das Göttliche zu begreifen und sein Entstehen zu erklären, das menschliche Erkenntnisvermögen (Tim. 40D). Dabei scheint sich Platon kein klares Bild davon gemacht zu haben, warum sein Demiurg die Grenzen des menschlichen Erkenntnisvermögens zu überwinden vermag. Ließe sich das erklären, wäre auch die Grenze des menschlichen Erkenntnisvermögens überwunden. So gibt es nach Platon nur eine einzige menschliche Möglichkeit, die Wahrheit über sinnliche Gegenstände zu erfahren, die Möglichkeit nämlich, daß der Demiurg dies zuläßt. Doch gibt es in Sachen Erkenntnis keine Brücke zwischen dem Demiurgen und dem menschlichen Erkenntnisvermögen.[57] In diesem Sinne stellt Platon die wahrscheinliche Rede in Gegensatz zur wahrhaften Rede (Tim. 72D): „Wenn der Gott uns zustimmt, würden wir allein mit Sicherheit behaupten, daß die Wahrheit gesagt ist: Wir dürfen aber jetzt nur behaupten, daß Wahrscheinliches von uns gesagt ist.“ Diese Situation läßt sich nicht ändern, auch wenn die Menschen noch so intensiv prüfend vorgehen (anaskopousi).[58]

Allerdings gibt es einen indirekten Hinweis darauf, warum gleichwohl eine verläßliche Verbindung zwischen dem Menschen und dem Demiurgen besteht. Sie liegt im göttlichen Willen. Obwohl alles, was zusammengebunden ist, auch auflösbar ist, ist der Wunsch, das Wohlgefügte, das sich wohl Verhaltende, auflösen zu wollen, eine Eigenschaft des Bösen. Dank des guten Willens des Demiurgen ist die Welt im ganzen mit Hilfe eines mächtigeren und stärkeren Bandes

---

[57] Vgl. A. E. Ashbaugh (1988), Plato's Theory of Explanation, 77, 79. Ashbaugh erläutert die Bedingung ‚wenn Gott dies zuläßt‘ bzw. ‚wenn Gott uns zustimmt‘ im Zusammenhang mit der Rolle des Sehers und des Verkünders von Geweissagtem (Tim. 72A): der Verkünder kann der Weissagung Gottes, die der Seher erhält, zustimmen. In diesem Sinne schließt sie, daß es eine Erkenntnis der sinnlichen Gegenstände durch Vermittlung Gottes in derselben Weise geben kann wie im Falle des Geometers, der sein geometrisches, aber sinnlich gegebenes Modell dem Dialektiker zur Prüfung übergibt. Allerdings interessiert sich ein Dialektiker im Sinne Platons nicht für die Prüfung sinnlicher Modelle; er sucht allein nach Begründungen auf der Basis von Ideen.

[58] Vgl. Tim. 90B-C. Der Mensch könnte die Wahrheit ergreifen, soweit es ihm gestattet wäre, der Unsterblichkeit teilhaftig zu werden. Der Mensch ist aber sterblich.

(Tim. 41B) unauflösbar.[59] Dabei ist schon bei Platon klar, daß der Begriff des Willens nicht auf den Begriff der Vernunft reduzierbar ist: Der Wille des Demiurgen kann sich auch außerhalb der Wirkung der Vernunft stellen. Dies dokumentiert die Erschaffung der Weltseele. Der Demiurg stellt zwei Bänder her, von denen das eine die Bewegungsform des Selben ist, das andere die Bewegungsform des Verschiedenen. Er macht das Band des Selben zum äußeren und das des Verschiedenen zum inneren Band. Dabei verleiht er dem Band bzw. dem Umlauf des Selben und Gleichen größeres Gewicht (Tim. 36B-C), d.h., der Umlauf des Verschiedenen wird von dem des Selben beherrscht; die Welt im ganzen bleibt auf diese Weise immer dieselbe. Daß der Umlauf des Selben den des Verschiedenen beherrscht, ist wiederum erzwungenermaßen der Fall, weil das Selbe mit dem Verschiedenen im logischen Sinne nicht zusammenkommen kann. Das bedeutet, daß der gute Wille des Demiurgen über dem vernünftigen bzw. logischen Bereich steht.

In diesem Sinne ist der Demiurg bzw. der Platonische Gott auch ein Gegenstand des Glaubens: Obwohl es für die Existenz der Götter keine einleuchtenden und zwingenden Gründe geben kann, soll ihnen bzw. ihrer Annahme nicht mißtraut werden.[60] Die Erklärung der Entstehung der traditionellen Götter, die der Theogonie Hesiods sehr ähnlich ist, will Platon in seine wahrscheinliche Erklärung einschließen; sichere Begründungen gibt es hier nicht.[61] In diesem Zusammenhang macht Platon bereits am Anfang deutlich, daß die Götter und das Werden der Welt Gegenstand einer nicht in jeder Hinsicht konsistenten Rede sind (Tim. 29C).[62]

---

[59] In Tim. 43D bilden das Band geometrische und harmonische Prinzipien, die bei der Zusammensetzung der vier Elemente in Tim. 31B-32C erörtert werden.

[60] W. J. Verdenius (1952) (Platons Gottesbegriff, in: F. Hardt (Hrsg.) (1952), La Notion du Divin. Dequis Homère jusqu'à Platon, 253) nimmt diese Bemerkung ernst, weil Platon den traditionellen Göttern einen wichtigen Platz in seinem Erziehungssystem gebe. Nach J. Pelikan (1997) muß diese Bemerkung hingegen ironisch aufgefaßt werden; sie sei jedoch ein epistemologischer Grund bezogen auf die Rede vom Demiurgen (35). Nach H. Thesleff (1986) (Plato and Literature, in: H. Koskenniemi/S. Jäkel/V. Pyykkö (Hrsg.) (1986), Literatur und Philosophie in der Antike, 62-63) vertritt Platon einen aufgeklärten Standpunkt gegenüber Mythen.

[61] Einige Platon-Interpreten verstehen Platons Bemerkung über die traditionellen Götter in Tim. 40C-D als eine indirekte Kritik an der Astrologie. Vgl. G. R. Morrow (1960), Plato's Cretan City: A Historical Interpretation of the Laws, 444-445. Anders R. J. Hankinson (1988), Stoicism, Science and Divination, in: ders. (Hrsg.) (1988), Method, Medicine and Metaphysics: Studies in the Philosophy of Ancient Science, 129, Anm. 33.

[62] Dies könnte bedeuten, daß die Rede von Göttern auf anderer Ebene erfolgt als die Rede vom Werden der Welt. Gleichwohl ist sie wahrscheinlich. Man sollte im übrigen diese Stelle nicht mit Apelt (H. Zekl (Hrsg.) (1992), 31) und Taylor (1928) (74) mit „die Entstehung der Götter und des Alls" übersetzen, sondern mit „die Götter und das Werden des Alls". Vgl. R. D. Archer-Hind (Hrsg.) (1888), The Timaeus of Plato, 91; F. M. Cornford (1937), 23; L. Brisson (1992), Platon. Timée/Critias, 117.

Einige Platon-Interpreten, wie Pritchard, behaupten, daß es sinnliche Gegenstände gebe, z.B. die Welt im ganzen, die mathematisch exakt erklärbar sind. Als Grund dafür führt Pritchard an, daß Timaios ohne die Einschränkung ‚soweit wie möglich' berichte, daß der Demiurg die äußere Schale der Welt in exakter Form gemacht habe (apêkribouto, Tim. 33C).[63] Ein weiterer Grund liege darin, daß es nur dann möglich ist, daß alle planetarischen Bewegungen gleichzeitig an ihren Ausgangspunkt zurückkommen (Tim. 39D), wenn ihre Perioden kommensurabel sind. Auch die Verhältnisse der Geschwindigkeiten der Planeten seien also exakt.[64]

Obwohl die Welt im ganzen viel stabiler ist als die sinnlichen Dinge in ihr, ist sie gleichwohl selbst sinnlich (Tim. 34A). Außerdem gibt es eine Einschränkung bei der Konstitution der Weltkörper: Der Demiurg schafft die Welt als ein möglichst (hoti malista) vollständiges Wesen (Tim. 32D). Die Verhältnisse der Geschwindigkeiten der Planeten sind auch keine vollkommenen Verhältnisse, sondern diesen möglichst ähnlich (Tim. 39E).[65] Dabei muß zwischen einer reinen Astronomie bzw. reinen Arithmetik und einer angewandten Astronomie bzw. angewandten Arithmetik unterschieden werden.

In diesem Sinne trifft es auch nicht zu, wenn Skemp behauptet, daß die Seele sowohl von den Ideen als auch von der sinnlichen Welt auf eine exakte Weise reden könne.[66] Als Grund dafür gibt er an, daß nach Tim. 37B die Weltseele bzw. die menschliche Seele auch über die sinnliche Welt exakt urteilen kann, wenn die Bewegung des Verschiedenen in der Seele richtig laufe.[67] Hier sollte der Unterschied zwischen dem Wahrnehmbaren und dem von der Vernunft Erkennbaren beachtet werden (Tim. 37B-C). Über das Wahrnehmbare gibt es nur wahre Meinungen und Überzeugungen, über das der Vernunft Erkennbare exaktes Wissen. Obwohl nach Platon eine Meinung wahr sein kann, ist sie gleichwohl kein exaktes Wissen, wenn man nämlich nicht weiß, daß sie wahr ist, und wenn man keine Rechenschaft über ihre Wahrheit geben kann.[68] Der wahren Meinung fehlt, obwohl sie wahr ist, ein wichtiges Moment der Exaktheit bzw. der Wahrheit, nämlich die argumentative Unwiderlegbarkeit (Tim. 51E),

---

[63] P. Pritchard (1995), Plato's Philosophy of Mathematics, 129.
[64] P. Pritchard (1995), 130.
[65] Siehe C. J. Rowe (1984), Plato, 188.
[66] J. B. Skemp (1989), The Timaeus and the Criterion of Truth, in: P. Huby/G. Neal (Hrsg.), The Criterion of Truth, 84-89. Vgl. ferner O. Küster/F. Küster/H. Schmidt (1978), Platons „Timaios". Zusammenfassendes Gespräch, 2; R. W. Jordan (1983), Plato's Arguments for Forms, 65; J. Szaif (1996), Platons Begriff der Wahrheit, 200, 310.
[67] J. B. Skemp (1989), 86-87.
[68] Um seine These zu stützen, versucht Skemp die strenge Unterscheidung zwischen dem Seienden und dem Werdenden in Tim. 51E zu entkräften (88). Seiner Auffassung nach widerspricht diese Unterscheidung der Möglichkeit einer wahren Rede von der sinnlichen Welt.

die sich im elenktischen Prüfungsverfahren bewährt (Tim. 29B-C).[69] In diesem Sinne gibt es kein exaktes Wissen über die sinnliche Welt.[70]

4.2 Das Wahrscheinliche und das Historische

Es geht um den Gegensatz der Reden von Timaios und Kritias.[71] Kritias erzählt die Geschichte des alten Athen, das ein Beispiel für den in der „Politeia" geschilderten Idealstaat ist. Dazu bedarf es keiner Beweise wie in der Mathematik, in der zwingende Schlüsse aus ‚Anfängen' bzw. Axiomen hergeleitet werden. Dabei läßt sich im Falle des Kritias-Berichts nicht klären, ob dieser auf Tatsachen beruht (die Geschichte liegt weit zurück und ist nur noch in Erinnerungen präsent). Deshalb ruft Kritias auch Mnemosyne, die Göttin der Erinnerung, an.[72] Ohne weitere Begründungen muß hier entschieden werden, ob man dem Bericht des Kritias glauben kann oder nicht.

Anders steht es mit der Erklärung von Timaios. Kritias behauptet, Sokrates habe den Gesprächspartnern in der „Politeia" den Idealstaat in Form eines mythos geschildert; er hingegen wolle die Darstellung zur Wahrheit bringen bzw. zur Tatsache werden lassen[73]: Im mythos werden fiktive Bürger und ein fiktiver Staat dargestellt[74], während Kritias' Erklärung ein Bericht über wirkliche Bürger und einen wirklichen Staat ist.[75]

Obwohl Kritias mit Hilfe der ‚Wir'-Form die Erklärung von Sokrates in Gegensatz zur Darstellung von Timaios, Hermokrates und ihm selbst bringt, wird man seine Bemerkung nicht ernst nehmen dürfen, insofern der Priester bzw. der erste Erzähler der Geschichte des alten Athen von dem, was vom mythos in die

---

[69] W. Wieland (1982), Platon und die Formen des Wissens, 288; J. Szaif (1996), 190-191.

[70] F. Solmsen (1978), Platonic Values in Aristotle's Science, Journal of the History of Ideas 39, 11. V. Kalfas (1996) (Plato's „Real Astronomy" and the Myth of Er, Elenchos 17) sieht die Ursache dieser mangelnden Exaktheit darin, daß Platon die Theorie des Eudoxos nicht kenne (6-10), er aber eine ‚Rettung der Phänomene' im „Timaios" suche (19-20).

[71] Siehe M. W. Haslam (1976) (Plato's Unfinished Dialogues, American Journal of Philology 97, 336-337), der mit Recht behauptet, daß „Timaios" und „Kritias" zusammengehören.

[72] Krit. 108D. Vgl. Tim. 26E; Sokrates macht hier klar, daß die Rede von Kritias eine Geschichte ist, die zum gegenwärtigen Opferfest der Göttin gut passen dürfte.

[73] In diesem Zusammenhang betont Kritias, daß seine Rede wahr sei: Tim. 20D, 21D, 22D, 22E, 25A, 26D, Krit. 110D. Daß Kritias seine Rede als wahrhaft bzw. tatsächlich bezeichnet, impliziert allerdings nicht, daß seine Rede von Atlantis eine wahre bzw. wirkliche Geschichte ist. Anders A. M. Gessman (1968), Plato's Critias: Literary Fiction or Historical Narrative?, Language Quarterly 7, 17-31, insbesondere 21.

[74] Vgl. J. Mittelstraß (1962), 111-112.

[75] Tim. 26C-D. Vgl. C. Gill (1977), The Genre of the Atlantis Story, Classical Philology 72, 287-304; ders. (1993), Plato on Falsehood – not Fiction, in: ders./T. P. Wiseman (Hrsg.) (1993), Lies and Fiction in the Ancient World, 63. Anders H. Dörrie (1972) (Der Mythos und seine Funktion in der antiken Philosophie, 13), der behauptet, daß das Geschichtliche für Platon keine Rolle spiele.

Wirklichkeit versetzt wird, sprach: Die Erklärung des Timaios gehört nicht derselben Kategorie an wie die des Kritias, im Gegenteil. Allerdings ließe sich eine Anspielung auf Timaios in der Bemerkung des Kritias sehen, daß Timaios seine Naturphilosophie nicht in Form einer Kosmologie, sondern in Form einer Kosmogonie vorlegen will, d.h. von einem bestimmten Ereignis in Raum und Zeit spreche.[76]

Sokrates stimmt Kritias darin zu, daß seine Rede nichts Ausgedachtes, sondern eine wahre Rede über eine tatsächliche Geschichte sei (Tim. 26E).[77] In diesem Zusammenhang bemerkt Kritias, daß die Menschen ‚in der Erklärung' entstanden sind (Tim. 27A), Timaios, daß die regelmäßigen Polyeder der Elemente eine ‚in der Erklärung' entstandene Gattung sind (Tim. 55D, vgl. 56B).[78] Zu Beginn des „Kritias" werden die Götter angerufen, die ‚in den Erklärungen' des „Timaios" entstanden sind (Krit. 106A). Daraus läßt sich schließen, daß Kritias und Timaios miteinander darin übereinstimmen, daß von der Entstehung der Welt und des Menschen im „Timaios" nicht auf der Ebene der Dinge, sondern auf der Ebene des Logos die Rede ist.[79] In diesem Sinne deutet auch die Zustimmung des Sokrates an, daß der Unterschied zwischen fiktiver Geschichte und

---

[76] Siehe C. Calame (1996), Mythe et Histoire dans l'Antiquité Grecque. La Création Symbolique d'une Colonie, 166-169; H. Walter (1994) (103) und A. Cook (1996) (The Stance of Plato, 111) übersehen diesen Umstand. L. Robin (1923) (La Pensée Grecque et les Origines de l'Esprit Scientifique, 267-268) versteht die Rede des „Timaios" nur als einen Mythos, der die Sache der Vergangenheit, wie die Rede des „Kritias", im Gegensatz zur Dialektik behandele.

[77] Siehe J.-F. Pradeau (1997), Le Monde de la Politique. Sur le Récit Atlante de Platon, Timée (17-27) et Critias, 25 mit Anm. 36. Dagegen W. Welliver (1977), Character, Plot and Thought in Plato's Timaeus-Critias, 39. Nach Wellivers Auffassung ist Sokrates' Zustimmung eine höhnische Reaktion auf die Unterscheidung des Kritias. Dies läßt sich aber nicht belegen. Vgl. E. Heitsch (1992), Wege zu Platon. Beiträge zum Verständnis seines Argumentierens, 135, 137. Nach Heitsch unterscheidet Platon zwischen Gegenstand und Sachverhalt nicht (135) und wird so gezwungen zu behaupten, daß man z.B. nicht wissen kann, daß „die Griechen bei Salamis über die Perser gesiegt" haben (137). Platon unterscheidet allerdings nicht in dieser Weise: die Rede von den (sinnlichen) Gegenständen ist die Rede des „Timaios", während die Rede von den (sinnlichen) Sachverhalten die Rede des „Kritias" ist. Die Unterscheidung zwischen Gegenstand und Sachverhalt hat für Platon in diesem Zusammenhang keinen Sinn, weil Sachverhalte bzw. das Historische zwar wahr, aber kein Wissen sind. Das Wissen findet sich erst im Allgemeinen bzw. im Logos.

[78] Vgl. P. Shorey (1928b), Recent Interpretations of the Timaeus, Classical Philology 23, 357.

[79] W. Wieland (1961), Die aristotelische Physik. Untersuchungen über die Grundlegung der Naturwissenschaft und die sprachlichen Bedingungen der Prinzipienforschung bei Aristoteles, 193. Im „Timaios" ist die Rede von dieser Welt (hode ho kosmos), die eine wahrscheinliche sei. Diese Welt ist aber „nicht die sinnlich gegebene", sondern die in ihrer Sinnlichkeit begriffene Welt; R. Marten (1962), Ousia im Denken Platons, 42. Zur Bedeutung der Unterscheidung zwischen Entdeckung und Konstruktion siehe J. Mittelstraß (1985b), Griechische Bausteine der neuzeitlichen Rationalität, in: W. Schuller (Hrsg.) (1985), Antike in der Moderne. Konstanzer Althistorische Vorträge und Forschungen 15, 200-201.

tatsächlicher Geschichte eine große Rolle in der Darstellung des „Timaios" spielt.[80]

Nach Kritias beruht seine Rede vom alten Athen auf zwei Voraussetzungen. Erstens muß man um den Menschen allgemein wissen; zweitens muß es die Möglichkeit wissenschaftlicher Erklärungen geben. Die zweite Voraussetzung ist durch die Darstellung in der „Politeia" erfüllt, die erste soll im „Timaios" erfüllt werden. Beides erfolgt auf der Ebene der Sprache bzw. des Logos; Sokrates und Timaios interessieren sich für die logischen Zusammenhänge beider Erklärungen, während es Kritias vor allem um die Wahrheit, hier um die Korrespondenz von Sprache und Gegenstand geht.[81] Entsprechend könnte man sagen, daß die Wahrheit der Erklärungen in der „Politeia" und im „Timaios" in der Korrespondenz der Sprache bzw. des Logos mit den unveränderlichen Gegenständen, d.h. den Ideen, besteht.

In diesem Zusammenhang läßt sich auch die von Kritias geäußerte Unzufriedenheit verstehen, daß seine Aufgabe viel schwieriger als die des Timaios sei: Die Erörterung über die Götter, bei der die Zuhörer unerfahren und unwissend sind, erscheint leichter als die von Kritias erwartete Erörterung über das Sterbliche und Menschliche (Krit. 107B-E).[82] Da die Menschen kein Wissen von den

---

[80] Vgl. G. Arrighetti (1993) (Plato between Myth, Poetry and History, in: S. Jäkel (Hrsg.) (1993), Power and Spirit, 51-56), der behauptet, daß Platon hier die Geschichte mit dem Mythos verwechsele. Dabei übersieht er selbst die Unterscheidung zwischen der Rede des Timaios und der des Kritias. G. Naddaf (1994) (The Atlantis Myth: An Introduction to Plato's Later Philosophy of History, Phoenix 48, 189) versteht die Rede von Atlantis als eine Erfindung Platons, übersieht aber die Implikation dieses Kontrastes zwischen Timaios' Rede und Kritias' Rede (191); ebenso J. Pelikan (1997), 26-27. In diesem Zusammenhang läßt sich verstehen, warum zwischen dem eikôs logos und dem eikôs mythos im „Timaios" nicht unterschieden werden darf: Der eikôs logos ist, wie schon gezeigt, ein Synonym des eikôs mythos im „Timaios", und zwar in dem Sinne, daß beide im Gegensatz zur tatsächlichen Geschichte stehen. In diesem Sinne behauptet Adrados mit Recht, daß sich im „Timaios" eine Methode der Geschichtsschreibung wie die des Thukydides, nämlich allgemeine Prinzipien der geschichtlichen Ereignisse aus konkreten Fällen herzuleiten, nicht finden läßt. F. R. Adrados (1997), Coherencia e Incoherencia en la Forma y Contenido del Timeo, in: T. Calvo/L. Brisson (Hrsg.) (1997), 37-47. Vgl. J. Annas (1982), Plato's Myths of Judgement, Phronesis 27, 120.

[81] In diesem Sinne kann nicht mit Kullmann (1998) behauptet werden, daß die Rede des „Timaios" eine Fabel, ein Märchen sei (43).

[82] R. Schaerer (1930) (A Propos du „Timée" et du „Critias": Est-il plus Difficile de Parler des Dieux ou des Hommes?, Revue des Études Grecques 43, 31-35) sucht diese Bemerkung dadurch verständlich zu machen, daß er zwischen unterschiedlichen Gesichtspunkten der Rede des Timaios und der des Kritias unterscheidet. Nach Schaerer ist die Bemerkung richtig aus dem Gesichtspunkt des Kritias, weil seine Hörer die normalen bzw. ungebildeten Menschen sind. Aus dem Gesichtspunkt des Timaios, dessen Hörer Philosophen sind, sei die Rede von den Göttern viel schwieriger als die des Kritias von den menschlichen Dingen. Die Hörer des Kritias sind aber nicht die Ungebildeten, sondern die Wissenschaftler, zu denen auch Sokrates gehört. Das Kriterium des Urteils des Kritias liegt nicht in einem Unterschied zwischen Hörern, sondern in den unterschiedlichen Konzeptionen der Götter: Die Götter des „Timaios" sind die im Logos ausgemachten, die des „Kritias" die existierenden Götter. M. Detienne

Göttern besitzen, läßt sich auch nicht prüfen, ob die Aussagen über sie wahr sind. Dies mag auch der Grund dafür sein, daß Timaios seine Erörterung ohne Sorge darüber fortsetzen kann, ob die sinnlichen Gegenstände mit seinen Erklärungen übereinstimmen oder nicht.

In diesem Sinne ruft Timaios zu Beginn die Gottheit an und bittet sie, alles nach ihrem Sinn zu erklären. Da nur der Demiurg bzw. die Gottheit die sinnlichen Gegenstände genau kennt, kann auch nur er bzw. sie sie daraufhin prüfen, ob die Rede mit den sinnlichen Gegenständen übereinstimmt. Allerdings wissen wir nichts über den Demiurgen bzw. die Gottheit[83], weshalb wir auch nicht in der Lage sind, genau zu beurteilen, ob unsere Erklärungen zutreffen oder nicht. In diesem Sinne ist die Rede des Timaios nur eine wahrscheinliche, auch wenn er sie selbst kritisch prüft (Tim. 72D). Für Kritias scheint die (entgegengesetzte) Schwierigkeit darin zu liegen, daß seine Zuhörer wissen können, ob seine Rede zutrifft oder nicht.

4.3 Das Wahrscheinliche und das Notwendige[84]

Zu den Kriterien einer (gelungenen) Erklärung gehören Widerspruchsfreiheit, Einfachheit und Fruchtbarkeit. Platon bezeichnet seine kosmogonischen und kosmologischen Erklärungen im „Timaios" als Erklärungen ‚mit Hilfe der Notwendigkeit' (Tim. 53D: kata ton met' anankês eikota logon).[85] Damit meint er die Widerspruchsfreiheit und die Begründbarkeit einer Erklärung. So folgt bei Beachtung der einschlägigen logischen Regeln aus zwei wahren Prämissen stets ein wahrer Satz ‚mit Notwendigkeit'.[86] Vieles spricht dabei dafür, daß Platons Kosmogonie bzw. Teile seiner Kosmologie im „Timaios" einen hypothetisch-

(1988), La Double Écriture de la Mythologie entre le Timée et le Critias, in: C. Calame (Hrsg.) (1988), Métamorphoses du Mythe en Grèce Antique, 17-31. Nach Detienne unterscheidet sich die Rede des „Timaios" von der Rede des „Kritias" darin, daß Timaios' Rede der Mythos über das Ganze, Kritias' Rede der Mythos über das Einzelne ist (17, 31).

[83] Tim. 28C, 40D; Krit. 107B. Hier ist Kritias der gleichen Meinung wie Timaios. In diesem Sinne schreibt Bury: „Critias speaks as a sceptic" (R. G. Bury (1929), Plato: Timaeus, Critias, Cleitophon, Menexenus, Epistles, 206, Anm. 1). Diese Bemerkung gilt allerdings nur für die Gottheit, nicht für andere Gegenstände der Erkenntnis.

[84] Siehe E. A. Maziarz/T. Greenwood (1968), Greek Mathematical Philosophy, 145; W. Kullmann (1998), 142-143.

[85] Siehe auch G. E. R. Lloyd (1991), der behauptet, die Erklärung des Werdens sei selbst keine notwendige Erklärung (349).

[86] Vgl. W. Viertel (1980), Luc Brisson: Le Même et l'Autre dans la Structure Ontologique du Timée de Platon, Philosophische Rundschau 27, 49. Viertel unterscheidet zwischen dem mathematischen Schließen und mathematischen Tatsachen und verbindet den Begriff der Notwendigkeit mit dem Schließen.

deduktiven Charakter besitzen.[87] Es geht um ‚notwendige' Beweise bzw. Sätze (Tim. 40D-41A).

Brisson rekonstruiert die Kosmologie im „Timaios" in einer hypothetisch-deduktiven Weise. Doch sagt er nicht, warum der eikôs logos ein hypothetisch-deduktiver Logos ist.[88] Dabei lassen sich zwei Stellen im „Timaios" dafür anführen, daß Platon selbst einen Zusammenhang des Begriffs des Wahrscheinlichen mit dem Begriff der logischen Notwendigkeit ins Auge faßt. Hier wird deutlich, warum der Begriff des Wahrscheinlichen einen hypothetisch-deduktiven Charakter besitzen könnte. Wenn jemand danach fragt, ob es unendlich viele Welten gebe oder ob ihre Zahl begrenzt sei, sei dies, so heißt es, eine Frage, die wenig Kenntnis verrate. Im Gegensatz dazu sei die Frage, ob es eine oder fünf Welten gebe, sinnvoll. Die zweite Frage gehört nach Platon zur Sphäre des Wahrscheinlichen, die erste Frage nicht (Tim. 55C-D).

Weshalb diese Unterscheidung? Platon hatte zuvor vier Polyeder, nämlich das Tetraeder, das Hexaeder, das Oktaeder und das Ikosaeder aus zwei Sorten von Urdreiecken, d.h. aus dem rechtwinklig-gleichschenkligen Dreieck und dem rechtwinklig-ungleichseitigen Dreieck mit den Winkeln 60° und 30°, zusammengestellt und das nicht aus diesen Urdreiecken zusammengestellte fünfte Polyeder, d.h. das Dodekaeder, für das Ganze bzw. für die Welt im ganzen verwendet. Den vier Polyedern werden die vier Elemente Feuer, Luft, Wasser und Erde zugeordnet.

In diesem Zusammenhang ließe sich die (von Aristoteles in einem anderen Kontext beantwortete) Frage stellen, warum es kein fünftes Element gibt, dem das Dodekaeder zugeordnet wäre. Obwohl Platon selbst diese Frage nicht behandelt, würde sie aus seinem Gesichtspunkt als wahrscheinliche gelten, gibt es doch keinen zwingenden Grund, nicht in dieser Weise zu verfahren. In diesem Sinne hat Platon denn auch das fünfte Polyeder dem Ganzen zugeordnet, ferner die Frage formuliert, ob fünf Welten existieren könnten, in denen es nur einen Polyeder gibt.[89] Diese Frage steht in einem erkennbaren Kontext, nicht jedoch die weitere Frage, ob die Zahl der Welten unbegrenzt ist oder nicht. Man kann, so Timaios, derartige Fragen stellen, „wenn man dies alles — nämlich die geometrische Konstruktion der Polyeder — sorgsam erwägt" (Tim. 55C). Wahr-

---

[87] Brisson versucht in diesem Zusammenhang, Platons Kosmologie in einem axiomatischen System zu rekonstruktieren (L. Brisson/F. W. Meyerstein (1995), Inventing the Universe, 18-57), meint allerdings, daß Platon das empirische Verfahren nicht schlechthin abgelehnt habe (63). Diese Behauptung dürfte schwer zu begründen sein. Das gleiche gilt für Brumbaugh, der meint, daß das moderne empirische Interesse und moderne empirische Verfahren bei Platon auf Sympathie stoßen würden (R. S. Brumbaugh (1961), Plato and the History of Science, Studium Generale 14, 520). Vgl. J. Mittelstraß (1962), 149; K. Ruthenberg (1992), Was kann Timaios erklären?, in: K. Döring/G. Wöhrle (Hrsg.) (1992), Antike Naturwissenschaft und ihre Rezeption, 45-46; ferner B. Witte (1964), Der Eikos logos in Plato's Timaios, Archiv für Geschichte der Philosophie 46, 7.

[88] Auch R. J. Hankinson (1998), Cause and Explanation in Ancient Greek Thought, 115.

[89] Tim. 55C. Vgl. F. M. Cornford (1937), 221, Anm. 3.

scheinliche Erklärungen würden im „Timaios" also zu notwendigen, d.h. zwingenden, Schlüssen führen. Dazu ein weiteres Beispiel: Um die schwierige sogenannte dritte Gattung zu klären, muß nach Platon zuerst eine dem Bereich des Wahrscheinlichen zugeordnete Frage nach der Natur der vier Elemente gestellt werden (Tim. 49B).

Die kosmologische Erklärung ist also nach Platon eine notwendige Erklärung.[90] Sollte sich z.B. keine Einigkeit darüber erzielen lassen, auf welche Weise und in Verbindung womit Veränderung und Stillstand auftreten, hätte dies erhebliche Konsequenzen für alles Folgende. In der Tat bildet die Erörterung über die Bedingungen von Veränderung und Stillstand (Tim. 57D-58C) eine notwendige Basis für das Verständnis, auf welche Weise sich die vier Elemente verändern und warum unterschiedliche sinnliche Wahrnehmungen entstehen (Tim. 58C-68D).[91]

Zusammenfassend sei noch einmal gesagt: Für Platon stellt die Kosmologie einen wahrscheinlichen Mythos bzw. eine wahrscheinliche Erklärung dar. Obwohl immer wieder versucht wurde, einen Unterschied zwischen einem eikôs mythos und einem eikôs logos zu sehen, besteht ein derartiger Unterschied nicht. Ferner gibt es nach Platon keine epistemische Differenz zwischen einer Erklärung und ihrem Gegenstand. In diesem Sinne trifft der Begriff des Wahrscheinlichen auf beides, Gegenstand und Erklärung, zu. Dabei wird auf einen Unterschied zwischen der menschlichen und der göttlichen Natur aufmerksam gemacht: Der Demiurg vermag die Gegenstände exakt zu verstehen, während die Menschen hier nur über wahrscheinliche Erklärungen verfügen. Als Grund dafür wird angegeben, daß den sinnlichen Gegenständen etwas Unvernünftiges, der menschlichen Vernunft Unerreichbares innewohnt. Im Unterschied zu Kritias' Bericht über das alte Athen, der von der Erinnerung abhängt und daher den Glauben an die Überlieferung voraussetzt, folgt Timaios' Erklärung der natürlichen Welt aus bestimmten, nämlich ontologischen und geometrischen, Prämissen. In diesem Sinne stellen die Platonische Kosmogonie und Kosmologie eine Erklärung durch notwendige und zwingende Beweise dar.

4.4 Die wahrscheinliche Rede als inkonsistente Rede

Nach Platon (Tim. 29C) ist es in der bisher dargestellten Weise nicht möglich, vollständige Begründungen anzugeben. Dies ist nur bei den Ideen der Fall, weshalb auch eine entsprechende Argumentation als unwiderlegbar und ‚unbesiegbar' bezeichnet wird (Tim. 29B). Die ‚Unveränderlichkeit' der Erklärung des ‚immer Seienden', d.h. der Ideen, steht im Gegensatz zur ‚Veränderlichkeit' der

---

[90] Tim. 30A, 33A, 34A, 56E, 59C, 62A, 69A; ex anankês (Tim. 32A, 37C, 42A, 46B, 46D).

[91] Sinnliche Wahrnehmungen erklärt Platon unter Verwendung von Partikeln, die auch einen logischen Zusammenhang erkennen lassen: de (Tim. 66D), triton de (Tim. 67A), tetarton de (Tim. 67C). Vgl. J. D. Denniston (1966), The Greek Particles, 234.

wahrscheinlichen Erklärung der sinnlichen Welt: Die Vernunft kann durch Überredung nicht bewegt werden, während eine wahre Meinung umgestimmt werden kann; sie entsteht durch Überredung ohne Begründung, während die Vernunft bzw. das vernünftige Denken stets durch Belehrung in Verbindung mit einer Begründung entsteht (Tim. 51D-E).[92] Auch aus dieser Bemerkung wird klar, daß der Begriff der Überredung bei Platon in engem Zusammenhang mit den Begriffen des Wahrscheinlichen, des Begründungsmangels und der Widerlegbarkeit steht.

Um deutlich zu machen, woher der Charakter des Wahrscheinlichen bzw. der Widerlegbarkeit einer Erklärung der sinnlichen Gegenstände rührt, muß daher der Begriff der Überredung, wie er im „Timaios" verwendet wird, näher betrachtet werden.[93] So macht Platon vom Begriff der Überredung bzw. des Überredens metaphorischen Gebrauch, um einen bestimmten Gesichtspunkt bei der Erschaffung der Welt durch den Demiurgen zu verdeutlichen. Der Demiurg wendet, wie bereits hervorgehoben, zwei Methoden an: Überredung und Zwang. Zwang ist nach Meinung Platons ein Mittel, mit dessen Hilfe sich etwas Unvernünftiges beherrschen läßt, Überredung ein Mittel, durch das etwas Vernünftiges sich ‚freiwillig bewegt'.[94] Der Überredete ist immer, weil ihm etwas Vernünftiges

---

[92] Platons Darstellung der Entstehung und der Form der wahren Meinung gilt auch für die wahrscheinliche Erklärung, weil beide dieselben Gegenstände, nämlich sinnliche Gegenstände, haben. Hier tritt als Gegenstand der wahren Meinung alles das auf, was wir von unserem Körper wahrnehmen. Dabei gilt die wahrscheinliche Erklärung als eine Nebensache für Philosophen bzw. Dialektiker im Platonischen Sinne, die diesen harmlose Freude und angemessene und verständige Abwechslung bereitet (Tim. 59B-C). In diesem Zusammenhang läßt sich Sokrates' Bemerkung am Anfang des „Timaios" verstehen, daß Timaios wissenschaftlich gebildet sei (Tim. 20A). Vgl. G. R. Carone (1997), The Ethical Function of Astronomy in Plato's Timaeus, in: T. Calvo/L. Brisson (Hrsg.) (1997), 347. Carone versteht den Terminus ‚philosophia' in einem weiteren Sinne als dem eines Wissens der Ideen. Hier ist außerdem das Liniengleichnis in der „Politeia" hilfreich. Jemand, der den Ideenbereich noch nicht erreicht hat, hat unvermeidlich eine Meinung, die nur möglicherweise wahr ist, während sich der Dialektiker nur in Ideen bewegt (Pol. 511B-C). Die wahrscheinliche Erklärung ist eine Anwendung der exakten Erklärung auf die sinnliche, wahrnehmbare Welt. In diesem Sinne ist die wahrscheinliche Erklärung im „Timaios" auch charakteristisch für alle, die die Mathematik nicht beherrschen. Vgl. auch B. Witte (1964), 14.

[93] Anders L. Brisson (1996b), Den Kosmos betrachten, um richtig zu leben: Timaios, in: T. Kobusch/B. Mojsisch (Hrsg.) (1996), Platon. Seine Dialoge in der Sicht neuer Forschungen, 229. Nach Brisson ist die Kosmologie im „Timaios" eine streng konsistente Vorstellung der Welt.

[94] Tim. 56C. Vgl. Nom. 719E-720E. Hier werden zwei ärztliche Methoden zur Erklärung der Gesetzgebung herangezogen: Die Überredung, durch die die Vernünftigen über ihre Krankheit belehrt und unter der Leitung eines vernünftigen Arztes zur Gesundheit geführt werden, und etwas einer Strafe Ähnliches, das in diesem Kontext Zwang bedeutet. Das gleiche gilt von der Welt, weil diese aus etwas Vernünftigem und etwas Unvernünftigem besteht, desgleichen von der Seele, weil deren begieriger Teil nur durch Zwang beherrscht werden kann. Wenn man überredet wird, heißt das, daß man nicht erzwungenermaßen, sondern freiwillig etwas tun will. Vgl. A. Laks (1990), 228.

innewohnt, ein freiwillig Folgender. Z.B. gehorcht derjenige Teil der Seele, der Anteil an der Tapferkeit hat, der Vernunft, weil er über die Bildung in den Mathemata selbst etwas Vernünftiges besitzt. Dagegen gehorcht der begierige Seelenteil nicht freiwillig, sondern nur unter Zwang, weil er nichts Vernünftiges an sich hat. In diesem Sinne ist die Überredung immer eine besonnene Überredung (Tim. 48A).

Platon gebraucht den Ausdruck ‚freiwillig' in denjenigen Fällen, in denen ein Element von Natur aus (kata physin) in ihm ähnliche Elemente eingeht.[95] Demgegenüber tritt der Begriff der Unfreiwilligkeit in denjenigen Fällen auf, in denen ein Element seiner Natur zuwider in ihm unähnliche Elemente eingeht. Z.B. ist das, was, der Natur zuwider, mit Zwang auf uns einwirkt, schmerzhaft, während das, was zu seiner Natur zurückkehrt, angenehm ist (Tim. 64D). Zwang, Unfreiwilligkeit und Verstoß gegen die Natur sind drei Aspekte ein und desselben. Was der Vernunft nicht gehorcht, wird durch Zwang gehorchen, sucht aber wieder zu sich selbst, zu seiner Natur, zurückzukehren: Selbes zu Selbem (Tim. 64E-65A, 82B).

Hier ließe sich fragen, was die Gegenstände einer wahrscheinlichen Erklärung an Vernünftigem an sich haben können. Platon beschreibt die sinnlichen Gegenstände als zusammengefügt aus Vernunft und Notwendigkeit. Bei ihrer Entstehung wird die Notwendigkeit durch die überredende Vernunft beherrscht. Im Zusammenhang mit dem zuvor Dargestellten läßt sich sagen, daß die Notwendigkeit zwei Momente hat: ein vernünftiges und ein unvernünftiges. Beim zweifachen Begriff der Notwendigkeit im „Timaios" betrifft der eine den Typ der ‚wandernden' oder ‚umherschweifenden' Ursache, die nur das ungeordnet Zufällige bewirkt, der andere die Mitursache bzw. Hilfsursache der Entstehung der Welt.[96] Die erste Ursache ist die Ursache der ungeordneten Bewegung gegen den Demiurgen, die zweite gehorcht dem Demiurgen bzw. der Vernunft durch Überredung. In diesem Sinne sind im Falle der Notwendigkeit im „Timaios" „Kräfte am Werk, die nicht immer mit den teleologischen Kräften der Ideen übereinstimmen müssen"[97].

Gloy setzt den Begriff der Notwendigkeit einfach mit dem der ‚wandernden' oder ‚umherschweifenden' Ursache gleich: „Der Einsicht und Überzeugung, die auf Vernunft basieren, bleibt es (nämlich die Notwendigkeit) ver-

---

[95] Tim. 62C, 63B-C, 64B, 64D, 72C, 79D, 81A, 81D.

[96] Tim. 46C, 76D, 68E. Brisson unterscheidet zwischen der Notwendigkeit als ‚wandernder' Ursache (reine Notwendigkeit), als unterstützender Ursache, abhängig vom Demiurgen, und als sekundärer Ursache, abhängig von der Weltseele (L. Brisson (1974), Le Même et l'Autre dans la Structure Ontologique du Timée de Platon, 471). Dabei dürfte es keinen essentiellen Unterschied zwischen der zweiten und der dritten Ursache geben, weil die Differenz zwischen dem Werk des Demiurgen und der von ihm ebenfalls hergestellten Götter nicht vom Material abhängt, sondern von ihrer Schöpfungsfähigkeit: Der Demiurg vermag die Welt im ganzen durch Zwang zum Unveränderlichen herzustellen, die Götter vermögen das nicht. Vgl. F. M. Cornford (1937), 171-176.

[97] J. Mittelstraß (1962), 100. Vgl. L. Brisson (1992), 34.

schlossen; zugänglich ist es allenfalls wohlwollender Überredung, die jedoch schwankend, weil unbegründet ist."[98] Sie faßt den Begriff der ‚wandernden' oder ‚umherschweifenden' Ursache als Oberbegriff zum Begriff der Notwendigkeit auf, während tatsächlich der Begriff der Notwendigkeit Oberbegriff der Begriffe der ‚wandernden' oder ‚umherschweifenden' Ursache und der Mitursache sein dürfte.[99]

Warum hat der Begriff der Notwendigkeit unterschiedliche bzw. als gegensätzlich erscheinende Bedeutungen? Wenn man unter dem Begriff der Notwendigkeit den einer mechanischen Gesetzmäßigkeit versteht, scheint diese Frage unbeantwortbar zu sein.[100] Dagegen sieht es so aus, daß Platon von Notwendigkeit im „Timaios" nicht im engeren terminologischen Sinne, sondern im alltäglichen Sinne, nämlich in der Bedeutung von ‚unvermeidbar' oder von ‚erforderlich, um etwas herzustellen' spricht. Dabei trifft dieser Begriff nicht nur auf den Bereich der sinnlichen Gegenstände, sondern auch auf den Bereich der Vernunft zu. Üblicherweise wird er kausal gedeutet: der Demiurg, die Ideen und der Raum als dritte Gattung sind notwendige Ursachen für die Konstitution der Welt.[101]

4.5 Die wahrscheinliche Rede als hypothetische Anwendung einer exakten Erklärung auf sinnliche Gegenstände

Es ist jetzt möglich, genauer zu sagen, was der Begriff der wahrscheinlichen Erklärung besagt. Er bedeutet die Anwendung geometrischer bzw. ideentheoretischer Gesichtspunkte auf die sinnlichen Gegenstände.[102] Warum ist die erklären-

---

[98] K. Gloy (1986), 79.

[99] A. Laks (1990) faßt Notwendigkeit als Oberbegriff auf (226, Anm. 78). Vgl. auch W. G. Saltzer (1997), Grundzustand und Erschaffung der Neuelemente in Platons Timaios-Kosmologie, in: ders./P. Eisenhardt u.a. (Hrsg.) (1997), Die Erfindung des Universums? Neue Überlegungen zur philosophischen Kosmologie, 227-229. Saltzer scheint die Notwendigkeit als das Resultat des Werkes des Demiurgen zu verstehen, den Zufall als die ‚wandernde' Ursache; nach seiner Meinung ist die Weltkonstruktion der Übergang vom Zufall zur Notwendigkeit (229). Nach M. Meldrum (1950) (Plato and the archê kakôn, Journal of Hellenic Studies 70, 66 Anm. 10) stellt die Notwendigkeit nicht die ‚wandernde' Ursache, sondern nur die Mitursache dar.

[100] Vgl. F. M. Cornford (1937), 165; H.-G. Gadamer (1974), 8, Anm. 4. Aus diesem Grund bezeichnet Gadamer das Problem des Verhältnisses von Teleologie und Notwendigkeit als unerklärbar. J. Szaif (1996), 311, Anm. 119; vgl. A. Vallejo (1997), No, It's not a Fiction, in: T. Calvo/L. Brisson (Hrsg.) (1997), 145. Nach Vallejo ist die Notwendigkeit nur eine Mitursache.

[101] L. Brisson (1974), 471-472.

[102] Dafür soll Timaios ausgezeichnet in beiden Bereichen sein: im Bereich der Ideen und im Bereich der Natur. Sokrates hebt dies durch eine Metapher hervor: Timaios sei der geeignete Kandidat für die Rede von der Welt, weil er an Vermögen (ousia) und Abkunft (genos) niemandem nachstehe (Tim. 20A). In diesem Zusammenhang versteht S. Scolnicov (1988) (Plato's Metaphysics of Education, 86) eikôs logos als das Wissen, daß die sinnlichen Dinge keine Ideen, sondern konkrete Dinge sind, entsprechend dem Wissen, das der in die Höhle zurück-

de Rede von der Welt nicht widerspruchsfrei? Die sinnlichen Gegenstände sind das Resultat eines Zusammenwirkens von Vernunft und Notwendigkeit bzw. des Wirkens des Demiurgen durch Überredung und Zwang. Etwas Vernünftiges und etwas Nicht-Vernünftiges wohnen ihnen inne. Da nach Platon eine Erklärung die Eigenschaft ihrer Gegenstände teilt, besitzt sie ein nicht-vernünftiges Moment und ist in diesem Sinne nicht widerspruchsfrei bzw. konsistent.

Wenn Erklärungen auf der Ebene der Mathematik bzw. der Ideen bleiben, gelten sie nicht als wahrscheinlich, sondern als exakt.[103] Z. B. gilt als wahr, daß die geordnete Welt eine beseelte Welt ist (Tim. 30B). Ferner trifft Timaios bei der Erklärung dessen, was die Zeit ist, eine Unterscheidung zwischen Ewigkeit und Zeit: Die Rede von der Ewigkeit ist wahr, weil die Ewigkeit das Urbild bzw. die Idee der (weltlichen) Zeit ist, nämlich das sich immer unveränderlich gleich Bleibende, wohingegen die Rede von der Zeit keine exakte Erklärung zuläßt (Tim. 37E-38B). Wenn man die Seele als den Ort versteht, an dem sich das Wissen und die wahre Meinung[104] bilden, hat man es mit Wahrheit zu tun (Tim. 37C). An der Stelle, an der von Erkenntnis im Zusammenhang mit den Sphären des Selben und des Verschiedenen die Rede ist (Tim. 37B), läßt sich ein ‚dialektisches' Verfahren feststellen, das im „Sophistes" ausführlich erörtert wird: Verwechselt man das Selbe nicht mit dem Verschiedenen und das Verschiedene nicht mit dem Selben, ist wahre Rede möglich. Im anderen Falle gerät man in Widerspruch zum wirklichen Sachverhalt und wird zum unverständigen Lügner (Tim. 44A).[105] In diesem Zusammenhang bezeichnet Timaios seine Rede als eine wahrscheinliche Rede über das Werden, die aus dem Nachdenken über das Immerseiende herrührt (Tim. 59C). Auch gilt als wahr, daß es den Raum als das Aufnehmende allen Werdens gibt (Tim. 49A, vgl. 50B). Platons Zusammenfassung der Ideenlehre im „Timaios" (51B-52D) ist wiederum nicht wahrscheinlich; sie ist nach Platon eine wahrhafte und exakte Erklärung (Tim. 51E, 52C).[106]

---

kehrende Philosoph in der „Politeia" in bezug auf die Schatten an der Wand hat. I. W. Rath (1990) versteht die geometrische Weltkonstruktion als bildhafte Metapher (161-162). J. Atzpodien (1985) betrachtet die Mathematik selbst als einen metaphorischen Ausdruck der Ideen und setzt damit den Status der Mathematik niedriger an als den der Ideen (29, 47-48, 104-105).

[103] Für eine Deutung der ‚Exaktheit' der Mathematik siehe J. Mittelstraß (1997), Die Dialektik und ihre wissenschaftlichen Vorübungen (Buch VI 510b-511e und Buch VII 521c-539d), in: O. Höffe (Hrsg.) (1997), Platon. Politeia, 229: „sich mathematischer Mittel bedienend und mit mathematischen Mitteln darstellbar".

[104] Mit toutô scheint das Wissen und die wahre Meinung gemeint zu sein, weil es beides ohne die Seele nicht gibt. Anders R. D. Archer-Hind (Hrsg.) (1888), 118; F. M. Cornford (1937), 96. Nach deren Auffassung bezeichnet ‚toutô' nous und epistêmê.

[105] F. M. Cornford (1937), 96.

[106] In diesem Sinne sollte man nicht, wie Gadamer dies tut, schließen, daß diese Bestimmung zur grundsätzlichen Verfassung der Abbilder, also der wahrscheinlichen Erklärung des Werdens, gehört. Vgl. H.-G. Gadamer (1974), 21. Der Komparativ ‚akribesteron' in Tim. 44C ist nicht im Sinne von Exaktheit, sondern im Sinne von Klarheit zu verstehen, weil es keine Differenz im Begriff der Exaktheit gibt. Platon verwendet den Ausdruck 'akribesteron' als Synonym

Wenn Timaios die Ideenkonzeption und die Mathematik auf den physikalischen Bereich anwendet, ist das Resultat eine wahrscheinliche Rede über die Natur.[107] Wo die vier Polyeder als Grundbausteine der vier Elemente bezeichnet werden, treten beide Momente des Begriffs der Erklärung auf: die wahre Rede und die wahrscheinliche Rede (Tim. 56B). Beide Momente oder Bestimmungen zielen auf unterschiedliche Erklärungsformen. So ist die Erklärung auf der Ebene der Geometrie bzw. der Stereometrie wahr, während ihre Anwendung auf den physikalischen Bereich wahrscheinlich ist. Für eine derartige Anwendung zieht Timaios sowohl den Begriff der wahren als auch den Begriff der wahrscheinlichen Erklärung heran.[108] In diesem Sinne ruft Timaios zu Beginn des zweiten Teils des „Timaios" auch den Beistand des Göttlichen an; es möge die Hörer bzw. die Kritiker aus der sonderbaren und ungewohnten Darstellung, nämlich der Mathematik, genauer der Stereometrie, zum Wahrscheinlichen gelangen lassen (Tim. 48D). Angesichts der Tatsache, daß der zweite Teil des „Timaios" ein wesentlicher Bestandteil (Tim. 69A) der gesamten Darstellung ist, gilt diese Bestimmung für den gesamten Dialog. Alle Erklärungen der sinnlichen Welt im „Timaios" sind Darstellungen der Anwendung der Geometrie bzw. der Ideenkonzeption auf die Welt, und zwar so, daß diese Anwendung nicht perfekt, nämlich exakt, realisiert werden kann. In diesem Sinne sind die vorgetragenen Erklärungen nicht exakt, sondern wahrscheinlich und damit grundsätzlich widerlegbar.

In welchem Sinne ist eine Erklärung widerlegbar? Ein Hinweis auf die Beantwortung dieser Frage findet sich an einer Stelle, an der Timaios aus unendlich vielen ungleichseitigen Dreiecken das schönste Dreieck auswählen will. Er setzt das rechtwinklig-ungleichseitige Dreieck mit den Winkeln 60° und 30° als das schönste an. Wenn jemand ein schöneres als dieses anzugeben vermag und damit die Annahme des Timaios widerlegt, ist er Timaios' Freund (Tim. 54A-B). Das

---

für Klarheit (enargesteron, saphesteron); Tim. 49A, 50A, vgl. Tim. 54B. Dazu auch G. Böhme (1996), Idee und Kosmos. Platons Zeitlehre, 63-64.

[107] J. T. Cushing (1998), Philosophical Concepts in Physics: The Historical Relation between Philosophy and Scientific Theories, 138. Nach R. B. Rutherford (1995) (The Art of Plato: Ten Essays in Platonic Interpretation) ist die Rede von der Welt eine wahrscheinliche, weil sie keine moralischen und theologischen Gründe habe (291). R. McKeon (1994) (On Knowing – The Natural Sciences, 48) versteht die Verbindung des Selben mit dem Verschiedenen als die Anwendung der exakten Erklärung auf die wahrscheinliche.

[108] W. Kullmann (1973) (Der Platonische Timaios und die Methode der Aristotelischen Biologie, in: ders./K. Döring (Hrsg.) (1973), Studia Platonica. Festschrift für Hermann Gundert, 148; ders. (1998), 143) verbindet den orthos logos mit der orthê doxa, um der Rede vom All im „Timaios" eine argumentative Plausibilität zu geben. Platon hätte hier wohl den Ausdruck ‚gemäß der wahren und wahrscheinlichen Rede' verwendet. Auf diese Weise unterscheidet er jedenfalls zwischen beiden Methoden. Siehe auch B. Witte (1964), 2: H. J. Folse (1978), Platonic „Atomism" and Contemporary Physics, in: R. C. Whittemore (Hrsg.) (1978), Studies in Plato, 84. Nach A. F. Ashbaugh (1988) bedeutet das, daß die wahrscheinliche Rede ein Teil der wahren Rede ist (43, 45, 76). Dazu auch Q. Racionero (1998), Logos, Myth and Probable Discourse in Plato's Timaeus, Elenchos 19, 35.

Kriterium der Schönheit eines Dreiecks scheint hier in seiner Einfachheit und Fruchtbarkeit (in konstruktiven Zusammenhängen) zu liegen.[109] Bessere Erklärungen als Timaios' Erklärung der sinnlichen Welt bleiben also prinzipiell möglich.

In diesem Sinne läßt sich auch verstehen, warum Timaios von der wahrscheinlichen Erklärung auch im Komparativ und Superlativ spricht. Bei der Erklärung der Entstehung der Körper und der Seele soll man sich an das Wahrscheinlichste halten (Tim. 44D); zur dritten, schwierigen Gattung will Timaios versuchen, nicht weniger Wahrscheinliches als andere zu sagen, sondern eher mehr (Tim. 48D).[110]

Das Kriterium für den Grad der Wahrscheinlichkeit[111] liegt darin, inwieweit eine Erklärung konsistent mit den Phänomenen ist.[112] So sieht sich Timaios z.B. gezwungen, sein früheres Verständnis der Anwendung der Geometrie auf den Übergang der Elemente ineinander zu korrigieren. Die vier Elemente schienen alle ineinander übergehen zu können; doch ergibt die Anwendung der Stereometrie auf die Elementenkonzeption, daß dazu nur drei Elemente in der Lage sind, nämlich Feuer, Wasser und Luft. Das Erdelement hat eine Sonderstellung. Sollte hier jemand den Übergang der Elemente ineinander auf eine überzeugendere Weise geometrisch erklären können und damit die aufgetretene Schwierigkeit beheben, gilt seine Erklärung als die bessere. Hier sucht Timaios selbst seine Erklärung zu verbessern. Er wählt statt eines Urdreieckes viele und kann so die Darstellung der vier Elemente und ihrer Veränderungen weiterführen. In diesem Sinne muß jeder, der wahrscheinliche Sätze über die Natur formuliert, Theoretiker der Elemente werden (Tim. 57D). Der Grad des Wahrscheinlichen hängt dann davon ab, inwieweit die mathematische Erklärung die Phänomene er-

---

[109] G. R. Morrow (1968), Plato's Theory of the Primary Bodies in the Timaeus and the Later Doctrine of Forms, Archiv für Geschichte der Philosophie 50, 23. Vgl. auch G. E. R. Lloyd (1991), der behauptet, die Möglichkeit der Widerlegung und der bessereren Erklärung hänge von dem zu prüfenden Problem ab. Klar ist, daß empirische Untersuchungen kein Kriterium dafür darstellen, ob eine Erklärung besser als eine andere ist (345). Nach C. Osborne (1996) (Space, Time, Shape, and Direction: Creative Discourse in the Timaeus, in: C. Gill/M. M. McCabe (Hrsg.), Form and Argument in Late Plato, 193) gibt es keine wahrheitsrelevante Differenz zwischen einer wahrscheinlichen Erklärung und einer anderen.

[110] Nach E. N. Lee (1966) bildet das Zentrum in Tim. 48E-52D nicht die dritte Gattung, sondern die Elemente; die Rede ist konsistent, und insofern nicht nur wahrscheinlich (341, 347, 349-351).

[111] Vgl. W. J. Verdenius (1971), Plato's Doctrine of Artistic Imitation, in: G. Vlastos (Hrsg.) (1971b), Plato: A Collection of Critical Essays II: Ethics, Politics, and Philosophy of Art and Religion, 288. Nach Verdenius macht der Grad der Kenntnis des Modells eine Nachahmung besser oder schlechter. Dies gilt auch von der wahrscheinlichen Erklärung, die eine Nachahmung der exakten Erklärung darstellt.

[112] In diesem Sinne sind die Reden von den drei sterblichen Gattungen weniger konsistent als die Rede von den Gestirnen, insofern das Band (desmos), das der Demiurg für die Zusammensetzung der Gestirne benutzt, stärker ist als die Bänder (gomphoi), mit denen die Götter die sterblichen Gattungen schaffen (Tim. 43A).

reicht.[113] In diesem Sinne läßt sich verstehen, warum Platons geometrische Darstellung der Elemente wahrscheinlicher ist als die der Vorsokratiker, die die Elemente als ‚Anfänge' (archai) verstanden (Tim. 48D).[114] Diejenigen, die die Elemente als ‚Anfänge' verstehen, können nach Platon nicht erklären, wie die Elemente ineinander übergehen.

Das bedeutet nicht, daß sich hier einfach ermitteln ließe, welche der wahrscheinlichen Erklärungen der Wahrheit bzw. dem akribês logos nähersteht.[115] Die Menschen sind nach Platon nicht in der Lage, dies herauszufinden. Erkennbar ist nur, ob eine Erklärung in sich (intern) widerspruchsfrei ist und inwieweit sie sich auf die Phänomene anwenden läßt. So kann auch nicht davon ausgegangen werden, daß man sich der Wahrheit der Welt immer mehr annähern könne und die wahrscheinliche Rede eine Kenntnis der Ideen irgendwann unnötig mache.[116] In diesem Sinne spricht Platon im „Timaios" in gewisser Weise über eine mögliche Welt, über eine Welt, nicht wie sie ist, sondern wie sie sein sollte.[117]

Böhme wendet sich kritisch gegen die These, daß sinnliche Gegenstände als Abbilder der Ideen eine Darstellung der Ideen und einziger Zugang zur Kenntnis der Ideen sind.[118] Dabei scheint er jedoch den Unterschied zwischen den Ideen und dem Werden mit dem Unterschied zwischen einer Erklärung und ihren Gegenständen zu verwechseln, insofern die sinnliche Welt seiner Meinung nach nur Darstellung ist.[119] Ferner wendet er den Begriff des Exegeten, mit dessen Hilfe Timaios das Verhältnis zwischen einer Erklärung und deren Gegenständen erläutert, auf das Verhältnis zwischen den Ideen und den sinnlichen Gegenständen an. Dies dürfte Platon aber nicht gemeint haben. Außerdem dokumentiert dieser Begriff, daß die Gegenstände und ihre Erklärung nach Platon eins sind. Wichtiger ist denn auch der schon erläuterte Begriff der Verwandtschaft, der das Verhältnis zwischen einer Erklärung und deren Gegenständen klar macht.

---

[113] G. Vlastos (1975), 93, Anm. 40.

[114] Hier läßt sich ‚ganz von vorne' (ap' archês, Tim. 48D) im Zusammenhang mit den traditionellen ‚Anfängen', nämlich den vier Elementen, verstehen. Siehe P. Shorey (1928a), Plato: Timaeus 48D, Classical Philology 23, 70-71.

[115] Z.B. S. Menn (1995), 6; ders. (1998), Descartes and Augustine, 87; M. I. Santa Cruz (1997), 137; Q. Racionero (1998), 34.

[116] J. E. Moncada (1994), 32, 41; K. Gloy (1995), 105-106; G. Böhme (1996), 56, 67, Anm. 29.

[117] J. Mittelstraß (1962), 111; E. Hussey (1986), Matter Theory in Ancient Greece, in: R. Harré (Hrsg.) (1986), The Physical Science Since Antiquity, 19-21; I. W. Rath (1990), 164; B. Zehnpfennig (1997), Platon zur Einführung, 209. Dagegen R. G. Turnbull (1980), The Later Platonic Concept of Scientific Explanation, in: J. P. Anton (Hrsg.) (1980), Science and the Sciences in Plato, 91-93. Vgl. S. K. Strange (1995), Mathematics and Metaphysics in Plato's Timaeus, in: T. Calvo (Hrsg.) (1995), Proceedings of IV Symposium Platonicum, ohne Seitenzahlen.

[118] G. Böhme (1996), 52-56; E. Cavagnaro (1997), The Timaeus of Plato and the Erratic Motion of the Planets, in: T. Calvo/L. Brisson (Hrsg.) (1997), 358; J. T. Cushing (1998), 55, 138.

[119] G. Böhme (1996), 60.

Die Erklärung der Welt erfolgt nach Timaios unter dem Gesichtspunkt des Herstellens.[120] Die Voraussetzung einer derartigen Erklärung bilden die Ideen (Tim. 28A, 28C, 29A). Deswegen ist es auch möglich, eine andere Vorstellung bzw. Erklärung von der sinnlichen Welt zu gewinnen, wenn man nicht auf die Ideen, sondern auf anderes blickt (Tim. 55D).[121]

In diesem Zusammenhang fragt Timaios in der Vorrede, worauf der Demiurg hätte blicken sollen: auf die Ideen oder auf das Gewordene? (Tim. 29A). Die Antwort lautet: Da die Welt schön und der Demiurg gut ist, blickt er auf die Ideen. Das bedeutet immerhin, daß ein Demiurg auch statt auf die Ideen auf das Gewordene blicken könnte[122], wenn er nicht gut oder wenn diese Welt nicht schön wäre oder wenn beide negativen Bedingungen erfüllt wären. Wenn sich beweisen ließe, daß dies der Fall ist, wäre Timaios' Darstellung widerlegt. Außerdem kann auch innerhalb einer Erklärung, die von der Voraussetzung ausgeht, daß die Welt schön und der Demiurg gut ist, Timaios' Position problematisch werden, wenn nämlich eine andere geometrische Erklärung zur Anwendung auf die sinnlichen Gegenstände besser geeignet ist als das geometrische Modell des „Timaios". In diesem Fall wäre dieses Modell hinfällig.

4.6 Die wahrscheinliche Rede als Begrenzung der Anwendung einer exakten Erklärung auf sinnliche Gegenstände

In der Platon-Interpretation herrschen sehr unterschiedliche Vorstellungen darüber, welchen Status die Naturphilosophie in Platons Philosophie besitzt. So wird der Bild- bzw. Abbildcharakter der sinnlichen Gegenstände betont und in ihm ein wesentliches Moment in der Beziehung zu den unveränderlichen Urbildern, den Ideen, gesucht. Andererseits wird der ontologische Unterschied zwischen den Ideen und den sinnlichen Gegenständen hervorgehoben. Beide Interpretationen stimmen darin überein, daß die Rede von der sinnlichen Welt nicht exakt ist. Die Frage ist, ob es einen Zugang zu den Ideen bzw. zur Wahrheit über eine Betrachtung der sinnlichen Gegenstände gibt. Für einige Platon-Interpreten ist dies der Fall, für andere nicht. Die Vorstellungen unterscheiden sich nicht so sehr in systematischer Hinsicht als vielmehr in unterschiedlichen Akzentsetzungen.[123]

---

[120] J. Mittelstraß (1985a), Die geometrischen Wurzeln der Platonischen Ideenlehre, Gymnasium 92, 417.

[121] Da der Demiurg auf die Idee eines alles umfassenden Lebewesens hin die Welt herstellt, gibt es nicht fünf Welten, sondern nur eine Welt.

[122] Hier läßt sich fragen, was dieses Gewordene ist. Nach M. Baltes sind es die chaotischen Zustände im Raum. Nach Dillon ist das Gewordene nur eine modellhafte physikalische Entität; J. Dillon (1977), The Riddle of the Timaeus: Is Plato Sowing Clues?, in: M. Joyal (Hrsg.) (1997), Studies in Plato and the Platonic Tradition, 29, Anm. 6.

[123] J. Young (1978), How Chaotic Is Plato's Chaos?, Prudentia 10, 77.

Nun behauptet Platon nicht, daß die sinnliche Welt ein Abbild der Ideen in deren Urbildcharakter ist, sondern nur, daß sie ein Abbild der Ideen ist, insofern der Demiurg die Welt im Blick auf die Ideen bzw. auf die mathematischen Gegenstände, die ebenfalls Ideen sind, herstellt. Daß die geschaffene Welt ein Abbild ist, ist hier keine kategorische oder absolute, sondern eine hypothetische Aussage.[124] In diesem Sinne können auch Differenzen in der Interpretation der Naturphilosophie Platons auf eine systematische Weise aufgelöst werden.

Lloyd kritisiert die These vom hypothetischen Charakter der geschaffenen Welt in der Weise, daß Timaios' Kosmologie keine pure Konjektur sei. Ein Grund dafür ist, daß die Planeten für Platon keine unregelmäßigen Bewegungen ausführen[125], ein anderer die Bemerkung des Timaios, daß es vergebliche Mühe wäre, über die Planetenbewegungen ohne ein sichtbares Modell zu reden (Tim. 40D).[126] Es gibt aber keinen entscheidenden Hinweis dafür, daß die Planeten tatsächlich regelmäßige Bewegungen ausführen. Es handelt sich hier um eine Platonische Hypothese. Außerdem impliziert die Angabe eines Modells nicht, daß die entsprechende Erklärung von empirischen Daten abhängig ist.

Da es nach Platon nicht möglich ist, eine exakte Erklärung von sinnlichen Gegenständen zu geben, lassen sich hier auch keine wahren Aussagen treffen. Obwohl Timaios zu Beginn des Dialogs Göttinnen und Götter anruft, um alles in ihrem Sinne auszuführen (Tim. 27C), erklärt er, daß die am Dialog Beteiligten wohl nicht in der Lage sind, in konsistenter Weise über die sinnliche Welt zu sprechen (Tim. 29C). Wenn man die Wahrheit z.B. bezüglich des Entstehens der Elemente wirklich trifft, dann gilt dies als zufällig (Tim. 53E). Es ist möglich, die Wahrheit zu treffen und dies dennoch im strengen Sinne nicht zu wissen.[127] So soll z.B. auch über die Empfindungen im Menschen nur in sehr eingeschränkter

---

[124] J. Moreau (1969), The Platonic Idea and Its Threefold Function: A Synthesis, International Philosophical Quarterly 9, 504-504. Vgl. auch G. E. R. Lloyd (1991), der Mittelstraß, dessen Interpretation hier gefolgt wird, kritisiert (275, 346-357, 431). Nach Lloyd ist es im Sinne Platons nicht zulässig, die mathematische Astronomie von der Physik zu trennen. Lloyd versteht die Aussage, daß die geschaffene Welt ein Abbild darstellt, also als eine kategorische Aussage. Gaiser stellt sich auf die Seite von Lloyd, indem er ein Beispiel für eine ‚Rettung der Phänomene' in der Beschreibung der Farben zu finden behauptet; K. Gaiser (1965), Platons Farbenlehre, in: ders./H. Flashar (Hrsg.), Synusia. Festgabe für Wolfgang Schadewaldt, 173-222, besonders 196. Vgl. I. M. Crombie (1964), Plato: The Midwife's Apprentice, 70; T. J. Tracy (1969), Physiological Theory and the Doctrine of the Mean in Plato and Aristotle, 82, Anm. 7; ferner T. H. Irwin (1989), A History of Western Philosophy 1. Classical Thought, 115.

[125] G. E. R. Lloyd (1996a), Adversaries and Authorities: Investigations into Ancient Greek and Chinese Science, 181.

[126] G. E. R. Lloyd (1996a), 182, Anm. 26; ders. (1996b), Aristotelian Explorations, 169, 175. Vgl. R. S. Brumbaugh (1961), 524. Lloyd sieht die Schwierigkeiten, eine Aussage im „Timaios" zu falsifizieren, darin, daß die Aussagen im „Timaios" nicht exakt und nicht klar seien. G. E. R. Lloyd (1966), Polarity and Analogy: Two Types of Argumentation in Early Greek Thought, 78, 79, Anm. 1.

[127] W. K. C. Guthrie (1978), 251.

Weise gesprochen werden (Tim. 65B). Eine ähnliche Situation ist dort gegeben, wo vorkosmische, chaotische Zustände erklärt werden sollen (Tim. 69D). Hier sind, z.B. über die Rolle der vier Elemente, feste Meinungen und Überzeugungen möglich (Tim. 37B), aber eben kein Wissen. In diesem Sinne beschränkt sich Timaios darauf, über die Welt so zu reden, wie es ihm richtig erscheint (Tim. 27D). Wenn sich seine Erklärung mit den Sachverhalten in Übereinstimmung bringen läßt, so ist dies zufällig der Fall, ebenso wie Vorstellungen des Sokrates in der „Politeia" zufällig (Tim. 25E) nicht weit von dem entfernt sind, was Solon über das alte Athen sagte. Dies hält Kritias für eine göttliche Fügung. Wenn Timaios' Erklärung also mit den Tatsachen übereinstimmt, wäre dies ein göttlicher Zufall (Tim. 26E).

Die wahrscheinliche Rede von der sinnlichen Welt gilt im Rahmen der Platonischen Konzeption in diesem Sinne stets als grundsätzlich widerlegbar und nicht als exakt.[128] Dieser Umstand beruht auf der Anwendung der Ideenlehre bzw. der Mathematik auf die sinnliche Welt, die zwei widersprüchliche Momente einschließt: etwas Vernünftiges und etwas Nicht-Vernünftiges, das nur durch Zwang beherrscht werden kann.[129]

---

[128] O. Wichmann (1966), 430. In diesem Sinne ist es problematisch, mit Böhme zu behaupten, daß die Negation der Bestimmungen der Ideenerklärung nicht die Bestimmungen der wahrscheinlichen Rede ergibt (G. Böhme (1996), 61). Vgl. A. Wedberg (1982), A History of Philosophy I, 41.

[129] Vgl. L. J. Eslick (1963), The Material Substrate in Plato, in: E. McMullin (Hrsg.) (1963), The Concept of Matter in Greek and Medieval Philosophy, 42-43, 56, 58. Eslick versteht den Begriff des Nicht-Vernünftigen im mathematischen Sinne.

II Der Demiurg und der Logos der Welt

1 Einleitung

In Kapitel I wurden einige allgemeine Züge der Naturphilosophie Platons im „Timaios" dargestellt. In dieser Naturphilosophie geht es um die Anwendung exakten Wissens auf sinnliche Dinge. Vier Aspekte stehen dabei im Vordergrund kosmogonischer Erklärungen: der Herstellende, das Modell der Herstellung, das Medium der Herstellung, das Resultat der Herstellung. Der Herstellende ist der Demiurg, der, wie noch zu zeigen ist, sowohl Timaios als auch ein schaffender Gott ist; das Modell der Herstellung sind die Ideen, und zwar sowohl die mathematischen als auch die nicht-mathematischen Ideen; das Medium der Herstellung ist der Raum als eine dritte Gattung; das Resultat der Herstellung ist das Werden bzw. sind die sinnlichen Dinge.

Zuerst muß deutlich gemacht werden, daß die Erschaffung der Welt durch den Demiurgen tatsächlich die durch Timaios erfolgende Anwendung eines exakten Wissens auf die sinnlichen Dinge ist; der Prozeß der Erschaffung der Welt entspricht dem Prozeß einer erklärenden Konstruktion der Welt durch Timaios. Dabei treten Probleme auf, in deren Mittelpunkt vor allem der Platonische Raumbegriff steht. Es zeigt sich, daß sich Platon aus ontologischen Gründen gezwungen sieht, zwei unterschiedliche Raumbegriffe einzuführen. In diesem Sinne wird auch die Kritik des Aristoteles an Platons Raumbegriff verständlich, desgleichen der Umstand, daß Timaios Grenzen einer Erklärung der Welt und Schwierigkeiten einer konsistenten Darstellung hervorhebt. Platons Naturphilosophie erscheint hier als ein intelligentes Gedankenexperiment.

2 Wer ist der Demiurg im „Timaios"?

Die Frage, wer oder was der Demiurg im „Timaios" ist, wurde häufig erörtert; eine abschließende Antwort gibt es bisher nicht. Tatsächlich ist es schwierig, eine klare Vorstellung vom Demiurgen im „Timaios" zu entwickeln, auch hinsichtlich der Frage, ob die Kosmogonie im „Timaios" eine Metapher oder Fiktion ist oder nicht bzw. ob im „Timaios" von der Entstehung der realen Welt die Rede ist oder nicht. Nimmt man an, daß hier eine Erklärung realer Sachverhalte gemeint ist, wäre der Demiurg ein existierender Gott. Nimmt man hingegen an, daß die Rede von der Erschaffung der Welt durch den Demiurgen nur eine Metapher oder Fiktion ist, so gibt es viele Möglichkeiten, die Konzeption des Demiurgen zu verstehen.[130] Dabei wurde bereits in der Antike viel darüber diskutiert, ob es

[130] Vgl. D. J. Zeyl (1987), Commentary on Robinson, in: J. J. Cleary (Hrsg.) (1988), 123-124. Zeyl macht darauf aufmerksam, daß der Demiurg auch in der metaphorischen Interpretation

einen realen Anfang der Welt gab oder nicht. Der Schlüssel zur Beantwortung dieser Frage liegt in einer Interpretation der Naturphilosophie Platons. Die Frage muß deshalb auch im Zusammenhang mit einer Darstellung der konkreten Inhalte der Platonischen Kosmologie beantwortet werden.[131]

Nach wie vor überwiegt die metaphorische Interpretation der Kosmogonie und der Kosmologie Platons.[132] Es gibt aber auch Versuche, die Platonische Kosmogonie nicht metaphorisch zu verstehen, weil z.B. Platons Bewegungstheorie im „Timaios" sonst schwerlich neben den Bewegungstheorien im „Phaidros" und in den „Nomoi" bestehen könnte (der „Timaios" liegt wohl zeitlich zwischen beiden genannten Dialogen[133]). Nach der Bewegungstheorie im „Phaidros" ist die Ursache aller Bewegungen die Seele, und auch die Erklärung der Bewegung in den „Nomoi" läßt sich so verstehen, daß die Seele alle Bewegungen verursacht.[134] Nach Platons Erklärung der Bewegung im „Timaios" gibt es aber eine Bewegung, die chaotisch und durch die Seele nicht verursacht ist.[135] Faßt man Platons Kosmogonie im „Timaios" nicht im metaphorischen, sondern im wörtlichen Sinne auf, ließe sich die Annahme einer chaotischen Bewegung als eine Darstellung vorkosmischer Zustände interpretieren, während die Theorie der Bewegung im „Phaidros" und in den „Nomoi" den nach der Erschaffung der Welt gegebenen kosmischen Zuständen entspricht.[136] Dadurch entstehen allerdings an-

---

der Kosmogonie Platons ein auf andere Elemente der Kosmologie nicht reduzierbarer Gott wäre.

[131] Vgl. M. Baltes (1996a), 96, der empfiehlt, „jeder sollte seine eigene Lösung finden".

[132] In der Antike stehen nur Aristoteles und Plutarch für eine nicht-metaphorische Interpretation der Kosmogonie Platons; alle anderen, z.B. Xenokrates, Krantor, Proklos, widersprechen dem. Vgl. L. Taran (1971), The Creation Myth in Plato's Timaeus, in: J. P. Anton/G. L. Kustas (Hrsg.) (1971), Essays in Ancient Greek Philosophy I, 372-407. Zum Argument des Aristoteles gegen eine metaphorische Interpretation siehe *De Caelo* A 10. 279b33-280a10; R. M. Dancy (1991), Two Studies in the Early Academy, 8-81. Zur Interpretation des Demiurgen vgl. D. W. Graham (1991), Socrates, the Craft Analogy, and Science, Apeiron 29, 16, Anm. 36. Vgl. C. Pietsch (1998), Geworden – Ungeworden – Erschaffen. Zur antiken Diskussion um die Entstehung der Welt, in: H. J. Wendel/W. Bernard (Hrsg.) (1998), Antike Philosophie und moderne Wissenschaft, 36-37, Anm. 15; H. Dörrie/M. Baltes (1998), Die philosophische Lehre des Platonismus 5: Platonische Physik (im antiken Verständnis) II, 377.

[133] Anders T. M. Robinson (1993), The World as Art-Object: Science and the Real in Plato's Timaeus, Illinois Classical Studies 18, 108. Nach Robinson wurde der „Phaidros" später als der „Timaios" geschrieben, insofern der Begriff der Selbstbewegung nicht im „Timaios", sondern erst im „Phaidros" in präziser Form auftritt.

[134] C. J. Rowe (1984), 189.

[135] Vgl. M. Meldrum (1950), 66; M. Lenzi (1997), Platonic Polypsychic Pantheism, Monist 80, 239; S.-M. Nikolaou (1998), Die Atomlehre Demokrits und Platons *Timaios*. Eine vergleichende Untersuchung, 184, 200. Anders F. Solmsen (1960b), Platonic Influences in the Formation of Aristotle's Physical System, in: I. Düring/G. E. L. Owen (Hrsg.) (1960), Aristotle and Plato in the Mid-Fourth Century, 221.

[136] Vgl. z.B. P. H. de Lacy (1939) (Problems of Causation in Plato's Philosophy, Classical Philology 34, 97-115), der zu zeigen versucht, daß es keine Widerprüche zwischen der Bewegungstheorie im „Timaios" und der in den „Nomoi" gebe. G. Vlastos (1965a), 397; ders.

dere Interpretationsschwierigkeiten, z.B. die Frage, wie es Zustände zeitlich vor der Schöpfung der Welt geben könne, wenn doch die Zeit mit der Welt entstanden ist (Tim. 38B)?[137]

Die Forschungsgeschichte zu diesem Problem zeigt, daß eine Antwort nur das Ergebnis einer Interpretation der gesamten Naturphilosophie Platons sein kann. Das heißt, das Kriterium dafür, die eine Interpretation vor der anderen auszuzeichnen, liegt darin, ob sie sich in die gesamte Erklärung der Welt im „Timaios" besser einpaßt. So versteht Runia z.B. die Rede von der Welt im „Timaios" nicht als Kosmologie, sondern als Kosmogonie, weil sich so zwischen der logischen bzw. philosophischen Erklärung in der Vorrede des „Timaios" und einer als wahrscheinlich bezeichneten naturwissenschaftlichen Erklärung der übrigen Teile des „Timaios" unterscheiden lasse.[138] Dies ist aber nicht der Fall: Auch neben der Vorrede im „Timaios" lassen sich viele philosophische bzw. exakte Erklärungen anführen.[139]

Hier wird davon ausgegangen, daß Platons Kosmogonie als eine metaphorische Darstellung zu verstehen ist.[140] Das bedeutet auch, daß Platons Bewegung-

---

(1965), Creation in the Timaeus: Is It a Fiction?, in: R. E. Allen (Hrsg.) (1965), 415-416; H. Happ (1971), Hyle, 106; A. Vallejo (1997), 146. Anders L. P. Gerson (1990), God and Greek Philosophy: Studies in the Early History of Natural Theology, 77; ders. (1996), Imagery and Demiurgic Activity in Plato's Timaeus, Journal of Neoplatonic Studies 5, 54-55. Nach Gerson löst die Ablehnung der wörtlichen Interpretation des „Timaios" den Widerspruch zwischen dem „Phaidros" und den „Nomoi" nicht auf, weil die Seele in den „Nomoi" das Gewordene sei. Nach T. Kratzert (1998) (Die Entdeckung des Raumes. Vom hesiodischen „chaos" zur platonischen „chora", 103, 107) läßt Platon im „Timaios" die Ursache der chaotischen Bewegungen offen, weil die Anfänge (archai) unerforschbar seien.

137 Dagegen könnte eingewendet werden, daß es vor der Erschaffung der Welt Zeit in der Form der Dauer gegeben habe. Z.B. H. Herter (1957), Bewegung der Materie bei Platon, Rheinisches Museum für Philologie 100, 340-344; G. Vlastos (1965a), 390; J. Whittaker (1968), 137-138; R. D. Mohr (1985), 56-61, 67-70; A. Vallejo (1997), 147. Dieser Einwand setzt aber schon die wörtliche Auffassung des Timaios, die nicht Grundlage, sondern Resultat der Untersuchung sein soll, voraus. Zu anderen Schwierigkeiten siehe M. Baltes (1996a), 82-90. Ferner E. N. Ostenfeld (1986), Plato's Development and the Date of the Timaeus, Classica et Mediaevalia 37, 70, Anm. 29. Zu einem wenig beachteten Grund für eine nicht wörtliche Interpretation des „Timaios" siehe H. Dörrie/M. Baltes (1998), 375-377: Daß Timaios seine Rede ausdrücklich als Rede über die Welt bezeichnet, nämlich inwiefern sie entstanden ist oder ob sie ungeworden ist (Tim. 27C), könnte ein Hinweis dafür sein.

138 D. T. Runia (1997a), 115.

139 Vgl. oben 4.5 in Kapitel I. Vgl. F. M. Cornford (1967a), Greek Natural Philosophy and Modern Science, in: ders. (1967b), The Unwritten Philosophy and Other Essays, hrsg. v. W. K. C. Guthrie, 84; G. Vlastos (1995b), The Role of Observation in Plato's Conception of Astronomy, in: G. Vlastos (1995a), Studies in Greek Philosophy I: Socrates, Plato and Their Tradition, hrsg. v. D. W. Graham, 234, Anm. 45.

140 P. Friedländer (1949), Structure and Destruction of the Atom According to Plato's Timaeus, in: G. P. Adams u.a. (Hrsg.), University of California Publications in Philosophy 16, 227-228; P. J. Armleder (1962), Some Observations on Plato's Timaeus, Classical Bulletin 39, 9; D. R. Dicks (1970), Early Greek Astronomy to Aristotle, 117-119; C. F. v. Weizsäcker (1990), Die Tragweite der Wissenschaft, 70. In diesem Sinne versteht S. Margel (1995) (Le

stheorie im „Timaios" eine andere ist als die im „Phaidros" und in den „Nomoi".[141] Ein Verständnis des Demiurgen im „Timaios" sollte im übrigen unabhängig sein von einer Antwort auf die Frage, ob Platons Kosmogonie eine Erklärung wirklicher Sachverhalte darstellt.

3 Demiurg und Gott

Einige Interpreten betrachten den Platonischen Demiurgen als einen jenseits der Welt existierenden Gott. Als Grund wird unter anderem angegeben, daß der Ausdruck ‚Demiurg' im „Timaios" auch auf den Menschen angewendet wird.[142] Dies ist jedoch kein entscheidendes Argument, weil der Demiurg bzw. Gott im „Timaios" immer als Handwerker dargestellt wird[143] und weil der Ausdruck ‚Demiurg' zu den wesentlichen, einen Gott charakterisierenden Ausdrücken gehört.[144] Ein anderer Grund, den z.B. Guthrie anführt, ist, daß die Rede vom Demiurgen nicht Element des Mythos, sondern der Philosophie sei, und daß es nicht statthaft sei, Platons Theismus in Form einer ‚Entmythologisierung' des Demiurgen zu ignorieren.[145] Die Frage, was Gott als Demiurg sei, ist im übrigen nach Guthrie unbeantwortbar, weil es schwer sei, die Rede von einem Gott in diesem kosmologischen Rahmen plausibel zu machen (Tim. 28C). Nun ist Platon kein Agnostiker; er gibt vielmehr an vielen Stellen Hinweise auf Tätigkeiten eines Gottes und dessen Eigenschaften.

Häufig wird, wie z.B. bei Taylor, der Demiurg auch als christlicher Gott verstanden.[146] Taylor stellt fest, daß auch die Welt selbst und die Gestirne als göttlich gelten, behauptet aber, daß ihre ‚raison d'être' der Wille Gottes sei.[147] Dann

---

Tombeau du Dieu Artisan sur Platon, 53) die Rede des „Timaios" im Sinne von Pol. 414B-C als lobenswerte Täuschung.

[141] Die Erklärung der Bewegung in den Dialogen „Timaios" und „Nomoi" scheint unterschiedlichen Kontexten anzugehören. So ist die Erklärung im „Timaios" eine naturphilosophische, während die Erklärung in den „Nomoi" eine theologische ist. Siehe C. Rowe (1984), 191-192.

[142] G. S. Claghorn (1954), 117. In Tim. 68E bezeichnet der Ausdruck ‚Demiurg' nicht den Menschen, sondern Gott.

[143] L. Brisson (1974), 35.

[144] Ferner sind die Ideen dieser Auffassung nach Gedanken Gottes. Zur Kritik vgl. R. D. Archer-Hind (Hrsg.) (1888), 38.

[145] W. K. C. Guthrie (1978), 255.

[146] J. Carmody (1971) (Plato's Religious Horizon, Philosophy Today 15, 59) unterscheidet zwischen dem Gott als causa efficiens und dem Demiurgen als causa formalis des Kosmos bzw. als Abbild des Gottes. Für diese Unterscheidung gibt es allerdings im „Timaios" keine Anhaltspunkte.

[147] A. E. Taylor (1937), Plato: The Man and His Work, 441-442, 444. Vgl. J. Mittelstraß (1970), Neuzeit und Aufklärung, 78f. Mittelstraß bezeichnet die Theologie bei Platon (und Aristoteles) als eine Art ‚Hilfswissenschaft', die etwa im Bereich der Aristotelischen Kosmologie die Konzeption eines ‚ersten Bewegers' und im Bereich der Platonischen Ethik die Konzeption einer ‚göttlichen' Idee des Guten als eines obersten Postulates liefert.

läßt sich aber nicht verstehen, warum Platon selbst nicht deutlich zwischen (einem christlich deutbaren) Gott und Göttern unterscheidet. Außerdem gibt es Hinweise darauf, daß der Demiurg mit der Vernunft identifiziert wird.[148]

4 Demiurg und Weltseele

Für andere Platon-Interpreten ist der Demiurg ein unabhängig existierendes Sein bzw. die höchste Seele in der Welt.[149] Als Grund dafür wird die (vermeintliche) Übereinstimmung der Bewegungstheorie des „Timaios" mit den Bewegungstheorien im „Phaidros" und in den „Nomoi" angeführt. Das Argument ist das folgende: Die Seele ist die Ursache aller Bewegungen; die Schöpfung des Demiurgen läßt sich als eine Bewegung verstehen; also ist der Demiurg der Anfang bzw. die Ursache der Bewegung; dann sollte er aber auch eine Seele, und zwar eine Seele auf einer höheren Stufe als die der Weltseele sein.[150] Nun spricht aber Platon im „Timaios" niemals über eine höhere Seele als die Weltseele.[151] Und wenn man annimmt, daß die Ursache einer chaotischen Bewegung der ‚Spuren' der vier Elemente im „Timaios" nicht die Seele, sondern ein Defekt elementarer Bewegungen ist (Tim. 57E)[152], kann auch eine Übereinstimmung der Bewegung-

---

[148] Vgl. G. Droz (1992), Les Mythes Platoniciens, 154.
[149] J. B. Skemp (1967), 108-114, 163-165.
[150] Vgl. W. Bernard (1998), ‚Theologie' und Naturphilosophie bei Platon, in: H. J. Wendel/W. Bernard (Hrsg.) (1998), 1-3, 27. Bernard versucht die Ursache der Bewegung als das Intelligible und die Seele als die notwendige Vermittlung der Wirkung des Intelligiblen auf das Wahrnehmbare zu verstehen, wobei die Seele nicht ‚Bewußtsein', sondern ein Vermögen, aus sich selbst heraus in unterschiedlicher Weise Bewegung hervorzurufen, sei. In diesem Sinne sei Platons Naturphilosophie widerspruchsfrei, was Platon selbst allerdings ausdrücklich verneint (Tim. 29C-D). Für einen Grund gegen die Annahme, daß die Seele die Ursache der Bewegung im „Timaios" ist, siehe H. Cherniss (1945), The Riddle of the Early Academy, 44-46.
[151] L. Brisson (1974), 81.
[152] R. Demos (1968), Plato's Doctrine of the Psyche as a Self-Moving Motion, Journal of the History of Philosophy 6, 143; C. J. Rowe (1984), 184; A. F. Ashbaugh (1988), 56; nach A. Vallejo (1997) gibt es auch andere Auffassungen und Gesichtspunkte in den Dialogen Platons, weshalb auch eine Übereinstimmung der Bewegungstheorien in Platons Dialogen nicht das einzige Kriterium sein könne, um unterschiedliche Vorstellungen Platons zu beurteilen (144). Nach A. W. Nightingale (1996) (Plato on the Origin of Evil: The Statesman Myth Reconsidered, Ancient Philosophy 16, 66, Anm. 4) zeigen die widersprüchlichen Erklärungen einer Ursache der chaotischen Bewegungen in Platons kosmologischen Dialogen, daß Platon zu keiner festen Auffassung gefunden hat. Das wird auch schon von Aristoteles so gesehen (vgl. Met. Λ6.1071b37). Vgl. ferner M. Meldrum (1950), 67, Anm. 16. Dieser sieht die Ursache der chaotischen Bewegung nicht in einem irrationalen Teil der Weltseele, weil das im „Timaios" überwiegende Demiurgen-Modell mit der Idee der Selbstbewegung eines Lebewesens unvereinbar sei (70). Es gibt allerdings im „Timaios" auch die Vorstellung der Welt als eines Lebewesens. Meldrum behauptet hier, daß Platon dieses Modell als sekundär verstehe und deshalb seine Konzeption des Demiurgen nicht überarbeitet habe (74). Vgl. in diesem Zusammenhang J. G. Brennan (1971), Whitehead on Plato's Cosmology, Journal of the History of Philosophy 9, 76. T. M. Robinson (1967) (Demiurge and World Soul in Plato's Politicus, American Jour-

stheorien im „Timaios“, im „Phaidros“ und in den „Nomoi“ die erste Prämisse dieses Schlusses nicht stützen. Andere Interpreten wiederum, wie Ostenfeld[153], verstehen den Demiurgen als den Kreis des Selben; der Demiurg sei kein transzendenter, sondern ein immanenter Gott, dabei aber eine höhere Entität als die Weltseele; seine Bewegung sei eine physikalische Bewegung in der Welt.[154] Der Kreis des Selben besteht jedoch aus einer Mischung des Seienden, des Selben und des Verschiedenen (Tim. 35A-36C), weshalb diese Interpretation wohl nicht zutreffen kann.

Auch bei anderen Interpreten, die den Demiurgen mit der Platonischen Weltseele identifizieren[155], bleiben viele Probleme. Eines dieser Probleme ist, daß die Weltseele ein Produkt der Schöpfung des Demiurgen ist[156]; also würde sich, wenn der Demiurg die Weltseele ist, dieser selbst schaffen. Außerdem müßte er, wenn er auch nur eine Verdoppelung der Weltseele darstellte[157], der Welt immanent oder gegebenenfalls eine bloße Fiktion sein. Das aber ist ersichtlich nicht der Fall. Die Ursache der Schwierigkeiten mit dem Demiurgen liegt nicht im Ge-

---

nal of Philology 88, 57-66) behauptet, daß die Bewegung, deren Ursache der Demiurg (bzw., wie er meint, die Weltseele) ist, im „Timaios“ nur die Kreisbewegung sei, im „Phaidros“ alle Bewegungen umfasse und der „Phaidros“ deshalb später als der „Timaios“ sei.

[153] E. N. Ostenfeld (1982), Forms, Matter and Mind: Three Strands in Plato's Metaphysics, 246; ders. (1993), The Physicality of God in the Politicus Myth and in the Later Dialogues, Classica et Mediaevalia 44, 103. Vgl. J. Skemp (1989), 92, Anm. 6.

[154] E. N. Ostenfeld (1993), 97. Vgl. E. N. Lee (1976), Reason and Rotation: Circular Movement as the Model of Mind (Nous) in Later Plato, in: W. H. Werkmeister (Hrsg.) (1976), Facets of Plato's Philosophy, 89-90.

[155] W. D. Ross (1951), Plato's Theory of Ideas, 127; W. Theiler (1957), Demiurgos, in: T. Klauser (Hrsg.) (1957), Reallexikon für Antike und Christentum III, 697; C. P. Bigger (1967), On the „World Soul“ in Plato's Timaeus, Southern Journal of Philosophy 5, 6, 8, Anm. 46; G. M. A. Grube (1935), Plato's Thought, 170, 177; T. M. Robinson (1969), Deux Problèmes de la Psychologie Cosmique Platonicienne, Revue Philosophique de la France et de l'Étranger 159, 250-253; ders. (1970), Plato's Psychology, 134, 136, 139, 143, Anm. 12; G. R. Carone (1991), La Nocion de Dios en el *Timeo* de Platon, 71-99, insbesondere 98; K. Gloy (1995), 115. Robinson (1970) bemerkt selbst, daß im „Timaios“ von keiner Bewegung des Demiurgen die Rede ist (133), im Unterschied zum „Phaidros“, wo die Seele die Ursache der Bewegung ist. Robinson versucht dieses Problem durch den Hinweis zu umgehen, daß der „Phaidros“ später als der „Timaios“ sei (134) und die Bewegungstheorie im „Timaios“ eine Vorstufe der Bewegungstheorie des „Phaidros“ darstelle. Die meisten Platon-Interpreten lehnen diese Erklärung mit der Bemerkung ab, daß nach Robinson der Demiurg im „Timaios“ die nicht-kontingente Ursache der Welt sei, während die Weltseele eine kontingente Ursache ist. Vgl. ferner T. M. Robinson (1987), Understanding the Timaeus, in: J. J. Cleary (Hrsg.) (1987), Proceedings of the Boston Area Colloquium in Ancient Philosophy II, 115. Anders M. v. Perger (1997), 36-37.

[156] F. Solmsen (1960a), Aristotle's System of the Physical World: A Comparison with His Predecessors, 113-114; S. Menn (1995), 11. Für einen Überblick über die Kritik vgl. W. D. Ross (1951), 127-128.

[157] W. Theiler (1997), Zur Geschichte der teleologischen Naturbetrachtung bis auf Aristoteles, 72. Zur Kritik M. v. Perger (1997), 37-38.

gensatz zwischen Form und Inhalt der Darstellung[158], sondern in der Rolle, die der Demiurg in der kosmologischen Erklärung im „Timaios“ spielt. Außerdem ist die Seele moralisch zunächst einmal indifferent, während der Demiurg immer gut ist.[159] Das Gute und das Böse einer Seele sind nicht Teil der Seele, sondern werden vom Verhältnis der Seele zum Nous bzw. zur Intelligenz bestimmt.[160]

5 Demiurg und Idee des Guten

Andere Interpreten identifizieren den Demiurgen mit der Idee des Guten in der „Politeia“ (508E, 517C).[161] Als Grund dafür wird das Motiv des Demiurgen, die Welt gut zu bilden, angeführt. Der Demiurg wollte, daß alles gut bzw. ihm ähnlich sei (Tim. 29D-30B). Dieser Interpretation nach ist der Demiurg die Ursache aller guten Dinge, was offenbar in Einklang mit der Erklärung der Idee des Guten in der „Politeia“ (509B, 517C) steht. Dort wird die Idee des Guten als die Ursache alles schönen Seienden dargestellt. Ein weiteres Argument ist, daß die ‚königliche‘ Vernunft (Phileb. 30C) nichts anderes als das Gute und der Demiurg im „Timaios“ sei.[162] Allerdings geht es in Phileb. 30C nicht um die Vernunft, sondern um die Seele (psychê). Ferner ist die Ursache des Guten die Seele (Nom. 896D). Den Ideen läßt sich eine entsprechende Rolle nicht zusprechen.[163] So sind die Ideen im „Timaios“ nicht dynamisch, sondern statisch; sie sind Ur-

---

[158] Vgl. A. Finkelberg (1996), Plato's Method in Timaeus, American Journal of Philology 117, 393.

[159] Vgl. R. Hackforth (1968), Plato's Theism, in: R. E. Allen (Hrsg.) (1965), 444; L. Brisson (1974), 83. Anders T. M. Robinson (1970), 144.

[160] Siehe R. D. Mohr (1985), 170, 173-174. Nach Mohrs Meinung gibt es keinen Hinweis darauf, daß im „Timaios“ die Weltseele nicht die Ursache der Bewegung bzw. der Ordnung, sondern der Weiterexistenz der Weltkörper sei. Danach kann der Demiurg, der die Ursache der Bewegung der Welt ist, nicht die Weltseele sein.

[161] W. Lutoslawski (1897), The Origin and Growth of Plato's Logic: With an Account of Plato's Style and of the Chronology of His Writings, 475; C. H. Moore (1916), The Religious Thought of the Greeks: From Homer to the Triumph of Christianity, 153, Anm. 1; E. Zeller (1963), Die Philosophie der Griechen in ihrer geschichtlichen Entwicklung II/1. Sokrates und die Sokratiker, Plato und die alte Akademie, 716-718, 718, Anm.1; W. F. R. Hardie (1993), A Study in Plato, 119; J. Stenzel (1959), Zahl und Gestalt bei Platon und Aristoteles, 112; K. Schneider (1966), Die schweigenden Götter, 24; R. J. Wood (1968), The Demiurge and His Model, Classical Journal 63, 255-258; G. Müller (1986), 122; C. Hampton (1990), Pleasure, Knowledge, and Being: An Analysis of Plato's Philebus, 90, 116, Anm. 66; G. Reale (1993), Zu einer neuen Interpretation Platons. Eine Auslegung der Metaphysik der großen Dialoge im Lichte der „ungeschriebenen Lehre“, 527; ders. (1997), Plato's Doctrine of the Origin of the World: With Special Reference to the Timaeus, in: T. Calvo/L. Brisson (Hrsg.) (1997), 153; R. Ferber (1995), Platon, 492, Anm. 3. Diese Interpreten folgen Hegels Vorstellungen in diesem Punkt. Vgl. W. Beierwaltes (1995), Distanz und Nähe der Geschichte. Hegel und Platon, in: Ch. Schubert/ K. Brodersen (Hrsg.) (1995), Rom und der griechische Osten, 14.

[162] E. Hoffman (1922), Anhang zu E. Zeller (1963), 1098-1099.

[163] W. Theiler (1965), 70.

bilder, auf die hin der Demiurg die Welt konstituiert. Außerdem wird die Idee des Guten nirgendwo im „Timaios" erwähnt.[164] Und auch das erste Argument läßt sich nicht akzeptieren, weil die Idee des Guten nicht die Vernunft, sondern die Ursache der Vernunft ist (Pol. 517C), und weil der Demiurg im „Timaios" selbst die Vernunft (nous) ist.[165] In Tim. 47E wird gesagt, daß im ersten Teil (29E-47E), von einer Erklärung der Körper und der Wahrnehmung (44D-47E) abgesehen, das durch Vernunft Hergestellte dargestellt wird. Handelnder aber ist der Demiurg, woraus sich schließen läßt, daß der Demiurg die Vernunft ist.[166] Außerdem ist der Wille des Demiurgen prinzipiell indifferent, nicht hingegen das Gute selbst; der Demiurg könnte die Welt auch zerstören.[167]

6 Demiurg und transzendente Vernunft

Wo ist die Vernunft bzw. wo ist der Demiurg zu finden? Eine Erklärung, wonach sich die Vernunft nicht in der Seele befinde, überzeugt nicht. Dabei lautet das Argument für eine solche Erklärung, daß die Seele in Verbindung mit der Bewegung und mit dem Werden stehe, während sich die Ursache aller Dinge nicht bewegen dürfe (Tim. 28B, 35A-B).[168] Dieses Werden läßt sich aber nicht nur im temporalen Sinne, sondern auch im kausalen Sinne verstehen; außerdem ist die Seele kein Gewordenes (agenêton, Phaidr. 245C-D).[169] Einige Interpreten, wie Brisson, behaupten, daß die Vernunft in der Weltseele sei, womit auch der Demiurg in der Weltseele sei. Die Weltseele selbst ist nicht die Vernunft.[170] Dabei ist der Demiurg bzw. ist die Vernunft nicht ein Teil der Weltseele, sondern von dieser unterschieden.[171] Tatsächlich ist die Vernunft nicht dasselbe wie die Seele; andererseits ließe sie sich ohne die Seele nirgendwo auffinden (Tim. 30B).

---

164 Th. H. Martin (1841a), Études sur le Timée de Platon, 10; E. N. Ostenfeld (1997), The Role and Status of the Form in the Timaeus: Paradigmatism Revised?, in: T. Calvo/L. Brisson (Hrsg.) (1997), 172; I. Mueller (1998), Platonism and the Study of Nature (Phaedo 95eff.), in: J. Gentzler (Hrsg.) (1998), 88.

165 R. Hackforth (1968), 439; J. E. Raven (1965), Plato's Thought in the Making: A Study of the Development of His Metaphysics, 241; H. Cherniss (1944), Aristotle's Criticism of Plato and the Academy, 605-606; L. Brisson (1974), 76; F. Solmsen (1960a), 113; S. Menn (1998), 95. Vgl. W. Kamlah (1963), Platons Selbstkritik im Sophistes, 52.

166 Siehe auch J. E. Raven (1965), 241; I. Murdoch (1977), The Fire and the Sun: Why Plato Banished the Artist, 51-53; O. Letwin (1981), Interpreting the Philebus, Phronesis 26, 188.

167 Vgl. J. M. Rist (1982), Human Value: A Study in Ancient Philosophical Ethics, 38.

168 R. Hackforth (1968), 442.

169 L. Brisson (1974), 82. Vgl. A. F. Ashbaugh (1988), 148, Anm. 10. Ashbaugh versucht zu zeigen, daß die Bewegung der Ursache aller Dinge angehöre. Als Grund wird angegeben, daß die Bewegung allem wahren Seienden angehört. Doch ist fraglich, ob die Ursache alles Seienden selbst eine Idee ist.

170 L. Brisson (1974), 84.

171 Siehe C. J. de Vogel (1959), Théorie de l'Apeiron chez Platon, Revue Philosophique de la France et de l'Étranger 149, 23; ders. (1986), Rethinking Plato and Platonism, 120. Vgl. A. B.

Menn verneint eine notwendige Verbindung der Vernunft mit der Seele[172], um den Demiurgen als ein reales Seiendes, das sich mit dem Nous im „Philebos" (28C) identifizieren ließe, zu verstehen. Ein Grund dafür ist, daß der Nous nicht eine Ursache, sondern eine Tugend der Vernünftigkeit, an der die Seele teilhaben sollte, sei und daß etwas ohne Seele am Nous teilhaben könne. Nach Menn ist der Nous die Weisheit an sich.[173] Dabei stößt er allerdings auf das Problem der Selbstprädikation. Ferner erklärt Menn nicht, wie der Nous als Idee der Weisheit eine Ursache der Welt sein kann. Er führt zwar die Weltseele als eine Vermittlung zwischen dem Demiurgen in der Rolle einer Idee der Weisheit und den sinnlichen Dingen ein, macht jedoch nicht deutlich, wie diese Vermittlung erfolgen soll. Außerdem läßt sich nicht erklären, wie der Demiurg als Idee der Weisheit die Weltseele erschaffen kann: Die Idee ist – Aristotelisch gesagt – nicht eine wirkende, sondern eine formelle Ursache. Dabei treten auch andere Schwierigkeiten auf. So faßt Menn die Ursache für die Ähnlichkeit der Abbilder mit ihren Urbildern nicht als Idee, sondern als den Demiurgen auf.[174] Dadurch, daß er den Demiurgen mit der Idee der Weisheit identifiziert, macht er es aber unmöglich, daß der Demiurg eine solche Ursache ist.[175]

Allerdings gibt es einige Stellen im „Timaios", in denen die Vernunft auch als ein Teil bzw. als eine Funktion der Seele dargestellt wird.[176] Ferner lassen sich nicht alle Tätigkeiten des Demiurgen als die einer transzendenten Vernunft verstehen. Z.B. gehört sein Wille, die Welt nicht wieder aufzulösen, nicht der reinen Vernunft, sondern der Vernunft als einer Funktion der Seele an.[177] Außerdem ist das einzige, das die Vernunft hat, die Seele (Tim. 46D, vgl. Tim. 38B).[178]

Gerson versucht den Demiurgen als transzendente Vernunft wie folgt zu verstehen: Das unvergängliche Modell der Welt stelle zugleich die Idee der Lebewesen dar (Tim. 28C, 30C-D); der Demiurg wollte, daß die Welt ihm möglichst ähnlich sei; also muß er auch das unvergängliche Modell der Welt, nämlich die ewige Idee sein. Der Demiurg ist nun aber die Vernunft, während die Ideen

---

Hentschke (1971), Politik und Philosophie bei Plato und Aristoteles. Die Stellung der „Nomoi" im Platonischen Gesamtwerk und die politische Theorie des Aristoteles, 317, Anm. 323.

[172] M. Lenzi (1997), 240-241, 248, Anm. 13. Anders C. Lauermann (1985), Platons Konzeption der Bewegung des Geistes, 74.

[173] S. Menn (1992), Aristotle and Plato on God as Nous and as the Good, Review of Metaphysics 45, 546-556; ders. (1995), 13-15; ders. (1998), 87-88.

[174] S. Menn (1998), 87.

[175] Zur Kritik an Menn siehe auch J. G. DeFilippo (1997), *Plato on God as Nous* by Stephen Menn, Ancient Philosophy 17, 192-194.

[176] Tim. 73C. Vgl. Tim. 30B, 37C, 46D. G. Bury (1929), 73, Anm. 1; G. M. A. Grube (1935), 46; J. M. Rist (1964a), The Immanence and Transcendence of the Platonic Form, Philologus 108, 231-232; J. R. Caplan (1995), The Coherence of Plato's Ontology, in: T.-A. Druart (Hrsg.) (1995), American Catholic Philosophical Quarterly: The Recovery of Form, 184. Vgl. G. Jäger (1967), „Nus" in Platons Dialogen, 145.

[177] T. M. Robinson (1970), 107, Anm. 15.

[178] Vgl. M. Gueroult (1924), Le Xe Livre des Lois et la Dernière Forme de la Physique Platonicienne, Revue des Études Grecques 37, 60-61.

die noêta, die die Vernunft ‚denkt', sind. Damit wäre der Demiurg die Vernunft als eine Hypostasierung der ewigen Idee, und insofern auch als wirkende Ursache. Er ist ewige Vernunft.[179] In diesem Falle treten aber erhebliche Schwierigkeiten auf, wie man sich das Verhältnis zwischen den Ideen und dem Demiurgen genauer vorzustellen habe.[180] Ferner verbindet sich in Tim. 47E mit dem Nous nicht die Präposition ‚hypo', die auf ein Handeln bezogen ist, sondern die Präposition ‚dia', die sich instrumental verstehen läßt. Die Rede vom Demiurgen bleibt dunkel.[181]

7 Schwierigkeiten der Rede vom Demiurgen

7.1 Zur Suche nach dem Demiurgen

„Den Schöpfer und Vater dieses Ganzen aufzufinden, ist mühsam, und hat man ihn gefunden, ist es unmöglich, ihn dann allen darzustellen" (Tim. 28C).[182] Was ist gemeint? Es gibt Platon-Interpreten, die behaupten, daß es unmöglich sei, Klarheit über den Demiurgen zu gewinnen.[183] Für sie stellt der Demiurg einen Fremdkörper innerhalb der Platonischen Philosophie dar.[184] Anders z.B. Taylor, der eine systematische Verbindung zwischen der Konzeption des Demiurgen und der Konzeption der Platonischen Philosophie herzustellen sucht.

Nun sagt Platon auch gar nicht, daß es unmöglich sei, Klarheit über den Demiurgen zu gewinnen, sondern nur, daß dies keine leichte Aufgabe sei.[185]

---

[179] L. P. Gerson (1990), 69; J. Dillon (1997), 32.

[180] L. P. Gerson (1990), 68-69.

[181] In diesem Zusammenhang behauptet J.-C. Nilles (1986) (Approche Mythique du Bien, du Phytourgos et du Démiurge, Revue Internationale de Philosophie 40, 139), daß sich die Figur des Demiurgen nicht auf die Ebene des Logos führen läßt; sie bleibe vielmehr auf der Ebene des Mythos. Vgl. C. J. Rowe (1984), der vermutet, daß der Demiurg eine Metapher für die Erweiterung der Teleologie Platons bezüglich der Welt ist (193). Für einige andere Einwände gegen die Gleichsetzung des Demiurgen mit der Weltseele, mit der Vernunft und mit der Idee des Guten siehe E. Douda (1973), Platons Weltbaumeister, Altertum 19, 147-156. Douda versteht den Demiurgen als „den außerhalb des Kosmos befindlichen, durch seinen Geist im Kosmos wirkenden Urgrund" (155). Siehe auch H. Gauss (1961), der den Demiurgen als Fiktion auffaßt (58-60). M. Dixsaut (1985) versteht den Demiurgen als eine Verkörperung der göttlichen Kausalität, die die Ordnung der Ideenwelt mit der der sinnlichen Welt identifiziert (165-166, Anm. 49). Dixsaut trifft eine Unterscheidung zwischen Gott (theos) und ‚dem Göttlichen' (theios): Der ‚theios' besitze einen höheren Status als der ‚theos'; dieser Ausdruck werde für den Demiurg nicht verwendet.

[182] Für eine Zusammenfassung unterschiedlicher Interpretationen dieser Stelle siehe D. T. Runia (1986), Philo of Alexandria and the *Timaeus* of Plato, 111.

[183] A. E. Taylor (1928), 72; F. M. Cornford (1937), 38.

[184] Vgl. W. K. C. Guthrie (1978), 255.

[185] T. A. Szlezák (1997), Über die Art und Weise der Erörterung der Prinzipien im Timaios, in: T. Calvo/L. Brisson (Hrsg.) (1997), 197; J. Pelikan (1997), 30-31.

Hielte Platon hier etwas für unmöglich, so würde er dies auch sagen. Z.B. ist es nach Platon unmöglich, daß es etwas gibt, das sich bewegt, ohne daß es für diese Bewegung eine Ursache gibt.[186] Daß etwas schwierig ist, bedeutet nicht, daß es unmöglich ist (Tim. 49A, 91C; Krit. 107C, 107E).[187] Entsprechend versucht Timaios auf Wunsch des Sokrates[188], die Entstehung der Welt, d.h. eine Vorstellung, die zunächst unmöglich erscheint, so gut wie möglich zu erklären (Tim. 19E).

Timaios verzichtet im übrigen darauf, die Konzeption des Demiurgen in jeder Hinsicht zu klären. Wichtiger erscheint ihm, den Zweck dieser Konzeption zu verdeutlichen.[189] Auch geht es um die Erklärung, warum es unmöglich sei, den Demiurgen allen plausibel zu machen.[190] Diejenigen Platon-Interpreten, die von einer ungeschriebenen Lehre Platons ausgehen, suchen hier eine weitere Bestätigung für ihre These zu finden. So behauptet Gaiser, daß die Schwierigkeit, die sich mit der Konzeption des Demiurgen verbindet, nicht in der Frage nach seiner „Stellung und Funktion im ontologischen Gesamtsystem" liege, sondern darin, „eine angemessene Erfahrung und Erkenntnis" von ihm zu gewinnen.[191] Zugleich behauptet er, daß sich der Demiurg im ontologischen Gesamtsystem Platons kohärent erklären lasse. Das ist aber nicht der Fall. Nach Platon ist eine kohärente Erklärung des Demiurgen unmöglich.

Um diese Vorstellung zu stützen, wird die Unterscheidung zwischen einer exoterischen und einer esoterischen Philosophie Platons herangezogen. Danach ist ein Verständnis der Rede vom Demiurgen nur esoterisch möglich, d.h. für

---

[186] Vgl. Tim. 57C.

[187] In Tim. 91C heißt es, es sei schwierig, ein Kind zu empfangen, wenn die Gebärmutter längere Zeit funktionslos gewesen sei. Impliziert ist damit nicht, daß dies unmöglich ist.

[188] Vgl. R. Zaslavsky (1981) (Platonic Myth and Platonic Writing, 146-147), der behauptet, daß Sokrates' Wunsch nicht erfüllt werden könne. Der dafür angegebene Grund ist, daß der Kosmos bewegungslos sei, während er sich im ungeschriebenen „Hermokrates" vermutlich in Bewegung befinde. Die Welt des „Timaios" ist aber die des Werdens, d.h., sie ist immer in Bewegung (Tim. 28B-C).

[189] Vgl. Tim. 38E. Platons Meinung nach macht eine vollständige astronomische Erklärung mehr Mühe, als sich lohnte. Ähnliche Bemerkungen finden sich auch an anderen Stellen (Tim. 38E-40D, 44B-C, 51D, 87B, 89D-E, 90E-92C).

[190] Vlastos (1975) behauptet, daß die Rede vom Demiurgen nicht von der Art der Rede von der sinnlichen Welt sei, insofern seine Tätigkeit nicht dieser Welt, sondern irgendeiner Welt gelte (25). Der Unterschied zwischen der Behauptung, daß es schwierig sei, den Demiurgen zu finden, und der Behauptung, daß er sich nicht erklären lasse, wird bei vielen Platon-Interpreten nicht beachtet. Menn (1995) versteht ‚legein' nicht als ‚erklären', sondern als ‚benennen' (6). J. Pelikan (1997) sieht die Schwierigkeit der Rede vom Demiurgen in der menschlichen Sprache selbst, weil diese am Zufall teilhat (Tim. 34C) (31). Dies gilt allerdings nicht von der Sprache allgemein, sondern von der über sinnliche Dinge. Nach Ueberweg und Praechter ist der Demiurg eine reine Fiktion, die Schöpfung der Welt ein Mythos. F. Ueberweg/K. Praechter (1926), Grundriß der Geschichte der Philosophie I: Die Philosophie des Altertums, 315.

[191] K. Gaiser (1962), Platons ungeschriebene Lehre. Studien zur systematischen und geschichtlichen Begründung der Wissenschaften in der Platonischen Schule, 193.

diejenigen, die die ungeschriebene Lehre Platons kennen.[192] In diesem Zusammenhang wird hervorgehoben, daß es schwer sei, den Demiurgen ‚allen' Menschen zu erklären.[193] Dabei wird berücksichtigt, daß der Demiurg auch als Archê bezeichnet wird (Tim. 28B) und daß es schwer ist, vom Anfang der Welt bzw. von Anfängen überhaupt zu reden (Tim. 48C). Dies geht der Behauptung nach nur in einer anderen Form.[194]

Daß dies auch anders verstanden werden kann, macht der Umstand deutlich, daß der Sinn von Archê im „Timaios" je nach Kontext verschieden ist. In Tim. 28B könnte Archê den Demiurgen bedeuten, in Tim. 48C dagegen etwas Ursprüngliches wie etwa die Elemente in der vorsokratischen Philosophie. Dabei tritt Archê auch im Plural auf (Tim. 48C), womit dann nicht der Demiurg gemeint sein kann. Hier gilt die Bemerkung dem Anfang, d.h. der Archê der Welt, nicht dem Demiurgen.

Im übrigen sind die Adressaten der Rede von Timaios die wissenschaftlich Gebildeten (Tim. 53C). Zu ihnen gehört auch Sokrates, der den idealen Staat in der „Politeia" dargestellt hat (Tim. 26E-27A). Ferner ist die Darstellungsform des Timaios nicht das Gespräch, sondern die Vorlesung.[195] Diese Form könnte darauf hinweisen, daß der „Timaios" als ein Text für den wissenschaftlichen Unterricht in der Akademie aufzufassen ist.[196] Die Hörer des Timaios sind keine Ungebildeten, sondern Wissenschaftler (Tim. 27C-D, vgl. 27B)[197], die die Rede

---

[192] A. de Marignac (1951), Imagination et Dialectique. Essais sur l'Expression du Spirituel par l'Image dans le Dialogues de Platon, 139; H. Happ (1971), 97-98; J. N. Findlay (1974), Plato: The Written and Unwritten Doctrines, 307; G. Müller (1986), 121; G. Figel (1991), Warum soll man über die Welt eine Geschichte erzählen? Der Timaios als Traktat vom Abbild, in: ders. (Hrsg.) (1991), Das Untier und die Liebe. Sieben Platonische Essays, 95; P. M. Steiner (1992), Psyche bei Platon, 206; C. Schefer (1996), Platon und Apollon. Vom Logos zurück zum Mythos, 230. Vgl. T. A. Szlezák (1993), Plato lesen, 90-91, 144-145; ders. (1997), 197; F. P. A. de Cárcer (1996), Educación y Comunicación en Platón, 270-271; Q. Racionero (1998), 55; A. D. Nock (1962), The Exegesis of Timaeus 28C, Vigiliae Christianae 16, 79-86. Nock lehnt die Möglichkeit ab, diese Stelle im Zusammenhang mit Einflüssen außerhalb der Platonischen Tradition zu interpretieren.

[193] Vgl. M. Baltes (1975), Numenios von Apamea und der Platonische Timaios, Vigiliae Christianae 29, 264. Numenios unterscheidet zwischen dem ersten Nous und dem Demiurgen als zweitem Nous. Der Demiurg sei den Menschen bekannt, der erste Nous nicht.

[194] J. A. Elias (1984), Plato's Defense of Poetry, 65; R. Ferber (1991), Die Unwissenheit des Philosophen oder Warum hat Platon die „ungeschriebene Lehre" nicht geschrieben?, 30-31. Vgl. T. M. Szlezák (1996), Psyche – Polis - Kosmos. Bemerkungen zur Einheit des platonischen Denkens, in: E. Rudolph (Hrsg.) (1996), 40; ders. (1997), 198, 200-202.

[195] Als terminus technicus kann 'synousia' (Tim. 17A) zu Zeiten Platons auch so etwas wie ‚Konferenz' bedeuten. Siehe A. E. Taylor (1928), 21, 45.

[196] Vgl. G. Ryle (1967), Plato, in: P. Edwards (Hrsg.) (1967), The Encyclopedia of Philosophy VI, 324, 326; J. Mittelstraß (1981a), Platon, in: O. Höffe (Hrsg.) (1981), Klassiker der Philosophie I, 56.

[197] R. Schaerer (1930), 32; C. M. Turbayne (1991), Metaphors for the Mind: The Creative Mind and Its Origins, 23. Vgl. M. Erler (1997), „Mythos und Historie" – Die Atlantisgeschichte als Platons Antwort auf die Frage: ‚Wie und wozu Geschichtsschreibung' und Ari-

des Timaios beurteilen und kritisieren können (Tim. 54B).[198] Außerdem behauptet Timaios nach seiner Bemerkung über die Schwierigkeit einer Rede vom Demiurgen, daß es jedem (panti, Tim. 29A) klar sei, daß der Demiurg bei der Erschaffung der Welt auf die Ideen geblickt habe.[199] Auch dies spricht gegen eine Interpretation, die auf eine ungeschriebene Lehre Platons verweist.[200]

7.2 *Logos und Ergon*

Im „Timaios" steht logos (Wort, Erklärung) oft in einem Gegensatz zu ergon (Tat, Werk). Nach Sokrates ist es schwer, mit Taten etwas nachzubilden, noch schwerer aber, dies mit Worten zu tun (Tim. 19E).[201] Dabei ist bemerkenswert, daß die Rede von Taten und Werken hauptsächlich der Gegenstand des Berichtes von Kritias ist. Kritias interessiert sich dafür, was im alten Athen geschah (Tim. 20E, 21A); er möchte von den Taten der Athener berichten.[202] Im Gegensatz dazu interessiert sich Timaios nicht für irgendwelche Taten oder Geschehnisse und deren Erklärung.[203] Kritias kritisiert, daß Timaios' Erklärung der Welt viel leichter sei als sein Bericht über das alte Athen, weil die Menschen von den Gegen-

---

stoteles' Reaktion, in: P. Neukam (Hrsg.) (1997), Vermächtnis und Herausforderung, 90. Erler betont diesen Charakter nur im Zusammenhang mit der Rede des Kritias. Vgl. G. E. R. Lloyd (1987), Dogmatism and Uncertainty in Early Greek Speculative Thought, in: N. Detienne/N. Loraux/C. Mossé/P. Vidal-Naquet (Hrsg.) (1987), Poikilia. Études offertes à Jean-Pierre Vernant, 307-308, 312, Anm. 78. Nach Lloyd ist die griechische Medizin, bezogen auf die Allgemeinheit, dogmatisch, bezogen auf den Spezialisten undogmatisch. Daraus, daß Timaios bei medizinischen Erklärungen sehr undogmatisch verfährt, wird deutlich, daß seine Hörer Wissenschaftler sind.

198 R. B. Rutherford (1995), 311.

199 J. Cropsey (1989), The Whole as Setting for Man: On Plato's Timaeus, Interpretation 17, 169.

200 Zur Kritik an der Konzeption einer ungeschriebene Lehre siehe G. Ryle (1967), 318; J. Mittelstraß (1984), Versuch über den Sokratischen Dialog, in: K. Stierle/R. Warning (Hrsg.) (1984), Das Gespräch, 11-27, besonders 21-23; W. Wieland (1987), Platons Schriftkritik und die Grenzen der Mitteilbarkeit, in: V. Bohn (Hrsg.) (1987), Romantik, Literatur und Philosophie, 24-44; ders. (1996), Das Sokratische Erbe: Laches, in: T. Kobusch/ B. Mojsisch (Hrsg.) (1996), 8-10; R. Kraut (1992), Introduction to the Study of Plato, in: ders. (Hrsg.) (1992), The Cambridge Companion to Plato, 22-23; ders. (1997), 391; C. Stetter (1997), Logik und Schrift, in: M. Astroh/D. Gerhardus/G. Heinzmann (Hrsg.) (1997), Dialogisches Handeln. Eine Festschrift für Kuno Lorenz, 354. Stetter führt eine Stelle im „Timaios" (27B) an, in der Platon „die Schrift nicht als Zerstörerin, sondern als Bewahrerin" darstellt. In diesem Zusammenhang dürfte die Behauptung Dihles unzutreffend sein, daß die Unterscheidung zwischen Mündlichkeit und Schriftlichkeit der Unterscheidung zwischen Ernst und Spiel entspreche. A. Dihle (1995), Platons Schriftkritik, Jahrbuch der Akademie der Wissenschaften in Göttingen, 128-129, 132. Kritias unterscheidet zwischen den Athenern als Schriftlosen und den Ägyptern als Bewahrern von Schriften (Tim. 23A-C, Krit. 109E-110B).

201 Mit beidem sind hier Aspekte eines Kampfes gemeint.

202 Tim. 23C, 23E, 24D; Krit. 106A, 109D, 110A.

203 Vgl. 4.2 in Kapitel I.

ständen der Erklärungen des Timaios keine Kenntnis hätten und diese deshalb weder prüfen noch beurteilen könnten (Krit. 107B). Einig sind sich Timaios und Kritias darin, daß Erklärungen Abbilder (eikotes, Tim. 29C; mimêsis, Krit. 107B) seien. Urbilder sind in beiden Fällen aber etwas Unterschiedliches; die Urbilder der Kosmologie des Timaios sind die Ideen bzw. der allgemeine Logos, während die des Berichtes von Kritias konkrete Tatsachen in einer bestimmten Zeit[204] und an einem bestimmten Ort sind. Zu Beginn des „Kritias" vergleicht Timaios seine Rede mit dem Bericht des Kritias; der Gott seines logos ist für Kritias ein Gott, der früher einmal existierte (Krit. 106A).

Nun läßt sich auch verstehen, warum mit dem Auffinden des Demiurgen in Tim. 28C und der Rede vom Demiurgen etwas Unterschiedliches gemeint ist. Wenn man, wie Kritias, den Demiurgen als einen wirklich existierenden Gott auffaßt, müßte es auch möglich sein, ihn aufzufinden. Andererseits ist es nicht möglich, einen Begriff von einem konkreten, individuellen Gegenstand zu bilden (Tim. 68D).[205] Insofern sehen Timaios und Kritias auch jeweils andere Schwierigkeiten bei der Rede vom Demiurgen.[206]

7.3 Demiurg und Timaios

7.3.1 Einleitung

Die nächste zu klärende Frage ist, warum der Demiurg in der Weise von Erklärungen so schwer zu fassen sein soll. Hier sollte man zunächst eine Parallelität zwischen dem Demiurgen und dem Astronomen Timaios (Tim. 27A) beachten: Timaios ist sowohl ein Mensch, d.h. ein Exemplar der Gattung Mensch, dessen Zustandekommen und Wesen im „Timaios" erklärt werden soll, als auch der in der Weise eines Konstrukteurs Erklärende; er ist sowohl in der Welt als auch außerhalb der Welt.

Hier soll nun die These vertreten werden, daß der Demiurg eine Metapher für Timaios ist.[207] Für diese These sprechen bereits die Bezeichnungen des De-

[204] Die Bürger von Ur-Athen lebten vor 900 Jahren (Tim. 23E).

[205] Hierhin gehört auch, wenn es im „Kritias" heißt, daß die Werke der Ur-Athener verschwunden seien (Krit. 109D, 110A), obwohl Kritias selbst die weiteren Implikationen dieser Aussage nicht bewußt zu sein scheinen.

[206] Thiel bemerkt mit Recht, daß es unmöglich ist, über den Demiurgen „in einer allgemein verständlichen Weise zu sprechen"; D. Thiel (1995), Der Ort der ursprünglichen Einschreibung. Anmerkungen zu J. Derridas Arbeiten über Platons Chóra, Prima Philosophia 8, 216.

[207] Diese These führt auf eine andere Weise zu demselben Ergebnis wie bei Gadamer, daß nämlich die „Weltschöpfung durch den Demiurgen" mit der „Welterkenntnis durch den Menschen" identifiziert werden soll; H.-G. Gadamer (1974), 26, 36. Vgl. N. Fischer (1982), Die Ursprungsphilosophie in Platons „Timaios", Philosophisches Jahrbuch 89, 249; B. Zehnpfennig (1997), 209. D. J. Melling (1987) (Understanding Plato, 154) findet keine Textbelege für diese These, gibt aber zu, daß eine solche metaphorische Interpretation ökonomisch sei. S. Rosen (1995) (Commentary on Sallis, in: J. J. Cleary/W. C. Wians (Hrsg.) (1995), Proceedings of the Boston Area Colloquium in Ancient Philosophy XI, 171) behauptet, daß Platon im

miurgen: Schöpfer (poiôn)[208], Macher (poiêtês, Tim. 28C), Vater (patêr)[209], Erzeuger (gennêsas)[210], der Zusammenfügende (synhistas)[211], Gott.[212] Diese Bezeichnungen treffen auch auf Timaios, den Naturphilosophen, zu. Öfter werden die Verben, die die Tätigkeiten des Demiurgen bezeichnen, im Partizip Passiv gebraucht (dêmiourgein, mêchanasthai, kermatizein, diaspeirein), „wobei offenbleiben kann, wer nun eigentlich das Subjekt dieses Tuns gewesen ist“[213], weil dieses Subjekt sowohl der Demiurg als auch Timaios sein kann. Dies gilt auch von Vernunft und Willen, die sowohl den Demiurgen als auch Timaios auszeichnen.[214]

7.3.2 Poiêtês

Timaios wird von Sokrates als poiêtês bezeichnet (Krit. 108B).[215] In diesem Zusammenhang ist Sokrates' Urteil über die poiêtês zu Beginn des „Timaios“ (19D-20C) interessant. Um den idealen Staat wirklich lebendig und auch einmal in Bewegung zu sehen (Tim. 19B-C), unterscheidet Sokrates zwei Arten von poiêtês: Zum einen die Sophisten, zum anderen diejenigen, zu denen Timaios gehört (Tim. 19E). Dabei hebt er ihre Bedeutung hervor (Tim. 19D); mal tadelt er, mal spricht er anerkennend von den Dichtern und den Sophisten. Dabei gelten die poiêtais als Nachbildner (Tim. 19D), deren Werk abhängig von der Güte ihres Modells ist. In diesem Sinne muß gute Dichtung zwei Voraussetzungen erfüllen: die Existenz eines guten Modells und die Kenntnis dieses Modells. Von diesen Voraussetzungen fehlt den Sophisten die zweite (Tim. 19E)[216]; ihr Modell

---

„Timaios“ mit der Stimme Gottes rede. Nach R. G. Turnbull (1998) (The *Parmenides* and Plato's Late Philosophy, 155) läßt sich der Demiurg als eine Funktion der Erklärung verstehen. In diesem Sinne sei der „Timaios“ ein Prototyp für Hegels „Wissenschaft der Logik“. Für Rosen ist Platon der Demiurg (172). Anders M. v. Perger (1997), 36.

208 Tim. 31B, 76C. An vielen Stellen wird sein Tun auch als Schaffen bezeichnet: Tim. 31B, 31C, 34A, 34B, 35B, 36C, 37D, 38C, 40A, 71D.

209 Tim. 28C, 37C, 41A, 42E, 71D.

210 Tim. 37C, 41A.

211 Tim. 29E, 30B, 30C, 36D. Das Verb 'synhistanai' tritt im Zusammenhang mit dem Demiurgen an zahlreichen Stellen im „Timaios“ auf: 29E, 30B, 30C, 31A, 31B, 32B, 35A, 41D, 48A, 53B, 69C, 71B, 73E, 74D, 75A, 78C.

212 Tim. 30A, 30B, 31B, 32B, 34A, 34C, 38C, 39B, 46C, 46E, 47B, 53B, 55C, 56C, 68D, 69B, 71A, 73B, 74D, 75D, 78B, 80E, 90A, 92A.

213 D. Mannsperger (1969), Physis bei Platon, 234.

214 Vgl. L. P. Gerson (1990), 271, Anm. 111.

215 In diesem Sinne ist der „Timaios“ kein Dialog, sondern ein Monolog, wobei dieser als die geeignete Kommunikationsform der poiêtais gilt. Siehe R. J. Rabel (1996), Schêma in Plato's Definition of Imitation, Ancient Philosophy 16, 369. Die Nachbildung (mimêsis) hat zwei Aspekte, nämlich Taten (ergoi) und Worte, Erklärungen (logoi) (Tim. 19E). Die Form des Monologs ist eine Nachbildung in Worten. Dies gilt auch vom Werk des Demiurgen; dieser erschafft die Welt allein in seinen logoi.

216 E. Huber-Abrahamowicz (1997), Das Problem der Kunst bei Platon, 117. Nach Sokrates erfüllt Timaios beide Voraussetzungen. In diesem Sinne läßt sich mit R. Patterson (1981) (The

ist das Veränderliche bzw. das Gewordene.[217] Timaios ist dagegen ein geeigneter poiêtês, weil sein Modell die Ideen sind.[218]

Das Resultat der Tätigkeit des Timaios als Poiêtês ist die Erklärung der Welt (Tim. 27B, 27C). Dies entspricht der Konstitution der Welt durch den Demiurgen; auch dieser schafft ein Bild (eikôn) der Ideen (Tim. 37D).[219] Insofern ließe sich sagen, daß das Werk des Demiurgen auf der ontologischen Ebene angesiedelt ist, das Werk des Timaios hingegen auf der erkenntnistheoretischen Ebene. Darum heißt es auch, daß Erklärungen verwandt mit ihren Gegenständen sind (Tim. 29B).

Hier legt sich nun der Gedanke nahe, daß der Demiurg eine Metapher für Timaios ist. Der Demiurg schafft eine einzige Welt[220]; dies wird nicht durch die Besonderheiten seines Werkes, sondern durch die Stellungnahme des Timaios begründet. Hinzu kommt, daß die Aufgabe der poiêtais eine Nachahmung (mimêsis) in Worten und Werken ist (Tim. 19E). Hier unterscheidet sich die nachahmende Tätigkeit des Timaios von der des Kritias. Als Zeus seine Rede beginnt, bricht der „Kritias" ab (Krit. 121C), während die Rede des Demiurgen (Tim. 41A-D) weitergeht.

Es ist viel darüber diskutiert worden, warum der „Kritias" unvollendet blieb.[221] Möglicherweise läßt sich diese Frage durch Hinweis auf den Unterschied zwischen der Rede des Timaios und der Rede des Kritias beantworten. Am Anfang des „Kritias" (106C-108A) charakterisiert Kritias seine Rede in Absetzung von der Rede des Timaios. Seine Rede muß genau (akribês, Krit. 107E) sein[222], weil ihr Gegenstand bekannt sei. Anders im Falle des Timaios. Wenn Kritias die

---

Unique Worlds of the Timaeus, Phoenix 35, 116) nicht behaupten, daß Timaios einen Fehler mache, wenn er zwischen dem Machen der Abbilder und dem der ‚guten' Abbilder nicht unterscheide: Für Timaios als geeigneten poiêtês heißt das Machen von Abbildern das Machen ‚guter' Abbilder.

[217] Tim. 28C-29D. Hierin ließe sich auch eine implizite Kritik an den Naturphilosophen sehen, die nicht aus Athen stammen, z.B. an Anaxagoras. Vgl. Clemens von Alexandria, Strom. I 63,2 (DK 59A7), Diogenes Laertios II 7 (DK 59A1). Eine andere Interpretation vertritt G. Fine (1984), Separation, Oxford Studies in Ancient Philosophy 2, 78.

[218] J. Cropsey (1989) bezeichnet Timaios als einen vernünftigen poiêtês (181). Vgl. A. Kélessidou (1996), La Kalliphanie du Monde (l'Épiphanie du Beau) dans le Timée, Kernos 9, 332.

[219] In diesem Sinne trifft nicht zu (C. Janaway (1995), Images of Excellece: Plato's Critique of the Arts, 158), daß die Welt kein Artefakt, kein Werk des poiêtês, sei. Das Argument Janaways ist, daß der Demiurg kein Künstler, sondern ein Handwerker sei. Der Begriff des poiêtês im „Timaios" läßt sich aber nicht in diesem Sinne einschränken. Auch die Erklärung, daß im „Timaios" eine positive Einschätzung der Kunst fehle (158), trifft nicht zu. Der poiêtês schätzt das Dichterische (Tim. 19D). Vgl. P. Vicaire (1964), Recherches sur les Mots Désignant la Poésie et le Poiète dans l'Oeuvre de Platon, 98-100.

[220] Tim. 31B. Der poiêtês ist nicht nur der Dichter. Anders S. Bochner (1966), The Role of Mathematics in the Rise of Science, 25.

[221] Siehe C. Gill (1977), 299; E. David (1984), The Problem of Representing Plato's Ideal State in Action, Rivista di Filologia e di Istruzione Classica 112, 50-51, 50, Anm. 1, 2.

[222] Dagegen C. H. Zuckert (1996), Postmodern Platos: Nietzsche, Heidegger, Gadamer, Strauss, Derrida, 237-238.

Rede des Zeus nachahmen wollte, müßte er Zeus nachahmen. Dabei ist die Form einer Nachahmung im Logos die direkte Rede, in der der Redner in der Ich-Form (egô, Tim. 41A) auftritt.[223] Wie Kritias bemerkt, ist eine Nachahmung von Zeus in der Ich-Form schwierig. Deswegen bricht der „Kritias" mit der Rede von Zeus ab. Timaios wiederum scheint Kritias' Problem zu kennen; seine Rede von den Göttern betrifft nicht eine wahrscheinliche Erklärung der Welt, sondern den traditionellen Glauben an die Götter.[224] In diesem Sinne bedarf es daher auch keiner genauen Nachahmung der traditionellen Götter. Demnach geht die Rede des Demiurgen im „Timaios" weiter.[225] Der Demiurg ‚versteckt sich' in der Ich-Form des Timaios.[226] Im Zusammenhang damit, daß Timaios' Rede keine Wiedergabe von Tatsachen, sondern eine Konstruktion ist (Tim. 26C-E, Krit. 107A-B)[227], könnte dies bedeuten, daß der Demiurg als Gott Platons Erfindung ist, kein traditioneller Gott, sondern eine Konstruktion.[228]

---

[223] G. Sörbom (1966), Mimesis and Art: Studies in the Origin and Early Development of an Aesthetic Vocabulary, 99. Sörbom versteht die direkte Rede als eine Nachahmung durch Personifikation. Siehe auch R. Dupont-Roc (1976), „Mimesis" et Énonciation, in: J. Lallot (Hrsg.) (1976), Écriture et Théorie Poétiques: Lectures d'Homère, Eschyle, Platon, Aristote, 4, 7; G. R. F. Ferrari (1989), Plato and Poetry, in: G. A. Kennedy (Hrsg.) (1989), The Cambridge History of Literary Criticism I: Classical Criticism, 108-109; L. Brisson/M. Canto-Sperber (1997), Zur sozialen Gliederung der Polis (Buch II 372d-IV427c), in: O. Höffe (Hrsg.) (1997), 104. Im „Philebos" (30C-D) sei Zeus die Ursache der kosmischen Mischung von peras und apeiron, im „Timaios" der Demiurg: W. Schwabe (1980), ‚Mischung' und ‚Element' im Griechischen bis Platon. Wort- und Begriffsgeschichtliche Untersuchungen. Insbesondere zur Bedeutungsentwicklung von STOIXEION, Archiv für Begriffsgeschichte. Supplement 3, 38, Anm. 77.

[224] Es könnte sein, daß Platon damit einer möglichen Anklage der Gottlosigkeit bzw. der Gotteslästerung entgehen wollte. Zu anderen Interpretationen dieser Stelle siehe J. Pieper (1965), Über die Platonischen Mythen, 62.

[225] Nicht wichtig ist es darum auch, daß eine direkte Rede wie die Rede des Zeus „im Corpus der platonischen Schriften beispiellos" ist (B. Wilke (1997), Vergangenheit als Norm in der platonischen Staatsphilosophie, 169).

[226] Dalfen hat recht, wenn er behauptet, daß Timaios ein Dichter in dem Sinne ist, daß er „sich mit seinem philosophischen Vortrag den Beifall eines philosophischen Publikums errungen hat". Er behauptet, daß Timaios nicht 'wie ein Dichter' sprechen darf, weil sein Publikum Wissenschaftler seien (J. Dalfen (1987), Polis und Poiesis. Die Auseinandersetzung mit der Dichtung bei Platon und seinen Zeitgenossen, 237-238, 300). Dies ist nicht überzeugend, weil Nachahmung im Falle des Timaios nicht nur auf der Ebene des Logos, sondern auch auf der Werkebene statfindet.

[227] S. C. Fredericks (1978), Plato's Atlantis: A Mythologist Looks at Myth, in: E. S. Ramage (Hrsg.) (1978), Atlantis: Fact or Fiction?, 95. Vgl. auch R. Dupont-Roc (1976), der erklärt, daß es zwei Konzeptionen der Nachahmung gibt: Imitation eines empirischen Gegenstandes und Kreation eines Gegenstandes (13, Anm. 45).

[228] H. Tarrant bemerkt, daß Platon hier als der Demiurg redet, aber er faßt dies in der Weise einer Inspiration auf; R. Jackson/K, Lycos/H. Tarrant (1998), Olympiodorus. Commentary on Plato's *Gorgias*, 12, Anm. 52. Das ist aber nicht der Fall. Derjenige, durch den der Gott selber redet, kann nach Platon nicht verstehen, was er sagt; Timaios ist anders. Außerdem könnte

In diesem Zusammenhang ist der Gott des „Timaios" namenlos; er wird nur unter dem Gesichtspunkt seiner Funktion bezeichnet z.B. als Demiurg, Erzeuger, Poiêtês. Im Gegensatz dazu tragen die traditionellen Götter im „Timaios" und „Kritias" Namen. Interessanterweise ist Timaios im Unterschied zu Kritias und Hermokrates keine historisch identifizierbare Figur.[229]

7.3.3 Weitere Parallelen zwischen Demiurg und Timaios

Es gibt weitere Gründe dafür, daß der Demiurg eine Metapher für Timaios ist. So entsprechen viele Bezeichnungen des Demiurgen denjenigen des Timaios. (1) Timaios wird von Kritias als derjenige poiêtês dargestellt, der das Wissen über die Beschaffenheit des Alls schafft (Tim. 27A). So sieht sich auch Timaios selbst (Tim. 27C). Ebenso ist der Demiurg der poiêtês des Alls (Tim. 28C).[230] (2) Timaios erklärt, daß es zunächst neben Urbild und Abbild keines anderen bedurfte (Tim. 49A); dies zeigt, daß auch der erste Teil des „Timaios" seine Konstruktion ist. (3) Sokrates' Wunsch, sehen zu können, daß sich der Idealstaat wie ein Lebewesen ‚bewegt' (Tim. 19B), ist in der Rede des Timaios nicht perfekt realisierbar (Tim. 26A), weil die Welt als ein Lebewesen nicht durch eine perfekte Bewegung charakterisierbar ist. Das gleiche gilt von dem Wunsch des Demiurgen, alles in optimaler Weise gut zu machen (Tim. 30A, 30B).[231] (4) Der Ausdruck ‚Vater' wird sowohl für den Demiurgen als auch für den poiêtês benutzt (Theait. 164E, Phaidr. 257B).[232] (5) Der Ausdruck ‚Demiurg' tritt zusammen mit dem Ausdruck ‚Wächter' auf.[233] Dabei entspricht die Aufgabe des Timaios als poiêtês der

---

Timaios dann nicht sagen, daß er an die Rede der Götter glauben müsse, weil er dann selbst die Rede der Götter vertreten würde.

[229] Vgl. K. Dorter (1994), Form and Good in Plato's Eleatic Dialoges: The Parmenides, Theaetetus, Sophist, and Statesman, 193. Unter dramaturgischen Gesichtspunkten könnte man den Demiurgen als einen Komponisten (poiêtês), Timaios als einen Darsteller (mimêtes) verstehen. Im „Timaios" sind aber die beiden eins, weil das Schaffen (poiêsis) auch Nachahmung (mimêsis) ist. Siehe G. Nagy (1989), Early Greek Views of Poets and Poetry, in: G. A. Kennedy (Hrsg.) (1989), 47.

[230] J. E. Smith (1985) (Plato's Myth as „Likely Accounts", Worthy of Belief, Apeiron 19, 36) behauptet, daß der eikôs logos wie die Welt des Demiurgen beschaffen ist.

[231] Nach J. Mittelstraß (1974) (Die Möglichkeit von Wissenschaft, 229, Anm. 44) werden „Herstellungsregeln bloß daraufhin beurteilt (...), ob sie geeignet sind, die gewünschten Gegenstände hervorzubringen oder nicht". In diesem Sinne bedarf die poiêsis keiner besonderen Rechtfertigungsbemühungen.

[232] L. Brisson (1987), Le Discours comme Univers et l'Univers comme Discours. Platon et Ses Interprêtes Néo-Platoniciens, in: P. Hoffmann/J. Lallot/A. L. Boulluec (Hrsg.) (1987), Les Textes et Ses Représentations. Études de Littérature Ancienne 3, 121. Proklos sucht die Rede des „Timaios" mit dem Demiurgen zu identifizieren. E. Diehl (Hrsg.) (1966), Proklos. In Platonis Timaeum Commentaria, 9. Siehe auch S. Margel (1995), 53, Anm. 4.

[233] Der Status des Demiurgen ist allerdings höher als derjenige der Wächter in der „Politeia". Nach D. W. Graham (1991) soll er die ontologische Priorität der Ideen hervorheben (21, Anm. 43). In diesen Zusammenhang gehört auch, daß Timaios von Sokrates als Philosoph be-

der Wächter in der „Politeia". Ferner beschäftigt sich auch Timaios mit der Mathematik, die zu den Mathemata in der „Politeia" gehört. (6) Der Demiurg ist als poiêtês abhängig von den Ideen; Timaios wird vom Logos ‚gezwungen'. (7) Demiurg und Timaios sind beide Nachbildner, die ihr Werk mit Begeisterung tun.[234] Der Demiurg freut sich über seine Werke (Tim. 37C); das gleiche gilt von Timaios (Tim. 59C).[235] Ferner sind Timaios' Darstellungen ebenso wie die Werke des Demiurgen Abbilder der Ideen (Tim. 39E).[236] (8) Der Demiurg schafft, auf die Ideen blickend, sinnliche Gegenstände; Timaios versteht die sinnlichen Gegenstände unter dem Gesichtspunkt der Ideen (Tim. 28A, 52A). (9) Der Demiurg ‚überredet' die Notwendigkeit dazu, den gewünschten herbeizuführen (Tim. 48A), und dies mit Erfolg (Tim. 42E, 56C). Ein Beispiel dafür ist die Verbindung der vier Elemente mit exakten Formen und Zahlenverhältnissen (Tim. 53B). Dem entspricht Timaios' Anwendung der ideentheoretischen Erkenntnis auf die sinnlichen Gegenstände; Timaios ist poiêtês,[237] nämlich sowohl Physiker als auch Mathematiker.[238] Er verfügt über das notwendige mathematische Wissen zur Darstellung der Welt (Tim. 20A, 27A). Dabei muß in mathematischen Dingen nicht ‚überredet' werden; es wird vielmehr ‚gelehrt' (Tim. 51E).[239] Platons Physik

---

zeichnet wird (Tim. 20A). Nach W. Nestle (1940) (Vom Mythos zum Logos. Die Selbstentfaltung des griechischen Denkens von Homer bis auf die Sophistik und Sokrates, 15) gehören die Baumeister bzw. dêmiurgoi im griechischen Sinne zu den Weisen.

[234] Vgl. N. Gulley (1977), Platon on Poetry, Greece and Rome 24, 159. In diesem Zusammenhang läßt sich auch verstehen, warum viele sinnliche Qualitäten im „Timaios" unter dem Begriff der Lust und dem des Schmerzes ausführlich erörtert werden. Ferner ist die Welt als das Werk des Demiurgen ein seliger Gott (Tim. 34B); Ähnliches, wenn auch nicht Göttlichkeit, gilt vom Menschen (Tim. 90C). Vgl. H. Yunis (1996), Taming Democracy: Models of Political Rhetoric in Classical Athens, 199.

[235] Dagegen betont G. Ryle (1966) (Plato's Progress, 13), daß Platon den „Timaios" allein zur Belehrung geschrieben habe. Vgl. G. D. Stormer (1974), Plato's Theory of Myth, The Personalist 55, 220-221.

[236] Krit. 107B: „Was irgendeiner von uns sagt, muß notwendig zu einer Nachahmung und Nachbildung führen." Kritias' Darstellung ist die Nachbildung der Tatsachen der Vergangenheit, während Timaios' Darstellung der Nachahmung der Ideen, d.h. einer Konstruktion der Welt in Form einer Anwendung der Ideen auf die sinnliche Welt, gilt.

[237] Nach S. Dubose (1970) (Poiesis and Cosmos, Tulane Studies of Philosophy 19, 21-26) versteht Timaios die Welt durch ihre begriffliche Konstruktion. Siehe auch D. C. Lindberg (1992), The Beginnings of Western Science: The European Scientific Tradition in Philosophical, Religous, and Institutional Context, 600 B.C. to A.D. 1450., 40.

[238] Vgl. Tim. 19E; Timaios führt hier Sokrates als geeigneten poiêtês in beiden Bereichen ein: dem Bereich der ousia und dem der genesis. Nach S. Bochner (1966) ist die Mathematik eine Form der poiêsis (14), für J. C. B. Gosling (1973) (Plato, 103) der Demiurg abhängig von seiner Kenntnis der Mathematik, für Zaslavsky (1981) Timaios ein Philosophen-König nach der Konzeption der „Politeia" (142).

[239] E. N. Lee (1973a), „Hoist with His Own Petard": Ironic and Comic Elements in Plato's Critique of Protagoras (Tht. 161-171), in: ders./A. P. D. Mourelatos/R. M. Rorty (Hrsg.), Exegesis and Argument: Studies in Greek Philosophy Presented to Gregory Vlastos, 229, Anm. 9. Vgl. auch R. M. Polansky (1992) (Philosophy and Knowledge: A Commentary on Plato's Theaetetus, 205ff.), der die Begriffe der Belehrung und der Überredung analysiert.

stellt sich hier als eine Anwendung der Mathematik auf die sinnliche Welt dar; hier ist die Anwendung, in seiner Terminologie, eine Form der Überredung[240] und deshalb auch keine exakte Erklärung, sondern eine wahrscheinliche Darstellung. Auch der Demiurg ist wie Timaios sowohl Physiker als auch Mathematiker. (10) Die Erklärung der Welt hängt von teleologischen Gesichtspunkten ab (Tim. 90E); deshalb fällt auch die Erklärung der drei Gattungen durch Timaios sehr kurz aus (Tim. 91E-92C).[241] Dies gilt auch für die Erschaffung des Gottes bzw. der Götter (Tim. 41B-D). (11) Nach Auskunft des Demiurgen ist die geordnete Welt ein beseeltes und vernunftbegabtes Wesen (Tim. 30B); dieselbe Vorstellung vertritt Timaios. (12) Der Demiurg versteht sich unter anderem in einer pädagogischen Funktion[242]; das gleiche gilt für Timaios. (13) Die geschaffene Welt ist nicht nur wohlgelungen, sondern auch schön. Dafür müssen drei Bedingungen erfüllt sein: die Existenz perfekter Urbilder, die Existenz eines begründeten Motivs, die Existenz eines abbildenden Vermögens. Timaios spricht vom begründeten und guten Motiv des Demiurgen und Sokrates bestätigt, daß Timaios ein geeigneter Poiêtês ist, der die Urbilder nachzuahmen vermag. Wenn man den Begriff des Guten nicht allein im moralischen Sinne auffaßt, betrifft er nicht nur das gute Motiv, sondern auch das gute Vermögen. Das heißt, daß Platon den moralischen Aspekt des Guten auf der Seite des Demiurgen und den eher pragmatischen Aspekt des Guten auf der Seite des Timaios vertreten sieht. Daraus wiederum läßt sich schließen, daß Timaios ein guter Demiurg ist.[243] (14) Der Demiurg vermag eine Welt nicht nur zu schaffen, sondern auch zu zerstören (Tim. 41B).[244] Gegen die Möglichkeit des Zerstörens steht aber sein guter Wille.[245] Auf diesen hin orientiert sich auch Timaios (Tim. 54B). (15) Die geometrische Konstruktion der vier Elemente geht auf Timaios (Tim. 53B-C) und auf den Demiurgen zurück (Tim. 53B, 69B). (16) Der Demiurg sucht die chaotischen Bewegungen aus dem Gesichtspunkt der Ordnung zu erklären; dies tut auch Timaios: Er versucht die unregelmäßigen Bewegungen der Planeten als eine Kombination der Bewegung des Selben und des Verschiedenen zu erklären.

---

[240] Anders G. Ryle (1966), 13.

[241] Vgl. G. E. R. Lloyd (1970), Early Greek Science: Thales to Aristotle, 78.

[242] D. Roochnik (1996), Of Art and Wisdom: Plato's Understanding of Techne, 24.

[243] Nach J. Dalfen (1974) ist das, „was der göttliche Demiurg im Timaios tut, (...) ähnlich beschrieben wie das Schaffen des irdischen Demiurgen im Staat (596ab)" (232). Siehe auch F. Solmsen (1960a), 110. Anders J. M. Rist (1964b), Eros and Psyche: Studies in Plato, Plotinus and Origen, 31.

[244] E. E. Benitez (1995), The Good or the Demiurge: Causation and the Unity of Good in Plato, Apeiron 38, 127.

[245] Nach S. Scolnicov (1997) (Freedom and Education in Plato's Timaeus, in: T. Calvo/L. Brisson (Hrsg.) (1997), 365) gibt es keine Alternative für den Willen des Demiurgen.

7.3.4 *Gott und Götter*

Es gibt noch einen weiteren Grund für die Annahme, daß der Demiurg eine Metapher für Timaios ist. Der Demiurg im „Timaios" ist ein Gott.[246] Dabei macht Platon keinen Unterschied zwischen der Rede von (dem) Gott und der Rede von den Göttern.[247] Der Demiurg, der den von ihm erzeugten Göttern den Auftrag erteilt, die Körper der Menschen und weitere drei Gattungen (Tim. 41A, 42D) zu bilden, hat selbst an der Realisierung dieser Aufgabe teil. Er stellt das Mark aus einer Mischung der Elemente her (Tim. 73C), plant die Anordnung der Knochen und des Fleisches im menschlichen Körper (Tim. 74D, 75A), richtet Essen und Trinken zur ‚Befeuchtung' des Leibes über die Adern ein (Tim. 78B), stattet die Natur so aus, dem Menschen als Nahrung zu dienen (Tim. 80E) und erschafft die Landtiere (Tim. 92A).[248] Platon verwendet hier den Ausdruck ‚Gott' im Singular und im Plural (Tim. 71A)[249], häufig in ein und demselben Satz (Tim. 27C). Ferner sind das Sehvermögen und das Gehör Geschenke sowohl des Demiurgen (Tim. 46E, 47B) als auch der Götter (Tim. 47C).

Außerdem könnten selbst die Menschen Götter sein. Der Demiurg als ein Gott erschafft die Welt, die ebenfalls ein Gott ist (Tim. 34B, 68E)[250]; ferner erschafft er (Tim. 38C) die Zeit, die, wie die Gestirne am Himmel, Söhne des De-

---

[246] Zur Verwendung des Ausdrucks ‚Gott' im „Timaios" siehe G. Gampper (1997), Zum Gebrauch des Artikels beim Gottesbegriff Platons, 59-66.

[247] Vgl. H. Cherniss (1944), 608; G. M. A. Grube (1935), 169; F. M. Cornford (1937), 38, 280; L. P. Gerson (1990), 268, Anm. 87. Anders W. K. C. Guthrie (1978), 253 und Anm. 2; F. Solmsen (1960a), 118; vgl. L. Taran (1971), 381. Taran versteht den Demiurgen als eine Metapher, übersieht aber, daß er eine Metapher für Timaios ist. Vgl. J. Dillon (1997), 32, Anm. 13. Nach Dillon ist der göttliche Demiurg verantwortlich für alles, was entsteht. Siehe auch E. N. Ostenfeld (1982), 133. Nach P. J. Armleder (1962) läßt sich die Teilung der Aufgaben zwischen dem Demiurgen und den Göttern in Tim. 41C-42E nicht wörtlich, sondern nur metaphorisch verstehen: Der metaphorische Zweck dieser Teilung liegt darin, die Priorität der menschlichen Seele, die der Demiurg erschafft, vor dem menschlichen Körper, den die Götter erschaffen, zu betonen (9). Schwierig dürfte es sein, in der Darstellung eine Hierarchie der Götter zu erkennen. Dazu D. A. White (1989), Myth and Metaphysics in Plato's Phaedo, 292, Anm. 5. L. Brisson (1995) unterscheidet zwischen der Rede von dem Gott und der Rede von den Göttern und stellt fest, daß die göttliche Intervention in der sinnlichen Welt nur in einer unvollkommenen mathematischen Ordnung erkennbar sei (22).

[248] Da der Demiurg auch die Aufgaben der Götter wahrnimmt, ist unklar, wer die kriechende Gattung, z.B. die Schlangen, erzeugt hat (92A). Eigentlich sollten hier die Götter gemeint sein (vgl. Tim. 42D-E); H. G. Zekl (Hrsg.) (1992), 189; A. E. Taylor (1928), 644; F. M. Cornford (1937), 358; L. Brisson (1992), 219. Dafür spricht, daß Gott das Subjekt des vorausgehenden Satzes ist. Vgl. R. D. Archer-Hind (Hrsg.) (1888), 343; R. G. Bury (1929), 253.

[249] L. Brisson (1994), Platon. Parménide. Traduction Inédite, Introduction et Notes, 261, Anm. 104.

[250] In diesem Zusammenhang behauptet J. Baudry (1931) (Le Problème de l'Origine et de l'Éternité du Monde dans la Philosophie Grecque de Platon à l'Ère Chretienne, 95), daß Platons Theologie inkonsistent sei, weil er davon ausgehe, daß nur der Gott bzw. der Demiurg göttlich ist.

miurgen (Tim. 42E), nämlich Götter, sind.[251] Diese Götter sind sichtbar und erzeugt (Tim. 40D).[252] Sie haben Nachkommen, die von Timaios und Kritias mit den traditionellen Göttern identifiziert werden (Tim. 40E-41A, Krit. 113C-114C); sie werden mit einer menschlichen Mutter gezeugt.[253] Von ihnen wiederum stammen die Menschen ab; sie sind, wie Timaios, Werke der Götter (Tim. 71D, 75B, 76E).[254] Ferner gehören ursprünglich die menschlichen Seelen den Gestirnen bzw. den Göttern (Tim. 41D-E): Wenn Menschen sterben, kehren ihre Seelen in den Bereich der Gestirne zurück (Tim. 42B).

Selbst andere Lebewesen neben dem Menschen könnten unter die Bezeichnung ‚Götter' fallen. In Timaios' Kosmologie ist die Rede von der Entstehung der Götter und des Alls (Tim. 29C). Tatsächlich ist dabei auch von drei anderen Gattungen des Lebendigen die Rede, nämlich dem Lebendigen in der Luft, auf der Erde und im Wasser (Tim. 41B-D, 91D-92C). Gäbe es diese Gattungen nicht, bliebe das All bzw. die Welt unvollendet. Dies wiederum stünde im Widerspruch zum Willen des Demiurgen, die Welt so gut wie möglich zu machen. Hätte nun der Demiurg selbst diese Gattungen erzeugt, wären sie den Göttern gleich (Tim. 41C).[255] Sie sind aber die Söhne der Götter.[256] Viele Platon-

---

[251] Tim. 37C, 39E, 40C, 40D, 41A, 42D, 44C, 44D, 45A, 45D, 47C. Für Platon sind die Gestirne auch die Abbilder der Götter (Tim. 37C). Dies zeigt, daß die Ausdrücke ‚Gott' und ‚Götter' im „Timaios" sehr unterschiedlich verwendet werden. Vgl. E. R. Dodds (1971), Plato and the Irrational Soul, in: G. Vlastos (Hrsg.) (1971b), 224, Anm. 69.

[252] Sie werden aus einem Element, nämlich aus Feuer, gemacht (Tim. 40A).

[253] Krit. 113C. Ein entsprechendes Schema gilt auch hinsichtlich der sinnlichen Gegenstände. Kleitho, die Frau des Poseidon, die aus der Erde stammt, korrespondiert im „Kritias" dem Aufnehmenden allen Werdens im „Timaios".

[254] Bei den Griechen wird das Göttliche auch als das Vernünftige bezeichnet. Siehe J. Mittelstraß (1989), Die Kosmologie der Griechen, in: J. Audretsch/K. Mainzer (Hrsg.) (1989), Vom Anfang der Welt, 65. Vgl. ferner R. Mugier (1930), Le Sens du Mot theios chez Platon, 142. Nach W. Maas (1974) (Unveränderlichkeit Gottes. Zum Verhältnis von griechisch-philosophischer und christlicher Gotteslehre) ist ‚theos' ein Prädikat, kein Eigenname (43-44). J. V. Camp/P. Canart (1956) (Le Sens du Mot theios chez Platon) meint, daß nicht ‚theos', sondern ‚theios' ein Prädikat sei und die Bezeichnung ‚theios' nicht Gott, sondern dem von Gott Geschaffenen gelte (261-294).

[255] Diese Aussage scheint die Absicht zu verfolgen, einem möglichen Vorwurf der Gotteslästerung zu entgehen. In diesem Zusammenhang könnte auch die Unterscheidung zwischen Gott und Mensch eine in erster Linie rhetorische sein. Obwohl Timaios am Anfang betont, daß eine Gottheit bzw. die Götter bei jedem Vorhaben angerufen werden sollten, folgt er selbst dieser Aufforderung nicht. Vgl. Tim. 40E. Dazu J. A. Arieti (1991), 21; D. G. Ritchie (1902, 1993), Plato, 129. An einer anderen Stelle wird ein unvernünftiger Zustand mit der Abwesenheit des Gottes verglichen (Tim. 53B). In jedem Falle gehört Gott als Demiurg in Tim. 53B nicht zu den traditionellen Göttern. Vgl. G. Droz (1992), 154.

[256] Vgl. Tim. 41A: „Götter unter Göttern". Philo ersetzt diese Wendung durch „Gott unter Göttern". Er sucht damit die Anwendung des Gottesbegriffes auf andere Bereiche zu vermeiden. Vgl. D. T. Runia (1997b), The Text of the Platonic Citations in Philo of Alexandria, in: M. Joyal (Hrsg.) (1997), 278-279. Die meisten Platoniker suchen ohne eine solche Korrektur des Textes diese Anwendung zu vermeiden. In diesem Zusammenhang formuliert Proklos die erwähnte Wendung wie folgt um: „deren Götter ich der Schöpfer bin". Vgl. J. Dillon (1989),

Interpreten suchen eine derartige Interpretation zu vermeiden, weil dann z.B. auch die Schlange göttlich wäre. Doch ein derartiger Einwand ist unbegründet. Timaios erklärt die drei Gattungen unter anderem unter dem Gesichtspunkt der Seelenwanderung.[257] Damit wird auch verständlich, warum die Rede von den drei Gattungen der Lebewesen mit der von den Göttern verbunden ist. Diese Gattungen sind Götter in dem Sinne, daß sie deformierte Menschen sind.[258] Hier wird der Demiurg denn auch als der Schöpfer des Alls bzw. aller sinnlichen Gattungen bezeichnet (Tim. 41A).

Ferner wird der Mensch als das gottesfürchtigste aller Wesen bezeichnet (Tim. 42A); sein vernünftiger Teil und sein Zuhause sind göttlich (Tim. 44D) und heilig (Tim. 45A).[259] Der Demiurg wollte, daß alles ihm selbst möglichst ähnlich werde (Tim. 29E). Hier ließe sich der Demiurg als Metapher für die menschliche Vernunft interpretieren, obwohl der Ausdruck ‚möglichst ähnlich' keine Identität zwischen dem Demiurgen und der menschlichen Vernunft nahelegt.[260] Die menschliche Vernunft ist die beste (Tim. 89D); diese Bestimmung gilt auch vom Demiurgen (Tim. 29A). Ferner ist der göttliche Teil des Menschen, d.h. die menschliche Vernunft, verwandt mit dem Göttlichen (Tim. 90A). Verwandtschaft bedeutet hier Identität.[261]

Außerdem sind, wie bereits erwähnt, die Seelen den Gestirnen zugewiesen (Tim. 41D); nach dem Tode kehrt die Seele guter Menschen dorthin zurück (Tim. 42B).[262] Hier ließen sich die Seelen daher auch mit den Göttern identifizieren. Timaios bezeichnet den Menschen als ein Wesen, das nicht erdhaft, sondern himmlisch ist (Tim. 90A).[263]

Tampering with the Timaeus: Ideological Emendations in Plato, with Special Reference to the Timaeus, American Journal of Philology 110, 70. Für eine ausführliche Erklärung vgl. F. M. Cornford (1937), 367-370; T. B. de Graff (1941/42), Timaeus 41A4, Classical Weekly 35, 244-245.

[257] Hier zeigt sich die pädagogische Funktion des Mythos. Dabei trifft nicht zu, daß „der Mythos eine andere Darstellungsweise derselben Wahrheit ist", weil der Mythos selbst keine Wahrheit zum Inhalt hat (Th. Kobusch (1990), Die Wiederkehr des Mythos. Zur Funktion des Mythos in Platons Denken und in der Philosophie der Gegenwart, in: G. Binder/B. Effe (Hrsg.) (1990), Mythos. Erzählende Weltdeutung im Spannungsfeld von Ritual, Geschichte und Rationalität, 20).

[258] Siehe A. Schmitt (1997), Verhaltensforschung als Psychologie. Aristoteles zum Verhältnis von Mensch und Tier, in: W. Kullmann/S. Föllinger (Hrsg.) (1997), Aristotelische Biologie. Intention, Methoden, Ergebnisse, 262, Anm. 22. Nach Schmitt gibt es bei Platon keine scharfe Grenze zwischen Mensch und Tier. Vgl. A. Bäumer (1991), Geschichte der Biologie. Biologie von der Antike bis zur Renaissance I, 21-25.

[259] D. T. Runia (1992), 17. Dort auch weitere Stellen: Tim. 70B, 71A, 73B, 85A, 88B, 90A.

[260] Siehe E. N. Ostenfeld (1993), 59.

[261] Eine Tätigkeit der griechischen Götter ist die Muße; Aristoteles bezeichnet die Götter als diejenigen, die frei von jeder Notwendigkeit dem höchsten Wissen nachgehen (vgl. Met. A2. 983a5ff.). Die Rede des Timaios gilt der Muße. Auch dies könnte ein Hinweis auf die Identität des Timaios und der Götter sein. Gegen eine derartige Auffassung L. P. Gerson (1990), 77.

[262] D. E. Hahm (1977), The Origins of Stoic Cosmology, 55, Anm. 47.

[263] T. Szlezák (1996), 26.

Schließlich ist die Welt ein seliger Gott (eudaimôn theos, Tim. 34B), dem sich über sein Werk freuenden Demiurgen ähnlich. Timaios wiederum, der Freude aus seiner poiêsis gewinnt, ist der Mensch, der diese Welt nachahmt (Tim. 81B, 88D, 89A).

7.4 Der Demiurg und die Ideen

Ein Ergebnis der vorausgegangenen Analysen ist, daß der Begriff Gott im „Timaios" nicht der des christlichen Gottes ist[264]: (der) Gott bzw. die Götter sind nicht transzendent, sondern sichtbar; sie sind konkrete Gegenstände in der Welt. Das erklärt auch die Rede von den Ideen der Götter (Tim. 37C), die vielen Platon-Interpreten Schwierigkeiten bereitet und gelegentlich zu der Vermutung führt, es stimme hier etwas mit dem Text nicht[265] bzw., so Taylor und Acher-Hind, diese Stelle sei unverständlich.[266] Nach Cornford bedeutet ‚agalma' nicht Abbild, sondern den Gegenstand der Verehrung.[267] Doch das ist nicht zwingend der Fall.[268] Hirst vermutet hier einen Fehler eines Abschreibers: Anstelle des Ausdrucks ‚Götter' hätte es ‚Ideen' geheißen.[269] Dafür gibt es aber keinen Beweis.[270] Andere Platon-Interpreten wie Brisson meinen, daß die sichtbaren Götter Abbilder unsichtbarer Götter sind[271], doch trägt auch dies zur sachlichen Klärung der Stelle wenig bei.[272]

Es gibt zumindest eine Stelle, an der von Gott im Sinne eines Abbildes gesprochen wird: die Welt als ein Gott, der einmal sein soll, wird einem ewigen Gott gegenübergestellt (Tim. 34A-B). Darüber hinaus impliziert die Rede von sinnlichen Gegenständen bei Platon die Existenz von Ideen. Auch wäre schwer zu verstehen, wie Gott seine eigene Idee, nämlich sein Modell, sein könnte. Bärthlein sucht hier noch auf eine andere Weise zu zeigen, daß der Demiurg und sein Modell eins sind: Es sei die Seele, die die Rolle des Demiurgen spiele; sie sei auch sein Modell als umfassendes Lebewesen, insofern sie das Gute ist.[273] Damit verwechselt Bärthlein aber den Konstrukteur mit seiner Konstruktion. In diesem

[264] C. E. Huber (1964), Anamnesis bei Platon, 109, Anm. 33; J. Mittelstraß (1970), 78-79.

[265] R. D. Archer-Hind (Hrsg.) (1888), 118; A. E. Taylor (1928), 184-186.

[266] Vgl. G. M. A. Grube (1935), 152, Anm. 2; L. P. Gerson (1990), 267, Anm. 85.

[267] F. M. Cornford (1937), 99. Anders L. Brisson (1994), 129. Vgl. E. Maula (1970), Plato's Agalma of the Eternal Gods, Ajatus 31, 13-16. Nach Maula ist ‚agalma' eine Metapher für Abbilder, die göttlich und glücklich sind. Es gäbe demnach keinen wesentlichen Unterschied zwischen ‚agalma' und Abbild.

[268] Zur Kritik an Cornford vgl. W. J. Verdenius (1952), 246-247.

[269] M. E. Hirst (1913), Plato Timaeus 37C, Classical Philology 8, 93.

[270] Zu den antiken Vorstellungen vgl. H. Dörrie/M. Baltes (1998), 279-280.

[271] In diesem Sinne sind nach C. H. Moore (1916) die Gestirne keine Götter (483). Anders R. Marten (1962), 79, Anm. 129.

[272] L. Brisson (1994), 34; ders. (1992), 127, 236, Anm. 184.

[273] K. Bärthlein (1996), Der Analogiebegriff bei den griechischen Mathematikern und bei Platon, 157.

Zusammenhang behauptet er, daß Platon keine Antwort auf die Frage, wie der Demiurg sein eigenes Modell sein kann, gegeben habe.[274]

Perl behauptet, daß es eine solche Antwort im „Timaios" gebe und daß die Rede vom Demiurgen konsistent sei. Nach Perl ist der Demiurg nicht das Seiende, das vernünftig ist, sondern die Vernunft selbst, die sich von ihrem Tun, dem Denken, nicht unterscheiden ließe. In diesem Sinne sei die Vernunft identisch mit den Ideen, die das Denken konstituieren.[275] Als Grund dafür wird angegeben, daß der Vergleich des Demiurgen mit einem menschlichen Handwerker, der den Unterschied zwischen dem Demiurgen und den Ideen impliziert, nicht für alle Teile des „Timaios" gelte und daß ein solcher Vergleich nicht erklären könne, wie der Demiurg der sinnlichen Welt eine vernünftige Struktur gebe. Der Demiurg und die Ideen seien nur zwei Aspekte derselben Entität, nämlich der Noêsis: Der Demiurg stehe für die Aktivität des Denkens, die Ideen für die Inhalte des Denkens.[276] Für eine derartige Interpretation bietet der Text jedoch kaum Anhaltspunkte. Und auch ein ‚philosophisches' Lesen des Textes[277] kann schließlich nicht ein Lesen ohne Berücksichtigung des Textes bedeuten.

Dies alles mag der Grund sein, warum Platon behauptet, daß es unmöglich ist, den Demiurgen allen zu erklären.[278] Sofern die Götter sichtbar sind, müssen sie im Sinne der Ideenlehre Platons auch Urbilder haben. Der Demiurg schafft sie nach astronomischen Urbildern. Insofern stünde der Demiurg aber auch außerhalb der Welt, die sein Werk ist. Dem wiederum scheint die Bemerkung entgegenzustehen, daß es zwar schwierig, aber nicht unmöglich ist, den Demiurgen zu finden (Tim. 28C). In diesem Zusammenhang wird nun die These vertreten, daß der Demiurg die Idee bzw. die oberste Idee, nämlich die Idee des Guten ist.[279] Als Begründung wird angeführt, daß der Demiurg alles ihm selbst möglichst ähnlich machen wolle (Tim. 30A).[280] Da an anderen Stellen im „Timaios" alles Werdende Abbild der Idee ist, liegt es nahe, daß der Demiurg selbst die Idee ist. Hierhin gehört auch, daß die Metapher ‚Vater' sowohl für die Ideen als auch für den Demiurgen auftritt (Tim. 50D).[281] Dann wäre aber auch klar, warum die

---

[274] K. Bärthlein (1996), 166.

[275] E. D. Perl (1998), The Demiurge and the Forms: A Return to the Ancient Interpretation of Plato's Timaeus, Ancient Philosophy 18, 81-84.

[276] E. D. Perl (1998), 81, 83, 85, 89, 90.

[277] E. D. Perl (1998), 91.

[278] Vgl. J. B. Skemp (1967), 110.

[279] Vgl. R. J. Wood (1968), 255-258. Nach R. Ferber (1995) (493, Anm. 3) ist der Demiurg eine Metapher der Idee des Guten. Nach T. M. Robinson (1993) ist der Demiurg die wirkende und die finale Ursache (104). H. A. Wolfson (1947) (The Knowability and Describability of God in Plato and Aristoteles, Harvard Studies in Classical Philology 56/57, 233) unterscheidet zwar zwischen dem Demiurgen und der Idee des Guten, der Demiurg besitze jedoch dieselbe Natur wie die Ideen (233).

[280] Vgl. Tim. 24D.

[281] Diejenigen, die bestreiten, daß der Demiurg identisch mit der Idee ist, verweisen vor allem auf den unterschiedlichen Status des ersten Teils (mythische Kosmogonie) und des zweiten Teils der Rede (wissenschaftliche Erklärung). Nach M. Diès (1972) (Autour de Platon II, 550-

Welt ein Lebewesen sein soll (Tim. 30D): Da der Demiurg ein Lebewesen ist, muß die Welt, die ihm ähnlich ist, auch ein Lebewesen sein.[282] Die Welt als ein Lebewesen ist wiederum Abbild der Idee eines Lebewesens (Tim. 39D); folglich müßte der Demiurg die Idee der Welt in Form eines Lebewesens sein.[283]

7.5 Der Begriff des Erzeugens (gennêsis) und der Begriff des Machens (poiêsis)

Die dargestellten Schwierigkeiten belegen eine Spannung zwischen dem Begriff des Erzeugens und dem Begriff des Machens.[284] Im Unterschied zum Begriff des Machens steht dem Begriff des Erzeugens kein Modell gegenüber.[285] Die Ordnung der Welt ist ein Resultat der sexuellen Verbindung zwischen der Vernunft (nous) bzw. dem Demiurgen und der Notwendigkeit bzw. dem Aufnehmenden (Tim. 48A). Eine andere Metapher dafür ist die Überredung.

Es fällt auf, daß die beiden unterschiedlichen Aspekte des Demiurgen an einer Stelle eingeführt werden, wo bemerkt wird, daß eine Erklärung des Demiurgen unmöglich ist (Tim. 28C). Der Demiurg ist Poiêtês und Vater. Die biologischen Begriffe des Vaters bzw. des Erzeugers haben aber eine andere Bedeutung als der Begriff des Machens, der im Platonischen Kontext auf ein Modell verweist.[286]

---

565) ist die Vernunft (nous) der subjektive Aspekt des Gottes, während die Ideen den objektiven bilden. Vgl. L. P. Gerson (1990), 267, Anm. 85.

[282] Vgl. R. Brague (1985), The Body of the Speech: A New Hypothesis on the Compositional Structure of Timaeus' Monologue, in: D. J. O'Meara (Hrsg.) (1985), Platonic Investigations, 53-55.

[283] In diesem Sinne gibt es keine Interpretationsschwierigkeiten, wenn man nämlich die Welt als das Abbild des Demiurgen als poiêtês auffaßt (Tim. 92C). Dazu R. D. Archer-Hind (Hrsg.) (1888), 344; C. M. Turbayne (1991), 40, 121, Anm. 18. Die meisten Platon-Interpreten ersetzen ‚poiêtou' durch ‚noêtou', um den Demiurgen nicht als eine Idee bezeichnen zu müssen. In diesem Fall ist die Welt Abbild der Idee, im Blick auf die der Demiurg sie erschafft. Vgl. A. E. Taylor (1928), 646; F. M. Cornford (1937), 349; H. G. Zekl (Hrsg.) (1992), 190. Pelikan (1997) ersetzt ‚poiêtou' durch ‚noêtou', versteht aber die Welt als Abbild Gottes, der nur durch die Vernunft erfaßbar ist (105). Ebenso W. J. Verdenius (1952), 243-244.

[284] Vgl. J. Dillon (1989), 72, Anm. 45. Dagegen D. E. More (1921, 1970), The Religion of Plato, 167, Anm. 1.

[285] Nach Numenios ist der Erzeuger der Welt ein anderer als der Vater der Welt. Vgl. J. Dillon (1977), The Middle Platonists. 80 B.C. to A.D. 220, 259, 367. Nach J. Kung (1988) (Why the Receptacle Is Not a Mirror, Archiv für Geschichte der Philosophie 70) besitzt die Metapher ‚Vater' zwei unterschiedliche Momente, nämlich das Moment des Modells und das des Schöpfers (171).

[286] Das Modell, das der Begriff des Machens impliziert, könnte sowohl außerhalb des Menschen liegen als auch Teil seiner Gedanken sein. Nach griechischer Vorstellung ist ersteres der Fall. In diesem Sinne wären denn auch ‚poiêsis' und ‚mimêsis' synonym (Tim. 19D). Vgl. D. T. Runia (1986), 108-109; J. Sallis (1995), Timaeus' Discourse on the chôra, in: J. J. Cleary/W. C. Wians (Hrsg.) (1995), 159. Ähnlich G. E. R. Lloyd (1966), 284-285. Calcidius (Kommentar

Interpreten, die diesen Schwierigkeiten aus dem Wege zu gehen suchen, behaupten, daß der Gesichtspunkt einer sexuellen Vereinigung und die Vater-Metapher in diesem Zusammenhang unwichtig seien.[287] So verbinden sie zwar den Begriff des Vaters mit dem Begriff der Ursache (Tim. 28A), meinen jedoch, daß jener Begriff im Folgenden keine Rolle mehr spiele.[288] Tatsächlich ist aber auch weiterhin vom Vater die Rede. Interessant ist in diesem Zusammenhang auch die Vermutung, daß Platon auf dem Wege von der Weltursache zum Demiurgen als dem Schöpfer der Welt (Tim. 27D-29A) „bewußt zur Täuschung seiner Leser Fehlschlüsse einsetzt."[289] Allerdings geht der Autor in diesem Falle noch weiter und behauptet mit Taylor, daß der „Timaios" nicht Platonisch sei. Als Grund wird angeführt, daß Timaios zahlreiche logische Fehler unterliefen, die bei einem Dialektiker seltsam anmuten. Auf dem Hintergrund der Bemerkung des Aristoteles, daß die Pythagoreer an der Dialektik keinen Anteil hätten[290], könnte dies bedeuten, daß Timaios als Mathematiker hier keinen Gedanken Platons vertritt.[291] Auch wenn Platon in vielen Gesichtspunkten mit den Pythagoreern übereinstimmt[292], trifft dies nicht zu.

Der Grund derartiger Interpretationsschwierigkeiten liegt wohl nicht darin, daß Platon hier keine Platonische Kosmologie vertritt, sondern darin, daß Platons Kosmologie eine hypothetische Anwendung exakten Wissens auf die sinnliche Welt ist. Ferner korrigiert Platon selbst seine Konzeption zu Beginn des zweiten Teils des „Timaios" durch die Einführung des Raumes als dritter Gattung. Damit macht er deutlich, daß er im ersten Teil noch mit anderen, wenngleich ebenfalls philosophischen Vorstellungen gearbeitet hatte (Tim. 48E-49A).[293] Ebert übersieht in diesem Zusammenhang, welchen epistemologischen Status die Begriffe der Weltursache und des Weltbaumeisters in Platons Kosmologie haben.[294] Dazu später mehr. Der Begriff des Demiurgen schließt jedenfalls

---

154) verbindet ‚poiêtês' mit der Erschaffung der Welt, ‚Vater' mit der moralischen Funktion des Demiurgen (Tim. 41A-B). Vgl. J. Pelikan (1997), 127.

[287] T. M. Robinson (1970), 66; G. Vlastos (1975), 26. Vlastos faßt hier auch die Metapher ‚König' als bedeutungslos auf. Anders G. E. R. Lloyd (1966), 220, 226.

[288] D. F. Krell (1995) (Archeticture: Ecstasies of Space, Time, and the Human Body, 30) meint, daß die Rolle des Demiurgen als Vater nach Tim. 39E auf die Rolle des Technikers reduziert werde (30). Siehe auch T. Kratzert (1998), 95.

[289] T. Ebert (1991), Von der Weltursache zum Weltbaumeister. Bemerkungen zu einem Argumentationsfehler im platonischen Timaios, Antike und Abendland 37, 43-54; ders. (1998), Wer sind die Ideenfreunde in Platons Sophistes?, in: R. Enskat (Hrsg.), Amicus Plato magis amica veritas. Festschrift für Wolfgang Wieland zum 65. Geburtstag, 93, Anm. 16, 95-98.

[290] Aristoteles, Met. A6. 987b32-33.

[291] T. Ebert (1991), 54. Vgl. J. J. Cleary (1995), Aristotle and Mathematics: Aporetic Method in Cosmology and Metaphysics, 27. Nach Auffassung Clearys vertritt Timaios nicht an allen Stellen Platonische Vorstellungen.

[292] J. H. Randall (1970), Plato: Dramatist of the Life of Reason, 238.

[293] Timaios wird auch als Philosoph bezeichnet (Tim. 20A).

[294] T. Ebert (1991) bezeichnet die Annahme, daß der Demiurg gut ist, als überflüssig (53). Doch diese Annahme ist für die Konstruktion der besten möglichen Welt wesentlich. Vgl. J.

die beiden Aspekte des Machens und des Erzeugens ein.[295] Der Demiurg wird als ein Schöpfer, der mit Blick auf ein Modell die Welt macht, beschrieben[296]; dieses Modell wird jedoch nicht als ein notwendiges bezeichnet.[297]

Um die hier auftretenden Schwierigkeiten zu überwinden, setzt Benitez ein ‚ens realissimum' voraus, in dem beide Aspekte des Demiurgen miteinander verbunden seien: das ‚ens realissimum' sei nicht nur causa efficiens, sondern auch causa finalis.[298] Als Grund wird wieder angeführt, daß der Demiurg alles ihm selbst möglichst ähnlich machen wollte (Tim. 29E), weshalb er eben auch die Sprache des Urbilds spricht.[299] Allerdings gibt es wenig Anlaß, Platon im „Timaios" den Begriff eines ens realissimum zuzuschreiben.

8 Timaios: Konstrukteur und Konstruktion

Die Erklärung, es sei unmöglich, den Demiurgen allen Menschen klar zu machen, beruht auf Platons Absicht, keinen Unterschied zwischen dem Demiurgen und den Göttern zu treffen, Parallelen zwischen dem Demiurgen und Timaios zu ziehen und dadurch zu zeigen, daß der Demiurg eine Metapher für Timaios ist. Der Demiurg ist jenseits der Welt (Tim. 42E), also transzendent; die Götter als seine Werke sind immanent, d.h. in der Welt. Die Götter wiederum schaffen die Menschen und die sterblichen Gattungen. Dasselbe tut der Demiurg, woraus deutlich wird, daß der Demiurg auch immanent ist.[300] Dies gilt wiederum auch

---

Mansfeld (1981), Bad World and Demiurge: A 'Gnostic' Motif from Parmenides and Empedocles to Lucretius and Plato, in: G. Quispel (Hrsg.) (1981), Studies in Gnosticism and Hellenistic Religions: Presented to Gilles Quispel on the Occasion of His 65. Birthday, 295.

[295] C. M. Turbayne (1991) faßt ohne besondere Begründung nicht das Machen, sondern die biologische Zeugung als die wesentliche Metapher auf (40). Anders R. D. Mohr (1989) (Plato's Theology Reconsidered: What the Demiurge Does, in: J. Anton/A. Preus (Hrsg.) (1989), 303), nach dessen Meinung der Demiurg eine konsistente Figur ist.

[296] Tim. 28A, 29A, 31A.

[297] Tim. 41A, 41C, 42E, 68E, 69C. Das gilt z.B. auch vom Feuer (Tim. 59A).

[298] E. E. Benitez (1995), 119, 126-128. Vgl. auch R. J. Wood (1968), der die beiden Aspekte des Demiurgen in der Idee des Guten wiederfindet (258). Ebenso J. R. Caplan (1995), 186. Nach K. F. Doherty (1961) (The Demiurge and the Good in Plato, New Scholasticism 35, 523-524) sind der Demiurg bzw. die höchste Vernunft und die Ideen, die durch Vernunft erfaßbar sind, zwei Aspekte des Platonischen Gottes. In diesem Sinne sei der Platonische Gott für die Menschen unerreichbar; ders. (1956), God and the Good in Plato, New Scholasticism 30, 460. Nach J. P. Kenney (1991) (Mythical Monotheism: A Study in Ancient Platonic Theology, 19) wird die kosmologische Struktur des „Timaios" zerstört, wenn man zwischen dem Demiurgen und den Ideen unterscheidet.

[299] Vgl. M. W. Dickie (1993), The Place of *Phthonos* in the Argument of Plato's Phaedrus, in: R. M. Rosen/J. Farrell (Hrsg.) (1993), Nomodeiktes: Greek Studies in Honor of Martin Ostwald, 383. Nach Dickie arbeitet Platon den Sinn dieser Stelle erst am Ende des „Timaios" aus.

[300] Vgl. R. C. Whittemore (1978), The Proper Categorization of Plato's Demiurgos, in: ders. (Hrsg.) (1978), 166. Nach G. Jäger (1967) ist der Demiurg transzendent, während die Ver-

für Timaios.[301] Auch dieser konstruiert die Welt und ist in diesem Sinne transzendent, nämlich außerhalb seiner Darstellung.[302] Zugleich findet er sich als Mensch in seiner Darstellung.[303] Er ist sowohl Konstrukteur als auch Konstruktion seiner Darstellung.[304] In seiner Konstruktion wird diese Konstruktion, die ihn einschließt, selbst erklärt.

In dieser Form wird auch klar, warum Timaios im Gegensatz zu Kritias die Quelle seiner Rede nicht offenlegt: Nach Timaios können die Menschen nicht wissen, was (der) Gott weiß oder tut. Timaios erklärt jedoch, wie Gott die Welt gemacht hat. Dies könnte wiederum bedeuten, daß die Welt nicht nur die Konstruktion eines Gottes, sondern auch die Konstruktion des Timaios ist[305] und daß der Demiurg als Gott eine Metapher für Timaios ist.

9 Der Logos der Welt zwischen Konstruktion und Beschreibung

Zur Klärung der angeführten Schwierigkeiten können schließlich auch die Begriffe des Werdens bzw. des Erzeugens und des Machens beitragen. Nach den Begriffen des Werdens bzw. des Erzeugens ist die Rede von der Welt eine Konstruktion des Timaios, nach dem Begriff des Machens ist sie abhängig von der Existenz eines Modells bzw. der Ideen. Insofern läßt sich auch verstehen, warum Timaios die Welt immer in der ‚Wir'-Form erklärt; die Welt ist nicht seine individuelle Konstruktion, sondern die Konstruktion des Menschen überhaupt. Wenn man, auf die Ideen blickend, die Welt auf der Ebene des Logos konstituiert, erscheint sie wie von Timaios gemacht. Deshalb bestätigt auch Timaios seinem Gast Sokrates am Anfang des Dialogs, daß es auch seine Aufgabe ist, für den abwesenden Vierten einzuspringen[306]; diese Rede dürfe nicht seine private

---

nunft immanent ist (123, 124, Anm. 569). Gleichwohl wendet er sich gegen diese Unterscheidung, weil sie „den Unterschied der zwei Darstellungsebenen ins Ontologische" verlege.

301 W. J. Verdenius (1952) sucht den Grund der Schwierigkeiten in der „Zwitterstellung des Demiurgen zwischen Unpersönlichem und Persönlichem" (277). Nach G. R. Morrow (1954) (The Demiurge in Politics: The Timaeus and the Laws, American Philological Association 27, 9) kommt dem Menschen die Aufgabe des Demiurgen im politischen Bereich zu .

302 Nach N. Fischer (1982) ist der Gott des „Timaios" selbst nicht Thema des Dialogs (252). L. J. Hatab (1990) (Myth and Philosophy: A Contest of Truths, 239) behauptet, daß das oberste Kriterium der Erklärung nicht selbst wieder eine Erklärung ist. Vgl. P. M. Steiner (1992), 206. Eine ähnliche Interpretation findet sich bei Hirsch: Der Anfang allen Werdens liege nicht im Werdenden. W. Hirsch (1971), Platons Weg zum Mythos, 368-370; ferner T. K. Seung (1994), Kant's Platonic Revolution in Moral and Political Philosophy, 219.

303 Nach G. E. L. Owen (1973) (Plato on the Undepictable, in: E. N. Lee/A. P. D. Mourelatos/R. M. Rorty (Hrsg.) (1973), 355) sind die Menschen selbst Artefakte.

304 Vgl. V. Hösle (1984), Hegels ‚Naturphilosophie' und Platons ‚Timaios'. Ein Strukturvergleich, Philosophia Naturalis 21, 70.

305 Vgl. O. Küster/F. Küster/H. Schmidt (1978), 25. Nach Schmidt ist der „Timaios" eine ‚Gedankenschöpfung'.

306 Für eine andere Interpretation dieser Stelle siehe W. Hirsch (1971), 363, Anm. 64.

Sache sein. Und dies könnte auch der Grund dafür sein, warum der Demiurg sowohl transzendent als auch immanent ist. Der Abwesende ist außerhalb des Logos des Timaios und übt dennoch einen Einfluß auf diesen Logos aus. Timaios betont, daß der Vierte nicht freiwillig abwesend sei (Tim.17A), was bedeuten könnte, daß die Abwesenheit des Vierten unvermeidbar ist, dieser nämlich den transzendenten Aspekt des Demiurgen darstellt.[307] Hier wäre dann auch verständlich, warum Timaios am Anfang darum betet, sowohl im Sinne der Götter als auch in Übereinstimmung mit den Dialogteilnehmern zu sprechen; er könnte Rücksicht auf den Abwesenden nehmen.[308]

Nachdem sowohl Kritias und Hermokrates als auch Timaios die Aufgabe des Abwesenden übernehmen sollen, scheint Sokrates diese Aufgabe als die des Timaios zu verstehen.[309] Er spricht mit Timaios über diese Aufgabe (Tim. 17A), was nahelegt, daß für Sokrates Timaios die eigentliche Hauptfigur des Dialogs ist. Kritias bezeichnet allerdings Timaios als den dritten Teilnehmer (Tim. 20D). Wiederum scheint Hermokrates der Seite des Kritias zuzuneigen, insofern er Sokrates berichtet, daß die drei am Vortage bei Kritias waren und Kritias seine Geschichte bereits unterwegs erzählt habe. Interessanterweise spricht er dabei nicht davon, ob Timaios am Vortage auch seine Kosmogonie vorgetragen habe. Dabei ist Timaios Adressat der Zusammenfassung der Rede vom idealen Staat (Tim. 17B-19B). Dies deutet auf eine Kontroverse zwischen Sokrates und Kritias hin und erklärt, warum Sokrates vor allem an Timaios denkt, wenn er Kritias, Hermokrates und diesen als geeignete poiêtês empfiehlt (Tim. 20A-B). Ferner bezeichnet Timaios seinen Gott als Demiurgen, d.h. als einen Arbeiter, und zwar in Gegenwart des Kritias, der als Tyrann bekannt war.[310] Nach dem Bericht des Kritias wurden die Arbeiter (dêmiurgoi) im alten Athen von den Priestern, die Gott dienen, getrennt (Tim. 24A); und für Timaios ist Gott Demiurg.[311] Dabei handelt es sich auch bei der Frage des Timaios, ob es so etwas wie Feuer an und

---

[307] Nach F. M. Cornford (1937) gibt es keinen Grund, über die Identität des Vierten zu rätseln. Es handele sich einfach um einen weiteren Gast aus Süditalien (3). Vieles spricht aber auch dafür (so die Parallele in Phaid. 59B), daß der Vierte, der im „Timaios" (17A) aus Krankheitsgründen abwesend ist, Platon selbst ist, der nun durch Timaios vertreten wird. Vgl. D. F. Krell (1975) (Female Parts in Timaeus, Arion N.S. 2, 418), der den Vierten als den Leser des „Timaios" versteht.

[308] Vgl. W. Welliver (1977), 11-12. Dagegen E. David (1984), 38, Anm. 2.

[309] Vgl. S. Rosen (1995), der den Demiurgen als eine Metapher für Platon, den der Abwesende vertrete, versteht (172). Anders J.-F. Mattéi (1996), der den Vierten als chôra auffaßt, weil er ohne Funktion der Rede freien Raum gebe (215).

[310] Th. H. Martin (1841a), 51; L. Brisson (1992), 331; J.-F. Mattéi (1996), 253, Anm. 1. „demiourgos" ist eine hypostasierte Form der „demia-erga", nämlich der Arbeit für die Gemeinschaft. Kritias ist als Tyrann gemeint, gleichgültig, wer Kritias ist, was umstritten ist. Anders J. Labarbe (1990), Quel Critias dans le Timée et le Critias de Platon?, in: M. Geerard (Hrsg.) (1990), Opes Atticae. Miscellanea Philologica et Historica Raymondo Bogaert et Hermanno Van Looy Oblata, 255.

[311] D. F. Krell (1975), 409.

für sich gebe (Tim. 51B), um eine typisch Sokratische Frage.[312] Außerdem gibt Timaios, wie er selbst sagt, seine Stimme, die die Demokratie symbolisiert, in Gegenwart des Tyrannen Kritias ab (Tim. 51D, 52D).[313] Im übrigen vertritt Timaios gegen Kritias die gleiche Konzeption, die Sokrates in der „Politeia" vertritt: nur die Rede vom Seienden ist wahr, während die Rede vom Werdenden nur wahrscheinlich ist (Tim. 27D-28A).[314]

Nunmehr läßt sich auch verstehen, warum mit Timaios im Unterschied zu Kritias keine historische Figur gewählt wurde. Während die Darstellung des Kritias seine Erinnerung an historische Begebenheiten wiedergibt und er insofern Teil der erzählten Welt ist, hat Timaios keinen Platz mehr in einer Welt, deren Konstitution abgeschlossen ist. Die Welt auf der Ebene des Logos ist immer ein Artefakt[315]; auch läßt sich nicht entscheiden, ob die von Timaios konstituierte Welt auch die tatsächliche ist.[316] Damit steht die Darstellung des Timaios zwischen der Konstruktion einer möglichen Welt und einer Beschreibung der tatsächlichen Welt.[317]

---

312 H. S. Tayer (1993), Meaning and Dramatic Interpretation, in: G. A. Press (Hrsg.) (1993), Plato's Dialogues: New Studies and Interpretations, 49.

313 Vgl. J. A. Arieti (1991), 51, Anm. 53. Dies hat damit zu tun, daß Kritias seine Rede als eine wahre, Timaios hingegen seine Rede als eine hypothetische versteht.

314 C. Gill (1977), 290.

315 In diesem Sinne werden physis und poiêsis eins. Vgl. J. Mittelstraß (1973), Metaphysik der Natur in der Methodologie der Naturwissenschaften, in: K. Hübner/A. Menne (Hrsg.) (1973), Natur und Geschichte. X. Deutscher Kongress für Philosophie, 87; ferner ders. (1981b), Das Wirken der Natur. Materialien zur Geschichte des Naturbegriffs, in: F. Rapp (Hrsg.) (1981), Naturverständnis und Naturbeherrschung, 40, u.ö.; ders. (1981a), 56; ders. (1995), Machina Mundi. Zum astronomischen Weltbild der Renaissance, 7, 10.

316 J. Mittelstraß (1981a), 56.

317 Vgl. C. Osborne (1988), Topography in the Timaeus: Plato and Augustine on Mankind's Place in the Natural World, Proceedings of the Cambridge Philological Society 214, 109. Nach W. J. Verdenius (1962) (Mimesis: Plato's Doctrine of Artistic Imitation and It's Meaning to Us, 28) ist die Kunst, d.h. das Resultat der poiêsis, keine autonome Schöpfung. Vgl. A. Finkelberg (1996), 404.

III Die Idee und das sinnliche Ding im „Timaios“

1 Einleitung

Am Anfang des zweiten Teils des „Timaios“ führt Platon eine neue Gattung neben der Idee und dem Werden ein. Bisher ging er davon aus, zwei Gattungen, nämlich die Idee bzw. das Urbild und das Werden bzw. das Abbild, seien hinreichend für das früher Gesagte (Tim. 48E-49A). Nun scheint eine dritte Gattung erforderlich zu sein.[318] Der Grund ist nach Platon der folgende: Um die Welt als ein Werdendes bzw. als eine Zusammensetzung (systasis) von Notwendigkeit und Vernunft zu erklären (Tim. 48A), müssen auch die Mitursachen, in Form einer conditio sine qua non, betrachtet werden. Gemeint sind die vier Elemente Feuer, Wasser, Erde und Luft (Tim. 46D), die aber seiner Vorstellung nach keine fundamentalen, irreduziblen Elemente sind. In diesem Sinne werden die Elementenlehren der Vorsokratiker darin kritisiert, daß sie die vier Elemente als ‚Anfänge‘ ansetzen: keiner habe verstanden, daß die vier Elemente nicht Prinzipien, sondern Resultate von Prinzipien sind (Tim. 48A). Die vier Elemente sind nach Platon kein Parmenideisches Sein, das weder Entstehen noch Vergehen kennt, sondern etwas Entstandenes. In diesem Zusammenhang sucht Platon etwas Fundamentales, aus dem bzw. in dem die vier Elemente entstanden sind. So ist die ‚wandernde‘ oder ‚umherschweifende‘ Ursache, eben als die gesuchte dritte Gattung zu verstehen (Tim. 48A).

Die gesuchte dritte Gattung ist schwierig und dunkel; bevor sie im „Timaios“ behandelt wird, soll zunächst Klarheit über die Elemente bzw. über die sinnlichen Dinge geschaffen werden. Nachdem Platon die dritte Gattung als das Aufnehmende allen Werdens, einer Amme vergleichbar, zur Erklärung eingeführt hat, fügt er hinzu, daß über diese Bezeichnung noch gesprochen werden müsse, obwohl sie klar sei (Tim. 49A). Dies sei schwer, weil zuvor Schwierigkeiten mit den vier Elementen behandelt werden müßten (Tim. 49B). Also ist eine Erklärung der vier Elemente bzw. der sinnlichen Dinge für das Verständnis des Raumbegriffes erforderlich.[319] Worin bestehen die Schwierigkeiten, und wie kann ihre Lösung zur Klärung der dritten Gattung beitragen? Die Schwierigkeiten sind unter anderem mit der Frage verbunden, nach welcher Eigenschaft etwas eher als Wasser denn als Feuer bezeichnet werde. Die richtige Bezeichnung führe zu einer wahrscheinlichen Erklärung (Tim. 49B).

---

[318] ‚scheint‘ (eoiken) impliziert nicht, daß die Notwendigkeit, eine dritte Gattung einzuführen, nicht tatsächlich, sondern fiktiv ist; vgl. Tim. 29B, 90E. Beachtet man, daß ‘eoiken’ und ‘eikôs’ verwandt sind, läßt sich Notwendigkeit sogar als ein Charakteristikum der wahrscheinlichen Rede im Platonischen Sinne bezeichnen.

[319] Dagegen A. Rivaud (1906), Le Problème du Devenir et la Notion de la Materie, 303.

2 Die Bezeichnung der vier Elemente als ‚das Derartige'

Platon stellt fest, daß die vier Elemente ineinander überzugehen scheinen (Tim. 49B-C).[320] In diesem Sinne bezeichnet er die vier Elemente nicht als ein ‚Dieses', das die Eigenschaft des Immer-Seienden hat (Tim. 49D-E), sondern als ein ‚Derartiges', das ein stets im Wandel befindliches Ähnliches (to toiouton aei peripheromenon homoion) ist. Die Bezeichnung ‚Dieses' gilt also nicht den vier Elementen, sondern der dritten Gattung, in der die vier Elemente ineinander übergehen (Tim. 49E). Dabei stellt sich die Frage, in welcher Weise sich die vier Elemente als ‚das Derartige' bezeichnen lassen, obwohl sie keine ‚Festigkeit' (tina bebaiotêta, Tim. 49D) besitzen. In der Beantwortung dieser Frage liegt der Schlüssel zur wahrscheinlichen Erklärung der Welt (Tim. 49B).

Mit dieser Frage scheint aber noch eine andere Frage verbunden zu sein: Was läßt sich als ‚Derartiges' bezeichnen? Ist ein konkretes Individuum oder eine allgemeine Eigenschaft gemeint? Es geht hier darum, was das Abbild einer Idee ist, insofern eine wesentliche Bestimmung des ‚Derartigen' bedeutet, daß es Abbild der Idee ist (Tim. 51B). Die Frage hängt mit der weiteren Frage zusammen, ob der „Timaios" eine Antwort auf die Kritik an der Ideenlehre im „Parmenides" darstellt, weil ein Grund für diese Bezeichnung die Ähnlichkeit zwischen den sinnlichen Dingen und ihren Ideen ist, die Grund der Teilhabe der sinnlichen Dinge an den Ideen ist.[321] Vieles spricht dafür, daß mit dem ‚Derartigen' nicht eine allgemeine Eigenschaft, sondern ein konkretes Individuum bezeichnet wird.

3 Regressus ad infinitum

3.1 Das Problem

Der Begriff der Ähnlichkeit (homoion) führt zu einem infiniten Regreß, weil Platon hier einen Kategorienfehler begeht: die Ähnlichkeit, die zwischen einem sinnlichen und einem anderen sinnlichen Ding besteht, wird mit der Ähnlichkeit zwischen der nicht-sinnlichen Idee und ihrem sinnlichen Abbild verwechselt. Dagegen ist die Idee eigentlich ein Gesichtspunkt, aus dem die Ähnlichkeit der sinnlichen Dinge betrachtet wird.[322]

---

[320] Hier soll ‚scheint' (Tim. 49B, 49C) betont werden, weil nach Platons geometrischer Konzeption nur Feuer, Luft und Wasser ineinander übergehen können. Der Sonderstatus der Erde widerspricht der Vorstellung, daß alle vier Elemente ineinander übergehen können (Tim. 54B-C). Vgl. G. Vlastos (1975), 80-81.

[321] Da die vier Elemente Abbilder von Ideen sind, tragen sie die gleiche Bezeichnung wie diese (Tim. 52A).

[322] K. W. Mills (1968), Some Aspects of Plato's Theory of Forms, Timaeus 49cff., Phronesis 13, 152.

Es gibt unterschiedliche Vorstellungen darüber, wie Platon mit dieser Schwierigkeit bzw. mit der Kritik an seiner Konzeption umgeht. Diejenigen Platon-Interpreten, deren Meinung nach Platon die Kritik im „Parmenides" ernst genommen hat, behaupten, daß Platon nach dieser Kritik in den sogenannten ‚kritischen' Dialogen, z.B. im „Parmenides", grundsätzlich auf die klassische Ideenlehre, die er in den ‚mittleren' Dialogen vertritt, verzichtet habe. Dieser Interpretation steht der „Timaios", der meist als eines der späteren Werke Platons bezeichnet wird, im Wege[323], weil hier die klassische Ideenlehre vorausgesetzt und ausführlich dargestellt wird (Tim. 27D-28A, 52A-B)[324], und weil hier eine Ähnlichkeit zwischen der Idee und dem sinnlichen Ding behauptet wird[325], obwohl sich Platon der Kritik an seiner Ideenlehre bewußt zu sein scheint (Tim. 31A-B).[326]

3.2 Keine Lösung?

Um diese Schwierigkeit zu überwinden, versuchen Interpreten wie Owen[327] den „Timaios" anders zu datieren; sie behaupten, daß Platon den „Timaios" vor den ‚kritischen' Dialogen geschrieben habe. Dieser Vorschlag findet allerdings nur wenig Zustimmung.[328] Ferner finden sich einige Stellen auch in späteren Dialogen, die auf die klassische Ideenlehre Platons deuten (Polit. 285D-E, Phileb. 61D-E).[329] Außerdem läßt der unvollendete „Kritias" darauf schließen, daß der „Timaios", der mit dem „Kritias" im engen sachlichen Zusammenhang steht, spät, wohl gegen Ende von Platons Leben geschrieben wurde.[330]

---

[323] H. Cherniss (1945), 5; I. Mueller (1989), Joan Kung's Reading of Plato's Timaeus, Apeiron 22, 7; R. Kraut (1992), 19.

[324] Tim. 51B-52A ist nach Platon nicht ein Argument für die Ideen, sondern eine Zusammenfassung. Siehe H. Dörrie/M. Baltes (1998), 227.

[325] Tim. 30C, 30D, 31B, 37C, 38B, 39E, 49E, 52A. Platon verwendet den Begriff der Ähnlichkeit sowohl für das Verhältnis eines sinnlichen Dinges zu einem anderen Ding (Tim. 45C, 57B, 57C, 67B, 80A) als auch für das Verhältnis des Raumes zu einem sinnlichen Ding (Tim. 50C, 50E, 52E).

[326] G. Martin (1973), 177.

[327] G. E. L. Owen (1965), The Place of the Timaeus in Plato's Dialogues, in: R. E. Allen (Hrsg.) (1965), 313-338; T. M. Robinson (1987), 104; J. M. E. Moravcsik (1992), Plato and Platonism: Plato's Conception of Appearance and Reality in Ontology, Epistemology, and Ethics, and Its Modern Echoes, 52-53. Nach G. C. Nerlich (1960) (Regress Arguments in Plato, Mind 69, 89-90) ist das Argument für die Einzigkeit der sinnlichen Welt eine Vorstufe des Regressus-Arguments im „Parmenides". In diesem Sinne meint er, daß der „Timaios" früher als der „Parmenides" geschrieben sei.

[328] Vgl. H. F. Cherniss (1965), The Relation of the Timaeus to Plato's Later Dialogues, in: R. E. Allen (Hrsg.) (1965), 339-378; W. J. Prior (1985), 113; E. N. Ostenfeld (1986), 63-87. Für einen stilistischen Einwand siehe I. Mueller (1989), 1-27. Vgl. H. Schmitz (1985), Die Ideenlehre des Aristoteles II. Platon und Aristoteles, 97-99.

[329] R. M. Hare (1990), Platon. Eine Einführung, übers. C. Goldmann, 44.

[330] I. Mueller (1989), 14.

Andere Platon-Interpreten suchen die Einheit der Platonischen Philosophie dadurch zu zeigen, daß sie behaupten, die Kritik an der Ideenlehre im „Parmenides" müsse nicht ernst genommen werden[331] oder beträfe nicht Platon selbst.[332] Sie richte sich nicht an die Platonische Ideenlehre, sondern gegen die Lehre des Eudoxos.[333] Ferner wird vermutet, die Kritik beträfe innerakademische Konzeptionen oder die Megarische Schule.[334] Als Begründung wird angeführt, daß Platon entweder den „Parmenides" vor der „Politeia" geschrieben habe oder seine eigene Argumentation in der „Politeia" (595C-598D) vergessen haben müßte, wenn man den „Parmenides" als Platonische Selbstkritik aufzufassen hätte.[335] Beides macht keinen Sinn. Dagegen soll hier später gezeigt werden, daß die Ideenlehre in der Form, in der sie im „Timaios" auftritt, der Kritik des „Parmenides" nicht unterliegt.

Wieder andere Platon-Interpreten gehen davon aus, daß es die im „Parmenides" kritisierten, jedoch von Platon selbst nicht gelösten Schwierigkeiten der Ideenlehre gebe, behaupten aber dennoch, daß Platon seine Vorstellungen über die Ideen in den späteren Dialogen nicht geändert habe. Als Grund dafür wird angeführt, daß Platons Glaube daran, daß es exakte Gegenstände des Wissens gebe, stärker als alle diese Schwierigkeiten sei.[336] Keyt z.B. faßt die Schwierigkeiten im „Parmenides" als ein Mißverständnis auf; seiner Meinung nach übersieht Platon die Unterscheidung zwischen ‚eigenen' und idealen Eigenschaften. Alle Ideen besitzen ideale Eigenschaften, z.B. die Eigenschaft der Einzigkeit und der Ewigkeit, während jede Idee für sich, z.B. die Idee des Heißen, dank ihrer ‚eigenen' Eigenschaft, in diesem Fall der Eigenschaft ‚heiß', anders als andere Ideen ist. Nach Keyt tritt dieser Fehler im „Timaios" wieder auf: Der Demiurg schafft die Welt durch Nachahmung der idealen, hier aber irrelevanten Eigenschaften der

---

[331] H. Cherniss (1965), 289-300; R. E. Allen (1997), Plato's Parmenides, 144.

[332] W. Wieland (1982), 112.

[333] F. M. Cornford (1939), Plato and Parmenides: Parmenides' *Way of Truth* and Plato's *Parmenides.* Translated with an Introduction and a Running Commentary, 86-87; M. Schofield (1973), Eudoxus in the Parmenides, Museum Helveticum 30, 1-19.

[334] F. M. Cornford (1939), 101; A. Graeser (1996), Wie über Ideen sprechen? Parmenides, in: T. Kobusch/B. Mojsisch (Hrsg.) (1996), 147, 153-155, 160. Nach T. Ebert (1998) handelt es sich um eine Kritik an den Pythagoreern (82-100). In diesem Zusammenhang behauptet Ebert, daß der „Timaios" nicht die Gedanken Platons, sondern die des Pythagoreers Timaios vertrete (95-98). Dies wurde schon kritisiert.

[335] G. Figal (1993), Platons Destruktion der Ontologie. Zum Sinn des Parmenides, Antike und Abendland 39, 37.

[336] J. Derbolav (1972b), The Philosophical Origins of Plato's Theory of Ideas, Archiv für Geschichte der Philosophie 54, 23; K. Baier (1981), Die Einwände des Aristoteles gegen die Ideenlehre Platons. Unter Berücksichtigung des Metaphysik-Kommentars von Thomas von Aquin, 6, 8, 10; C. P. Bigger (1968), Participation: A Platonic Inquiry, 56, 56, Anm. 29, 60. Vgl. G. M. A. Grube (1935), 34; R. H. Weingartner (1973), The Unity of the Platonic Dialogue: The Cratylus, the Protagoras, the Parmenides, 200.

Ideen (Urbilder), z.B. der Eigenschaft der Einzigkeit.[337] So gibt es denn auch für Platon nach Keyt keine Lösung dieser Schwierigkeiten im „Parmenides". Dabei setzt er voraus, daß sich ein unendlicher Regress vermeiden ließe, wenn zwischen idealen und ‚eigenen' Eigenschaften der Ideen unterschieden würde. Das ist aber nicht der Fall, weil nur ideale Eigenschaften dann einen solchen Regreß vermeiden könnten.

Es gibt einen anderen Versuch, die Ursache der Schwierigkeiten im „Parmenides" durch externe Evidenz zu erklären: Die paradeigmata, die von griechischen Baumeistern benutzt wurden, sind dreidimensionale Modelle.[338] Es wäre also möglich, daß Platon davon ausgeht, daß die Modelle oder Urbilder dieselbe Eigenschaft wie die Abbilder haben. In diesem Sinne gilt für Platon: Die Idee des Schönen ist vollendet schön (Symp. 210E-211B). Dabei steht der Vorstellung, daß Platon später das Konzept der Selbstprädikation vermeidet, im Wege, daß dieses Konzept auch nach dem „Parmenides" auftritt, z.B. in der Form: das Lebewesen selbst ist lebendig (Tim. 30D, vgl. Tim. 19B).[339]

3.3 Allgemeine Eigenschaften als Subjekt der Bezeichnung

Nach einigen anderen Platon-Interpreten verzichtet Platon nicht auf seine Ideenlehre, sondern versucht, sie durch eine Umformung zu retten.[340] So wird darauf hingewiesen, daß eine der beiden Voraussetzungen der „Parmenides"-Kritik im „Timaios" fehle: Ein Prädikat, z.B. ‚Feuer', wäre nicht mehr ein Prädikat eines sinnlichen Dinges, sondern Prädikat eines logischen Subjekts, nämlich des Raumes oder eines Teils des Raumes. Im „Timaios" könnte auf diese Weise die implizite Annahme des „Parmenides", die sinnlichen Dinge seien die ontologischen Subjekte der Bestimmungen, vermieden werden; diese Subjekte wären nicht substantielle konkrete Entitäten, sondern qualitative allgemeine Entitäten.[341] Um diese Interpretation zu stützen, wird eine hier einschlägige Stelle im „Timaios" (49C-50B) anders als üblich übersetzt.[342]

---

[337] D. Keyt (1971), The Mad Craftsman of the Timaeus, Philosophical Review 80, 230-235; R. Patterson (1981), 105.

[338] J. J. Coulton (1977), Ancient Greek Architects at Work, 55.

[339] Dazu auch S. M. Cohen/D. Keyt (1992), Analysing Plato's Arguments: Plato and Platonism, in: J. C. Klagge/N. D. Smith (Hrsg.) (1992), 197-199.

[340] R. M. Hare (1990), 43.

[341] R. Ferber (1997), Why Did Plato Maintain the „Theory of Ideas" in the Timaeus?, in: T. Calvo/L. Brisson (Hrsg.) (1997), 182-183. Vgl. W. Mesch (1997), Die ontologische Bedeutung der Zeit in Platons Timaios, in: T. Calvo/L. Brisson (Hrsg.) (1997), 228, Anm. 2; E. Ostenfeld (1997), 175-176.

[342] H. F. Cherniss (1977a), A Much Misread Passage of the Timaeus (Timaeus 49c7-50b5), [1954] in: ders. (1977b), Selected Papers, hrsg. v. L. Taran, 346-363; E. N. Lee (1966), 341-368; ders. (1967), On Plato's Timaeus 49d4-e7, American Journal of Philology 88, 1-28; ders. (1971), On the „gold example" in Plato's Timaeus (50a5-b5), in: J. P. Anton/G. L. Kustas (Hrsg.) (1971), 219-235; K. W. Mills (1968), 145-170; N. H. Reed (1972), Platon on Flux,

Nach der traditionellen Übersetzung ist z.B. Feuer nicht ein ‚Dieses', sondern ein ‚Derartiges'.[343] Die neue Übersetzung vertauscht das Subjekt und das Prädikat des Satzes: ‚Dieses' ist nicht Feuer, sondern ‚Derartiges' ist Feuer. Nach dieser Interpretation darf das individuelle Ding nicht mit dem Prädikat ‚Feuer' bezeichnet werden. Hier soll die allgemeine Eigenschaft, die als ‚das Derartige' bezeichnet werde, das Abbild der Idee sein (Tim. 52A). Das individuelle Ding, nämlich – Aristotelisch formuliert – das ‚dies da', ist nichts Beständiges, weil es stets im Wandel begriffen sei. In diesem Fall gilt die Kritik des „Parmenides" für den „Timaios" nicht, weil man keinen höheren Gesichtspunkt zu suchen braucht, um einen gemeinsamen Grund der Anwendung eines Prädikats auf die beiden Bereiche zu finden: Das Subjekt soll nur eine allgemeine Eigenschaft sein.

3.4 Das individuelle Ding als Subjekt der Bezeichnung

Die beschriebene Interpretation stößt auf viele Einwände derjenigen Platon-Interpreten, die die traditionelle Übersetzung der betreffenden Stelle (Tim. 49D-50A) vertreten: Sie suchen zu zeigen, daß das individuelle sinnliche Ding Gegenstand (Subjekt) einer Prädikation, z.B. ... ist Feuer, ist.[344]

Beide Versionen stimmen darin überein, daß sich der umstrittene Abschnitt grammatisch korrekt auf beide Weisen übersetzen läßt und die Entscheidung, welche Übersetzung man wählt, abhängig ist von dem gesamten Kontext der Interpretation der Erkenntnistheorie und der Kosmologie Platons.[345] Dabei

---

Perception and Language, Proceedings of the Cambridge Philological Society 18, 65-77; J. Derbolav (1972a), Platons Sprachphilosophie im Kratylos und in den späteren Schriften, 145-146, 184, Anm. 19, 215, Anm. 9; J. Driscoll (1979), The Platonic Ancestry of Primary Substance, Phronesis 24, 257; J. S. Zembaty (1983), Plato's Timaeus: Mass Terms, Sortal Terms, and Identity through Time in the Phenomenal World, in: F. J. Pelletier/J. King-Farlow (Hrsg.) (1983), New Essays on Plato, Canadian Journal of Philosophy Supplementary 9, 101-122; A. Silverman (1992), Timaean Particulars, Classical Quarterly 42, 87-113; D. Thiel (1995), 218; M. v. Perger (1997), 130-131, Anm. 54, 55.

[343] Tim. 49D: mê touto alla to toiouton hekastate prosagoreuein pyr.

[344] N. Gulley (1960), The Interpretation of Plato's Timaeus 49d-e, American Journal of Philology 81, 53-64; ders. (1962), Plato's Theory of Understanding, 132-146; R. S. Cherry (1967), Timaeus 49c7-50b5, Apeiron 2, 1-11; D. J. Zeyl (1975), Plato and Talk of a World in Flux: Timaeus 40a6-50b5, Harvard Studies in Classical Philology 79, 125-148; R. Marten (1975), Platons Theorie der Idee, 182; W. J. Prior (1985), 109; R. D. Mohr (1985), 85-98; S. K. Strange (1987), The Double Explanation in the Timaeus, Ancient Philosophy 5, 23-39; M. L. Gill (1987), 34-53; M. M. McCabe (1994), Plato's Individuals, 179, Anm. 26, 180; R. Heinaman (1997), Plato: Metaphysics and Epistemology, in: G. H. R. Parkinson/S. G. Shanker (Hrsg.) (1997) Routledge History of Philosophy I: From the Beginning to Plato, 361. Siehe L. Brisson (1974), der die Ansätze beider Übersetzungen (nämlich auf der einen Seite Cherniss und Lee und auf der anderen Seite Gulley) ausführlich und kritisch zusammenfaßt (178-197).

[345] M. L. Gill (1987), 36; A. Silverman (1992), 89; D. P. Hunt (1998), The ‚Problem of Fire': Referring to Phenomena in Plato's Timaeus, Ancient Philosophy 18, 70-71. Der Kernpunkt dieser Debatte liegt in der Antwort auf die Frage, ob Platon den Heraklitismus im „Theaite-

überwiegt in der Platon-Forschung die traditionelle Übersetzung. Auch hier soll von ihr ausgegangen werden.

Ein wichtiger Einwand gegen die alternative Übersetzung ist, daß es nach der Interpretation z.B. von Cherniss vier Entitäten in der Kosmologie Platons geben müßte (die Idee, den Raum, die allgemeine Eigenschaft und das individuelle Ding), während Platon drei Entitäten anführt (die Idee, den Raum und das Werden).[346] Um diese Schwierigkeit zu überwinden, suchen einige Platon-Interpreten, die die alternative Übersetzung vertreten, zu zeigen, daß auch nach dieser Übersetzung drei Entitäten möglich sind. Mills z.B. versteht unter einer allgemeinen Eigenschaft nicht das Abbild einer Idee, sondern die Idee selbst; es gäbe dann wiederum drei Entitäten: die Idee, den Raum und das individuelle Ding.[347] Das scheint zu bedeuten, daß die Idee im „Timaios" nicht transzendent ist, weil eine transzendente Idee nicht in den Raum eintreten kann (Tim. 52C-D). Die Idee im „Timaios" ist aber transzendent, weshalb z.B. Owen den „Timaios" vor den ‚kritischen' Dialogen zu datieren sucht.[348]

Silverman versucht auf eine andere Weise die Zahl der Grundentitäten der Kosmologie Platons auf drei zu reduzieren: die Phänomene seien ein Resultat des Teilraumes und der immanenten Eigenschaften. Auf diese Weise habe das individuelle Ding kein selbständiges Wesen und könne schon deswegen keine

---

tos", nach dem dem individuellen Ding keine Bezeichnung bzw. kein Name zukommt, auch im „Timaios" beibehält oder nicht. Nach denjenigen Interpreten, die die Einheit des Platonischen Denkens vertreten, tritt der Heraklitismus auch im „Timaios" auf: Das logische Subjekt, z.B. ‚Feuer', ist kein individuelles Ding, sondern eine reine Eigenschaft (Tim. 49E). Es ist aber umstritten, ob der Heraklitismus im „Theaitetos" Platons Konzeption ist. Vertritt Platon den Heraklitismus selbst nicht, ist die Einheit seines Denkens gewahrt. Nach J. M. Day (1997) (Perception in Theaetetus 152-183, Oxford Studies in Ancient Philosophy 15, 59-60) steht die Theorie der sinnlichen Dinge im „Theaitetos" (157B) in Zusammenhang mit einer von Platon selbst abgelehnten Theorie der Veränderung der sinnlichen Dinge. Vgl. N. Gulley (1960), 63-64; T. H. Irwin (1977), Plato's Heracleiteanism, Philosophical Quarterly 27, 3-5. – Hier soll das Problem aus einem anderen Gesichtspunkt betrachtet werden, nämlich im Sinne einer Antwort auf die Kritik an der Ideenlehre. Wenn man das einzelne sinnliche Ding als logisches Subjekt versteht, läßt im „Timaios" das Problem der Selbstprädikation der Idee im „Parmenides" keine Lösung zu. Wenn hingegen eine allgemeine Eigenschaft bzw. die Idee das logische Subjekt ist, gibt es kein Problem mehr.

[346] K. W. Mills (1968), 154. Vgl. J.-M. Narbonne (1997a), Le Réceptacle Platonicien. Nature, Fonction, Contenu, Dialogue, Canadian Philosophical Review 36, 267-269. Narbonne akzeptiert vier Entitäten und versucht das Verhältnis der allgemeinen Eigenschaften zum individuellen Ding dadurch zu erklären, daß er zwischen Zuständen der Dinge nach und vor der Intervention des Demiurgen unterscheidet.

[347] K. W. Mills (1968), 154. W. J. Prior (1985) sucht dieses Problem dadurch zu vermeiden, daß er behauptet, daß Platon meistens die Unterscheidung zwischen phänomenalen Charakteristika und ihren Instanzen ignoriere, obwohl er eine entsprechende Unterscheidung treffe (110).

[348] Platon-Interpreten, die die alternative Übersetzung vertreten, stimmen immerhin mit Owen darin überein, daß die Kritik gegen die Ideenlehre im „Parmenides" ernst genommen werden muß.

Grundidentität der Kosmologie Platons sein. Dabei zieht Silverman eine Bemerkung Platons heran, nach der ein Element, verglichen mit sprachlichen Entitäten, nicht den Status einer Silbe besitzt (Tim. 48B-C). Nach Platon kann nur ein Unwissender die Grundentitäten mit Silben vergleichen. In diesem Sinne gelte Platons Kritik denjenigen, die das individuelle Ding als eine Zusammensetzung zweier Faktoren, nämlich des Raumes und einer immanenten Eigenschaft, verstehen.[349]

Obwohl Silverman die Grundentitäten der Kosmologie Platons auf drei zu reduzieren sucht, geht er tatsächlich von vier Entitäten aus. Dabei wird zudem von ihm übersehen, daß es nach seiner Interpretation eigentlich nur zwei Grundentitäten geben kann, weil das Werden bzw. das Abbild der Idee nicht etwas Selbständiges, sondern etwas Abhängiges, abhängig von den Ideen und dem Raum, ist: Das Werden ist ein Sprößling, dessen Vater die Idee und dessen Mutter der Raum ist (Tim. 50D); der Raum und die Idee sind das Seiende (Tim. 49E, 51A). Das Abbild der Idee ist abhängig von der Idee und abhängig vom Raum (Tim. 52C). Nun bezeichnet Platon das Werden aber als eine Grundentität seiner Kosmologie (Tim. 50C-D, 52D). Das läßt darauf schließen, daß die Reduzierbarkeit eines Elements keine hinreichende Bedingung dafür ist, daß es keine Grundentität der Kosmologie Platons sein kann.

3.5 *Eine mögliche Lösung*

Einige Platon-Interpreten behaupten, daß die im „Parmenides“ aufgewiesenen Schwierigkeiten der Ideenlehre keinen Einwand gegen die Ideenlehre begründen, sondern eine Aporie, die es zu lösen gilt.[350] Dieser Behauptung nach kennt Platon seine Schwierigkeiten schon in der „Politeia“.[351] Hier wird jedoch deutlich, daß der Verzicht auf die Annahme von Ideen bedeuten würde, daß auch die Gegenstände des Denkens und die Rede über diese Gegenstände nicht mehr möglich wären (Parm. 135B-D). Dies zeigt, daß die Ideenkritik selbst die Existenz der Ideen voraussetzt.[352] Außerdem existieren die Schwierigkeiten der Ideenlehre im „Parmenides“ nur für diejenigen, die wie der junge Sokrates in logischen Dingen noch ungeübt sind und deshalb annehmen, daß die sinnlichen Dinge sub-

---

349 A. Silverman (1992), 92.

350 R. K. Sprague (1993), Some Platonic Recollections, in: G. A. Press (Hrsg.) (1993), 254, Anm. 11; L. Brisson (1994), 31.

351 Pol. 532D. Vorher spricht Platon davon, wie sich das Verhältnis zwischen den Schatten und ihrem Urbild erklären läßt.

352 A. Graeser (1996), 148; D. P. Hunt (1997), How (Not) to Exempt Platonic Forms from Parmenides' Third Man, Phronesis 42, 15. Hunt faßt die Ideenkritik im „Parmenides“ nicht als Kritik gegen die Annahme von Ideen auf, sondern als Kritik der Gründe, die für eine solche Annahme angeführt werden (13). Vgl. K. M. Sayre (1998), The Role of the Timaeus in the Development of Plato's Late Ontology, Ancient Philosophy 18, 102.

stantielle Entitäten sind.[353] Mit logischen Mitteln lassen sich diese Schwierigkeiten überwinden.[354] Schließlich macht Platon durch den Ausdruck ‚Wir' im letzten Argument des „Parmenides" deutlich, daß Parmenides nicht Gegner des Sokrates, sondern sein Freund ist (Parm. 133B).[355]

Andere Interpreten erkennen die Lösung dieser Schwierigkeiten schon im „Parmenides" selbst. So sind nach Gill und Ryan die Ideen im „Parmenides" nicht transzendent, sondern immanent.[356] Das ist allerdings eine sehr problematische Annahme. Meinwald hat wohl recht, wenn er meint, daß im „Parmenides" eine Unterscheidung zwischen pros-heauto-Prädikaten (bzw. Identitätsaussagen) und pros-ta-alla-Prädikaten (bzw. Attributionen) zu machen sei. Wenn diese Unterscheidung beachtet werde, entfalle ein unendlicher Regress.[357]

3.6 Die Lösung im „Timaios"

3.6.1 Teilhabe und Bezeichnung

Kehren wir zur Frage, wie sich die vier Elemente als ‚Derartiges' bezeichnen lassen, zurück. Hier soll gefragt werden, in welchem Sinne die vier Elemente dieselben Bezeichnungen wie die Ideen tragen, obwohl sie anders als die Ideen sind. Um diese Frage zu beantworten, muß das Verhältnis von Urbild und Abbild im „Timaios" betrachtet werden. Nach Platons Konzeption hat das Abbild an seinem Urbild teil.[358] Diese Teilhabe (methexis) des sinnlichen Dinges an seiner Idee läßt sich als Grund für die gleiche Bezeichnung ansehen (Tim. 69B).

Wie ist es möglich, daß das sinnliche Ding an seiner Idee teilhat und beide dieselbe Bezeichnung tragen? Um diese Frage zu beantworten, muß zunächst geklärt werden, was im „Timaios" Teilhabe des sinnlichen Dinges an seiner Idee bedeutet.[359] Dies läßt sich wie folgt verstehen: Daß A an p teilhat, bedeutet, daß

---

[353] R. E. Allen (1983), Plato's Parmenides: Translation and Analysis, 127. Allen führt noch eine weitere Stelle im „Philebos" (15B-C) dafür an, daß das Dilemma des „Parmenides" eine lösbare Aporie sei.

[354] S. Waterlow (1982), The Third Man's Contribution to Plato's Paradigmatism, Mind 91, 343; R. E. Allen (1983), 186; C. Tejera (1995), The Dialogical Composition of Plato's Parmenides, in: F. J. Gonzalez (Hrsg.) (1995), The Third Way: New Directions in Platonic Studies, 215-216.

[355] K. Dorter (1989), The Theory of Forms and Parmenides I, in: J. Anton/A. Preus (Hrsg.) (1989), Essays in Ancient Greek Philosophy III: Plato, 199-200; ders. (1994), 199-200. Dorter macht darauf aufmerksam, daß Platon im „Timaios" die Ideenlehre wie selbstverständlich verwende und erkennbar sei, daß er für aufgetretene Schwierigkeiten nach Lösungen sucht.

[356] M. L. Gill/P. Ryan (1996), Plato: Parmenides, 31, Anm. 44, 133, Anm. 10.

[357] C. C. Meinwald (1991), Plato's Parmenides, 155-157.

[358] Tim. 44D, 47C, 69B, 77B.

[359] Nach einigen Interpreten tritt der Begriff der Teilhabe eines Dinges an seiner Idee im „Timaios" nicht auf; so Archer-Hind (Hrsg.) (1888), 171, 182; N. Fujisawa (1974), Echein, Metechein, and Idioms of „Paradigmatism" in Plato's Theory of Form, Phronesis 19, 42, 47; C. H. Kahn (1996), Plato and the Socratic Dialogue: The Philosophical Use of a Literary Form, 351,

ein Ding A eine Eigenschaft p hat und daß diese Eigenschaft auch unabhängig von dem Ding A eine definierte Bedeutung besitzt. Die Eigenschaft p gilt ,in Bezug auf sich selbst'. Das macht auch verständlich, warum Platon sagt, daß die menschliche Vernunft an den Kreisläufen der Vernunft am Himmel teilhaben könne (Tim. 47C, vgl. 51E). Die Vernünftigkeit der menschlichen Vernunft ist nicht Teil der menschlichen Vernunft, sondern Teil der Vernunft überhaupt. Die Vernunft ,am Himmel' bleibt immer dieselbe, während sich die menschliche Vernunft auch in Unvernunft verkehren kann (Tim. 43B, 73A).

3.6.2 Der schwierige Begriff der Teilhabe

Ist damit die Frage nach dem Verhältnis von (sinnlichem) Ding und Idee beantwortet? Tatsächlich scheint sie Platon, insbesondere im Blick auf ihre kritische Behandlung im „Parmenides" (130E-131E), selbst nicht zu beantworten.[360] Vielleicht vermutete er sogar, daß dieses Problem unlösbar ist.[361] Hier scheint es nach Platon überhaupt nur zwei Möglichkeiten zu geben: Entweder müßte die Idee als ein und dieselbe an vielen Stellen gleichzeitig sein, oder sie müßte ,geteilt' werden (Parm. 131B). Keine dieser beiden Möglichkeiten, die im übrigen auf der Voraussetzung zu beruhen scheinen, daß die Idee so etwas wie ein materielles Ding ist[362], kommt aber in Betracht: Wenn die Idee an vielen Stelle zugleich wäre, handelte es sich nicht um eine Idee, sondern um viele Ideen. Dies aber widerspricht der Definition der Idee. Auch daß die Idee ,geteilt' werden könnte, macht keinen Sinn, weil die Idee per definitionem unteilbar ist.

Die einzige Möglichkeit, Platons Vorstellung einer Teilhabe sinnlicher Dinge an ihren jeweiligen Ideen zu verstehen, ist, daß die Idee als ein allgemeiner Begriff aufgefaßt wird.[363] Ein derartiger Begriff wäre entweder der Gedanke der göttlichen bzw. demiurgischen Vernunft[364] oder der der menschlichen Vernunft. Eine derartige Lösung dürfte aber nicht die Platonische sein[365], weil die Platoni-

---

358, 386. Dies trifft nicht zu. So heißt es z.B., daß sich die Dinge, die an der Idee des Lebens teilhaben, zurecht als Lebewesen bezeichnen lassen (Tim. 77B).

[360] G. M. A. Grube (1935), 34, 40; F. M. Cornford (1935), Plato's Theory of Knowledge: The Theaetetus and the Sophist of Plato. Translated with a Running Commentary, 10-11; H. Cherniss (1944), 454; L. Brisson (1994), 401.

[361] G. Martin (1973), 174.

[362] N. Fujisawa (1974), 38-39; A. Graeser (1996), 155. Für eine Übersicht über unterschiedliche Antworten darauf, was das Dilemma im „Parmenides" (131A-C) eigentlich ist, siehe T. F. Morris (1985), How Can One Form Be in Many Things?, Apeiron 19, 55.

[363] H. Jackson (1885), Plato's Later Theory of Ideas III: The Timaeus, Journal of Philology 13, 32-33; G. Martin (1973), 172. Vgl. A. Graeser (1996), 155. Für eine kurze Darstellung der Geschichte der Interpretation des Platonischen Begriffs der Teilhabe siehe L. Brisson (1994), 402-404; vgl. E. N. Ostenfeld (1997), 170.

[364] W. Lutoslawski (1897), 477.

[365] Th. H. Martin (1841a), 6-7; A. N. M. Rich (1954), The Platonic Ideas as the Thoughts of God, Mnemosyne 7, 123-133; P. O. Kristeller (1989), Die Ideen als Gedanken der menschli-

sche Idee eben keine Konstruktion bzw. kein Werk der göttlichen oder der menschlichen Vernunft, sondern das Urbild ist, im Blick auf das die göttliche oder die menschliche Vernunft die sinnliche Welt schafft: Die Platonische Idee ist transzendent (Tim. 28A, 29A).[366]

3.6.3 Teilhabe und Nachahmung

Die wirkliche, Platons Intentionen treffende Lösung des Problems der Teilhabe der sinnlichen Dinge an den Ideen dürfte im „Timaios" darin liegen, daß die göttliche[367] bzw. die menschliche Vernunft Einblick in die transzendenten Ideen besitzt. Die transzendente Idee als das Urbild des sinnlichen Dinges wird von der Vernunft für die Konstruktion der Welt ‚im Logos' benutzt. Das heißt, die Teilhabe des sinnlichen Dinges an der Idee findet im „Timaios" gewissermaßen nicht ohne die Vernunft statt.[368] In diesem Sinne bezeichnet Platon die Idee auch als etwas durch Denken Erfaßbares (noêton, Tim. 48E).[369] In diesem Zusammenhang muß auch beachtet werden, daß die Seele in den späteren Dialogen

---

chen und göttlichen Vernunft, Sitzungsberichte der Heidelberger Akademie der Wissenschaften, 7-8, 16-17.

[366] G. M. A. Grube (1935), 163; F. M. Cornford (1937), 41; J. Mittelstraß (1962), 6; G. Patzig (1970), Platons Ideenlehre, kritisch betrachtet, Antike und Abendland 16, 113; R. H. Weingartner (1973), 180-182; R. M. Hare (1990), 57; C. J. Rowe (1984), 61; J. P. Kenney (1991), 17-21; L. Brisson (1994), 404; C. H. Kahn (1996), 349, 358. Vgl. G. Martin (1973), 173. Ein Vorschlag Weingartners bezogen auf die Schwierigkeiten des Ideenbegriffes im „Timaios" ist, daß Platon keine einheitliche Konzeption der Idee in den späteren Dialogen habe: Ideen als Begriffe treten in den analytischen. Dialogen wie im „Sophistes" auf, Ideen als Paradigmata in der Kosmologie des „Timaios" (R. H. Weingartner (1973), 200-201). Vgl. L. M. de Rijk (1977), On Ancient and Mediaeval Semantics and Metaphysics, Vivarium 15, 81-110.

[367] H. Morin (1965), Der Begriff des Lebens im „Timaios" Platons unter Berücksichtigung seiner früheren Philosophie, 142, Anm. 8.

[368] Vgl. J. M. Rist (1982), 24-25; J. P. Kenney (1991), 16; S. Menn (1995), 10. Siehe T. Ebert (1974), Meinung und Wissen in der Philosophie Platons, 18. Ebert faßt nach Aristoteles die Idee als hypostasierten Allgemeinbegriff auf (6); K. Baier (1981), 3. Vgl. R. M. Hare (1990), 56; E. Anscombe (1993), The Origin of Plato's Theory of Forms, in: R. W. Sharples (Hrsg.) (1993), Modern Thinkers and Ancient Thinkers, 97; H. Buchner (Hrsg.) (1994), F. W. J. Schelling, „Timaeus" (1794). Mit einem Beitrag von Hermann Knings: Genesis und Materie – Zur Bedeutung der „Timaeus"– Handschrift für Schellings Naturphilosophie, 31; anders H. Cherniss (1944), 453-454; H. Gauss (1961), 24. Es ist bemerkenswert, daß sich Platon in Tim. 51Bf. gegen den Materialismus, nicht gegen den Konzeptionalismus richtet. Er scheint den Konzeptionalismus allerdings als Alternative auszuschließen, weil die Inhalte des Gedankens, einer Form des Logos, nichts anderes als die transzendenten Ideen sind. Die Erklärung und deren Gegenstände sind dasselbe (Tim. 29B). Vgl. G. E. R. Lloyd (1966), 133.

[369] Hier darf der transzendente Aspekt der Idee nicht übersehen werden; diese wird hier als etwas immer sich gleich Verhaltendes (aei kata tauta on) bezeichnet. Vgl. G. Martin (1973), 233.

Platons, auch im „Timaios", eine wichtige Rolle spielt.[370] Die Idee ist zumindest in den späten Dialogen nicht dynamisch, sondern statisch.[371] Obwohl die Idee transzendent ist, spielt sie die Rolle als Begriff, den die Vernunft im Blick auf das transzendente Seiende gewinnt und unter dem die sinnlichen Dinge stehen.[372] In diesem Sinne läßt sich verstehen, warum Vernunft (nous) unabhängig von der Meinung ‚entsteht' (gegonaton, Tim. 51E): Die Begriffe entstehen aus den transzendenten Ideen, die ‚ungeworden' (agenêton, Tim. 52A) sind. Wenn man die Ideen als die Gedanken Gottes – so die im Mittelplatonismus verbreitete Auffassung – verstehen will, müßte man von zwei verschiedenen Göttern ausgehen, was im „Timaios" nicht der Fall ist.[373]

Im Gegensatz dazu steht Brissons Vorstellung, wonach der Demiurg derjenige ist, der die ursprünglich unvollkommene Teilhabe der sinnlichen Dinge an den Ideen vollkommen macht.[374] Vor der Intervention des Demiurgen wäre die Teilhabe bereits gegeben[375]: Es gibt ‚Spuren' der vier Elemente vor der Konstruktion der Welt (Tim. 53B). Dieser Vorstellung nach verhält sich der Demiurg im Zusammenhang mit der Teilhabe des sinnlichen Dinges an seiner Idee passiv: Er soll die Naturordnung finden, die bereits in den sinnlichen Dingen verborgen existiert und von der menschlichen Vernunft entdeckt werden könne. Nach dieser Auffassung gäbe es die Elemente bereits vor der Konstruktion des Demiurgen, während ihr tatsächlicher Zustand doch ein vom Demiurgen geordneter ist.[376]

Dagegen läßt sich anführen, daß nach Platons Vorstellung das sinnliche Ding, das an der Idee teilhat, deren Abbild ist. Wenn die ‚Spuren' der Elemente ein Resultat der Teilhabe, nämlich Abbilder der Ideen wären[377], sollten sie sich

---

[370] Vgl. H. Morin (1965), 31-32; G. Vlastos (1975), 31. Nach beider Auffassung besitzt die Seele einen Kontakt mit den Ideen im vernünftigen Denken, dessen Gegenstände eben die Ideen sind. Anders G. M. A. Grube (1935), 34-35.

[371] H. Cherniss (1944), 452-453.

[372] Vgl. W. J. Prior (1985), 96-98; J. Laurent (1996), L'Unicité du Monde selon Platon, in: P.-M. Morel (Hrsg.) (1996), Platon et l'Objet de la Science, 52: „Wir lieben die Ideen, aber die Ideen lieben uns nicht." Hier sieht M. Landmann (1966) (Die Weltschöpfung im Timaios und in der Genesis, Antaios 7, 480-481) eine Verschmelzung der Ideenlehre mit der Theologie.

[373] Vg. K. Alt (1997), Hippolytos als Referent Platonischer Lehre, Jahrbuch für Antike und Christentum 40, 84.

[374] D. Ross (1951), 238; D. Keyt (1961), Aristotle on Plato's Receptacle, American Journal of Philology 82, 298; L. Brisson (1974), 401; R. D. Mohr (1985), 94, Anm. 12; C. Joubaud (1991), Le Corps Humain dans la Philosophie Platonicienne. Étude à Partir du Timée, 36-37. Dagegen J. Kung (1988), 172.

[375] M. L. Gill (1987), 47; M. Baltes (1996b), Idee (Ideenlehre), in: E. Dassmann (Hrsg.) (1996), Reallexikon für Antike und Christentum 17, 217. Zum Dilemma dieser Interpretation siehe L. P. Gerson (1996), 45-46. Gerson behauptet, daß es keine Idee für die Spuren der Elemente, die nach ihm die Qualitäten sind, vor der Intervention des Demiurgen gebe (46-57). So auch K. M. Sayre (1998), 111, Anm. 31. Beide gehen davon aus, daß die Tätigkeit des Demiurgen nur eine mathematische ist. Das ist aber nicht der Fall. Dazu später mehr.

[376] R. D. Mohr (1985), 108-112; ders. (1989), 294.

[377] R. D. Mohr (1989), 296.

z.B. schon als Feuer bezeichnen lassen, weil es ja eine wesentliche Bestimmung des Abbildes ist, daß es dieselbe Bezeichnung trägt wie seine Idee (Tim. 52A). Das ist aber nicht der Fall. Einer der wichtigsten Unterschiede zwischen den Elementen und ihren ‚Spuren' liegt darin, daß sich ein Element z.B. als Feuer bezeichnen läßt, während dies für seine ‚Spuren' nach Platon nicht gilt (Tim. 69B).[378]

Eine solche Auffassung scheint auf der Annahme zu beruhen, daß der Demiurg in der Erklärung der geometrischen Konstitution der Elemente nicht auftritt[379], und daß sich zwischen der Phase der Konstruktion der Elemente und der Phase der Intervention des Demiurgen unterscheiden läßt. Wenn die hier vertretene These, daß der Demiurg eine Metapher für die menschliche Vernunft ist, richtig ist, macht diese Annahme aber keinen Sinn. Tatsächlich verwendet Platon im „Timaios" für die Erklärung des Verhältnisses des sinnlichen Dinges zu seiner Idee den Begriff der Nachahmung (mimêsis) bzw. des Herstellens (poiêsis) häufiger als den Begriff der Teilhabe.[380] Dabei gibt es einen Unterschied zwischen dem Begriff der Teilhabe und dem der Nachahmung: Der Begriff der Nachahmung setzt einen vermittelnden Dritten bzw. Agenten voraus, der Begriff der Teilhabe nicht.[381] Im „Timaios" ist etwas anderes der Fall. Hier soll der Demiurg als derjenige eingeführt werden, der die Nachahmung der Idee durch das sinnliche Ding bewirkt. So sollen die Menschen an den himmlischen vernünftigen Kreisläufen teilhaben. An der gleichen Stelle heißt es, daß die Menschen die Kreisläufe des Gottes, die ohne Fehler sind, nachahmen sollten (Tim. 47C). Dies macht deutlich, daß Platon ‚Teilhabe' im „Timaios" als ein Synonym für ‚Nachahmung' betrachtet. In diesem Sinne wird das sinnliche Ding als Abbild eines

---

[378] Im nächsten Kapitel wird gezeigt, daß sich die Rede von ‚Spuren' nur aus einem geometrischen Gesichtspunkt legitimieren läßt.

[379] R. D. Mohr (1985), 108.

[380] C. H. Kahn (1996) behauptet, daß Platon nach dem „Parmenides" den Begriff der Teilhabe durch den Begriff der Nachahmung ersetzt (xvi, 351, 358, 386-387). Siehe auch R. D. Archer-Hind (Hrsg.) (1888), 171; N. Fujisawa (1974), 46; W. K. C. Guthrie (1975), 267; D. T. Devereux (1994), Separation and Immanence in Plato's Theory of Forms, Oxford Studies in Ancient Philosophy 12, 88, Anm. 53; R. Ferber (1997), 183; ders. (1998), „Auf diese Weise nun gebe ich selbst meine Stimme ab". Eine Bemerkung zu Platons später Ideenlehre unter besonderer Berücksichtigung des „Timaios", Gymnasium 105, 429, 432. Tatsächlich läßt sich der Begriff der Teilhabe im „Timaios" im Sinne der Nachahmung bzw. des Machens interpretieren. M. Kardaun (1993), Der Mimesisbegriff in der griechischen Antike, 49. J. E. Moncada (1994) scheint die Bedeutung der Unterscheidung zwischen Nachahmung und Teilhabe an dieser Stelle nicht zu bemerken (72). T. Ebert (1994) (Sokrates als Pythagoreer und die Anamnesis in Platons Phaidon, 86, Anm. 75) verbindet den Begriff der Nachahmung im „Timaios" mit der Pythagoreischen Wissenschaft. S. Margel (1995) unterscheidet zwischen poiêsis und mimêsis und betrachtet poiêsis nur unter ontologischen Gesichtspunkten (80, 89).

[381] Im „Timaios" ist Nachahmung ein Synonym für Machen (poiêsis), das einen Poiêtês voraussetzt (Tim. 19D). Vgl. C. E. Huber (1964), 153.

Urbildes (mimêma paradeigmatos) bezeichnet, während die Idee als Form des Urbildes (paradeigmatos eidos) bezeichnet wird (Tim. 48E).[382]

3.6.4 Nachahmung und Bezeichnung

In diesem Zusammenhang ist Lees Behauptung, daß es eine Ähnlichkeit zwischen dem „Parmenides" und dem „Timaios" gebe, interessant: In beiden Dialogen verwendet Platon eine ‚Insofern'(kath' hoson)-Struktur. Durch die ‚Insofern'-Formulierung ersetzt Platon im „Parmenides" (132D) den dynamischen Aspekt der Situation durch einen Aspekt der Ruhe (stasis): Über sinnliche Dinge sprechen zu können, insofern sie den Ideen ähnlich sind, erscheint unmöglich. Erst im „Timaios" werde klar, daß Teilräume sinnliche Dinge zu sein scheinen, insofern sie die Abbilder der Ideen aufnehmen.[383] Die ‚Insofern'-Formulierung läßt sich allerdings auch wie folgt umformulieren: ‚Insofern der Demiurg die sinnlichen Dinge nach den Ideen konstruiert, ...'. Hiernach muß im „Timaios" ein symmetrisches Verhältnis der Ähnlichkeit zwischen Ideen und sinnlichen Dingen nicht vorausgesetzt werden, weil Nachahmung eine zielgerichtete Tätigkeit des Demiurgen bzw. der menschlichen Vernunft ist.[384]

In diesem Zusammenhang läßt sich auch die Frage beantworten, warum das sinnliche Ding dieselbe Bezeichnung trägt wie seine Idee. Obwohl auf ein sinnliches Ding, das ein Abbild einer Idee ist, ein Begriff nicht perfekt zutrifft, versteht die menschliche Vernunft, die die Idee schaut, ein sinnliches Ding unter einem bestimmten Begriff, z.B. unter dem Begriff des Feuers, weil das sinnliche Ding eine Ähnlichkeit mit seiner Idee aufweist (Tim. 52A). Diese Ähnlichkeit (Tim. 52A) ist nicht ontologisch, sondern erkenntnistheoretisch zu verstehen.

In dieser Weise wird klar, warum Platon im „Timaios" die Schatten-Substanz-Metapher benutzt.[385] Die Ideen und die sinnlichen Dinge haben nicht denselben Status. Die Bezeichnung der sinnlichen Dinge ist deshalb auch nicht wesentlich bzw. exakt, sondern kontingent bzw. wahrscheinlich.[386] Sie besteht in einer hypothetischen Anwendung der Bezeichnung der Ideen auf die sinnlichen Dinge. In diesem Sinne sind die sinnlichen Dinge stets Abbilder der Ideen, wo-

---

[382] Vgl. Tim. 30E, 50C, 51B. Fujisawa (1974) (48, Anm. 118) kritisiert Zeller (1963) (379) und Shorey (1889) (The Timaeus of Plato, American Journal of Philology 10, 66) darin, daß sie eine Stelle des „Timaios" (51B) als Evidenz für die Teilhabe des sinnlichen Dinges an der Idee verstehen. Dafür gibt es allerdings keinen Grund. C. H. Kahn (1996) versteht diese Stelle als eine Metapher (351, Anm. 29); vgl. G. M. A. Grube (1935), 35.

[383] E. N. Lee (1973b), The Second 'Third Man': An Interpretation, in: J. M. E. Moravcsik (Hrsg.) (1973), Patterns in Plato's Thought, 115-116, 121, Anm. 28.

[384] Vgl. L. P. Gerson (1996), 40.

[385] C. Gaudin (1990), Platon et l'Alphabet, 244.

[386] S. Waterlow (1982), 343-351; M. L. McPherran (1988), Plato's Particulars, Southern Journal of Philosophy 26, 537. Vgl. G. Fine (1992), Aristotle's Criticism of Plato, in: J. C. Klagge/N. D. Smith (Hrsg.) (1992), 34, 39.

gegen die Ideen nicht immer Urbilder der sinnlichen Dinge sein müssen.[387] Das Verhältnis der Ideen zu den sinnlichen Dingen ist also asymmetrisch. Da das Argument eines regressus ad infinitum in diesem Falle darin besteht, daß die Prädikate der Ideen und der sinnlichen Dinge auf der gleichen Ebene angesiedelt sind, läßt sich der Kritik des „Parmenides" im „Timaios" begegnen.

Dagegen ließe sich einwenden, daß die Vorstellung einer asymmetrischen Ähnlichkeit problematisch ist, weil der Begriff der Ähnlichkeit symmetrische Verhältnisse voraussetze: Daß A B ähnlich ist, impliziere immer, daß B A ähnlich ist.[388] Das ist aber nicht der Fall. Die Aussagen über Ähnlichkeit, bezogen auf die sinnlichen Dinge, sind keine kategorischen, sondern hypothetische Aussagen. Platon behauptet im „Timaios" nicht, daß die sinnlichen Dinge tatsächlich den Ideen ähnlich und deshalb tatsächlich mit den Ideen ‚gleichnamig' sind, sondern nur, daß sie sich mit denselben ‚Namen' wie die Ideen bezeichnen lassen, wenn sie als Abbilder der Ideen betrachtet werden. In diesem Zusammenhang könnte die Unterscheidung zwischen Ideen und sinnlichen Dingen der Unterscheidung zwischen Identitätsaussagen und Prädikationen[389] auf der sprachlichen Ebene korrespondieren. Hier muß jedoch betont werden, daß die Prädikation nicht eine ontologische, sondern eine erkenntnistheoretische (hypothetische) ist.

In diesem Sinne hat Hunt recht, wenn er zwischen einem Prädikat de dicto und einem Prädikat de re unterscheidet [390]: Das individuelle Ding kann zwar ein Prädikat de dicto haben, aber kein Prädikat de re. Das heißt, daß ein Prädikat, z.B. ‚Feuer', für ein einzelnes sinnliches Ding zwar zutrifft, daß es aber keine Information über das Wesen dieses Dinges enthält. Die Schwierigkeit einer ‚absoluten' Bezeichnung eines individuellen Dinges rührt daher, daß es sich ständig verändert. Das individuelle Ding wird dadurch ‚benannt', daß es die Vernunft unter einem bestimmten Begriff, z.B. dem des Feuers, betrachtet.[391]

Allgemein formuliert trifft die Kritik an Platons Ideenlehre im „Parmenides" auf den „Timaios" nicht zu, insofern im „Timaios" die Bezeichnung der individuellen sinnlichen Dinge nicht eine ontologische, sondern eine (hypothetische) erkenntnistheoretische sowie eine Konstruktion des Demiurgen bzw. der

---

[387] A. E. Taylor (1937), 358; F. M. Cornford (1939), 93-95; R. E. Allen (1983), 164; C. G. Vaught (1987), Participation and Imitation in Plato's Metaphysics, in: R. M. Baird/W. F. Cooper/E. H. Duncan/S. E. Rosenbaum (Hrsg.) (1987), 30; D. Baltzly (1997), Plato and Aristotle on Relatives, Oxford Studies in Ancient Philosophy 15, 196.

[388] R.-P. Hägler (1983), Platons ‚Parmenides'. Probleme der Interpretation, Berlin/New York, 66, 68; M. Mignucci (1990), Plato's „Third Man" Argument in the Parmenides, Archiv für Geschichte der Philosophie 72, 143-181.

[389] Nach D. P. Hunt (1997) vermeidet der „Timaios" die Ideenkritik im „Parmenides" nur auf der metaphysischen Ebene, während sie auf der logischen bzw. semantischen Ebene im „Sophistes" ausgearbeitet wird (19, 20). Vgl. A. E. Allen (1983), 96-98.

[390] D. T. Hunt (1998), 71.

[391] Hunt (1998) behauptet, daß nur der Raum Prädikate de re haben kann (74). Dies ist fraglich, weil sich z.B. die Behauptung, daß der Raum heiß ist, nicht tatsächlich, sondern nur hypothetisch verstehen läßt. Nach Platons Überzeugung im „Timaios" kann man nicht wissen, ob eine solche Aussage den Tatsachen entspricht.

menschlichen Vernunft ist.[392] In diesem Zusammenhang läßt sich auch verstehen, warum Platon zu Beginn erklärt, daß eine Antwort auf die Frage, wie sich die Elemente als ein ‚Derartiges', z.B. als Feuer, bezeichnen lassen, Timaios die Möglichkeit zu einer wahrscheinlichen Rede über die Welt gibt (Tim. 49B): Wenn eine solche Bezeichnung nicht kategorisch, sondern hypothetisch ist, ist klar, daß sie eine wahrscheinliche Bezeichnung ist. Eine ontologische Bezeichnung der Elemente widerspricht der wahrscheinlichen bzw. hypothetischen Rede über die Welt im „Timaios".

[392] Vgl. M. Kardaun (1993), 27, 67; L. Brisson (1996c), Une Nouvelle Interprétation du Parménide de Platon, in: P.-M. Morel (Hrsg.) (1996), 107.

IV Die Begriffe des Werdens im „Timaios"

1 Einleitung

Da die dritte Gattung des „Timaios", nämlich der Raumbegriff, wie ausdrücklich hervorgehoben wird, schwierig ist (Tim. 51B), sich nämlich nicht direkt, sondern nur indirekt, als etwas Unbestimmtes, aber Bestimmbares erfassen läßt, ist ihre Bestimmung abhängig von den Bestimmungen derjenigen Dinge, die in den Raum treten. Der Raum selbst ist nicht für sich gegeben, sondern allein mit Bestimmungen, die eigentlich nicht seine sind (Tim. 51A). Deren Natur und ihre Wirkung (Tim. 49A, 51B) wiederum läßt sich angeben. Platon selbst spricht hier von einer Art Bastard-Schluß (Tim. 52B) in dem Sinne, daß die dritte Gattung nur durch negative Bestimmungen erfaßbar ist: Während sich die Idee ohne Rekurs auf die Wahrnehmung bestimmen läßt, ist die dritte Gattung, der Raum, durch einen derartigen Rekurs nicht bestimmbar.

2 Die Abbilder der Ideen im Raum

Zunächst ist die Frage zu beantworten, welcher Art das ist, was die dritte Gattung aufnimmt. Da Platon hier von Abbildern von Ideen spricht (Tim. 50C, 51A, 51B), läßt sich diese Frage auch als die Frage formulieren, was denn die Abbilder der Ideen im „Timaios" sind.[393] Unter denjenigen Dingen, die die dritte Gattung aufnimmt, gibt es zwei Arten von Abbildern, die sich nicht aufeinander reduzieren zu lassen scheinen. Die erste Art sind die Eigenschaften bzw. die qualitativen Bestimmungen (Tim. 50E, 52D)[394], die zweite Art die Körper (Tim. 50B).[395] Das, was in die dritte Gattung eintritt, ist ferner Gestalt (morphê, Tim. 50B, 52D) bzw. Form (eidos, Tim. 51A). Die Begriffe der Form (idea) und der Gestalt (morphê) werden dabei an einigen Stellen des „Timaios" (wie auch sonst bei Platon) synonym verwendet (Tim. 50D, 50E).[396] Der Begriff der Gattung (genos) ist neutral.[397]

---

[393] J. Driscoll (1979) versteht diese Frage als die Frage, ob die Abbilder die identisch wiederauftretenden Charakteristika, so Cherniss, sind (254). Zu dieser Frage vgl. Kapitel III.

[394] I. M. Crombie (1963) (An Examination of Plato's Doctrines II: Plato and Knowledge and Reality) erkennt nur die erste Art von Abbildern an (304).

[395] Wenn es heißt, daß die physikalischen Körper aus Gestalt und Raum zusammengesetzt sind, sind Körper hier nur im geometrischen Sinne verstanden. Vgl. R. Muth (1949), Zum Physis-Begriff bei Platon, Wiener Studien 64, 65-66.

[396] Vgl. F. M. Cornford (1937), 186, Anm. 1.

[397] Platon unterscheidet an vielen Stellen des „Timaios" nicht zwischen ‚eidos' und ‚genos': In Tim. 50E ist ‚eidos' synonym mit ‚genos'. Wenn ‚eidos' Gattung bedeutet, wird ‚genos' im Sinne von Subgattung verwendet und umgekehrt.

Die Abbilder lassen sich wiederum unter zwei Gesichtspunkten betrachten, nämlich einem quantitativen und einem qualitativen Gesichtspunkt. Der qualitative Gesichtspunkt betrifft die erste Art, der quantitative die zweite Art.

3 Qualitative und quantitative Bestimmung

Die Frage ist, wie sich die beiden Gesichtspunkte in Einklang bringen lassen. Für ihre Beantwortung gibt es drei Möglichkeiten, nämlich die, den quantitativen Gesichtspunkt auf den qualitativen Gesichtspunkt zurückzuführen, oder die, den qualitativen Gesichtspunkt auf den quantitativen Gesichtspunkt zurückzuführen, oder die, beide Gesichtspunkte getrennt voneinander zu halten. Zunächst zum Gesichtspunkt der Reduzierbarkeit.

3.1 Zur Reduktion der qualitativen auf die quantitative Bestimmung

Der Grund für den Versuch, den qualitativen Gesichtspunkt auf den quantitativen Gesichtspunkt zurückzuführen[398], liegt in der mathematischen Elementenlehre des „Timaios", in der sinnliche Eigenschaften auf mathematische Eigenschaften zurückgeführt werden, womit den mathematischen Eigenschaften eine ontologische Priorität gegeben wird.[399] Nach dieser Auffassung besteht kein wesentlicher Unterschied zwischen Platon und den Atomisten: alle qualitativen Eigenschaften wären auf quantitative Eigenschaften reduzierbar.

---

[398] E. Frank (1923), Plato und die sogenannten Pythagoreer. Ein Kapitel aus der Geschichte des griechischen Geistes, 93, 95; R. J. Mortley (1967), Primary Particles and Secondary Qualities in Plato's Timaeus, Apeiron 2, 17; R. J. Wood (1968), 427, 438; W. A. Schibels (1971), Models of Ancient Greek Philosophy, 112; L. Robin (1972), Untersuchungen über die Bedeutung und Stellung der Physik in der Philosophie Platons, in: J. Wippern (Hrsg.) (1972), Das Problem der ungeschriebenen Lehre Platons, 279-280; W. J. Prior (1985), 125, Anm. 26, 176; R. S. Brumbaugh (1989), Platonic Studies of Greek Philosophy: Forms, Arts, Gadgets, and Hemlock, 154; H. Krafft, Die Mathematisierung des Kosmos, in: K. Döring/G. Wöhrle (Hrsg.) (1992), 58; D. D. Moukanos (1987), Die Idee einer mathematischen Physik Platons, Philosophia Naturalis 24, 78-80; R. Kraut (1997), 408; E. S. Casey (1997), The Fate of Place: A Philosophical History, 40-41; W. G. Saltzer (1997), 236. N. P. White (1989), Perceptual and Objective Properties in Plato, in: T. Penner/R. Kraut (Hrsg.) (1989), Nature, Knowledge and Virtue: Essays in Memory of Joan Kung, 63-65. White behauptet, daß diese Reduktion die Ersetzung nicht-objektiver Eigenschaften durch objektive (von der Wahrnehmung unabhängige) Eigenschaften bedeutet (64). L. Brisson (1996b), 229, 238-240. L. Brisson (1974) betont die Nichtreduzierbarkeit aller Unterschiede auf quantitative Unterschiede (115). Siehe auch H. F. Cherniss (1971), The Philosophical Economy of the Theory of Ideas, in: G. Vlastos (Hrsg.) (1971a), Plato: A Collection of Critical Essays I: Metaphysics and Epistemology, 25, 26, Anm. 73. Anders P. Shorey (1928b), 358.

[399] D. J. Schulz (1966), Das Problem der Materie in Platons „Timaios", 31; R. D. Mohr (1985), 108-115; K. Gaiser (1987), 19. Anders H. J. Folse (1978), 82.

Tatsächlich versucht Platon im „Timaios", die sinnlichen Eigenschaften der Elemente und der aus ihnen zusammengesetzten Dinge auf ihre mathematischen Eigenschaften zu reduzieren: Das Feuer ist das leichteste der vier Elemente, weil es aus den wenigsten gleichartigen Teilen besteht (Tim. 56B)[400]; es ist deshalb auch das ‚schneidigste' und ‚schärfste' (Tim. 56B). Auf Grund der geometrischen Formen (Tim. 62A) des Feuers, nämlich der Feinheit der Kanten, der Schärfe der Ecken und der Kleinheit der es zusammensetzenden Urdreiecke, entsteht nach Platon (Tim. 61D-62A) die qualitative Eigenschaft der Wärme. Eine Erklärung der Empfindungen (pathêmata), etwa die der Wärme, setzt eine geometrische Erklärung voraus. Die Beweglichkeit, die Größe und die Schärfe eines Elements sind dabei abhängig von der Zahl der gleichartigen Seiten seiner Flächen (Tim. 55D-56B); diese Eigenschaften sind also mathematisch erklärbar. Auf sie lassen sich weitere Eigenschaften zurückführen, sowohl die ‚gemeinsamen', d.h. solche, die es mit dem ganzen menschlichen Körper zu tun haben, z.B. ‚warm' und ‚kalt' (Tim. 61D-62B), ‚hart' und ‚weich' (Tim. 62B-C), ‚schwer' und ‚leicht' (Tim. 62C-63E, vgl. 56A-B), ‚Schmerzen' und ‚Lust' (Tim. 63A-65B), als auch die ‚individuellen', d.h. solche, die es mit einzelnen Organen des menschlichen Körpers zu tun haben, z.B. ‚sauer' und ‚herb', ‚salzig' und ‚süß' (Tim. 65C-65E, 66C).

In diesem Sinne scheinen sich alle sinnlichen Eigenschaften auf mathematische Eigenschaften reduzieren und sich alle qualitativen Bestimmungen aus quantitativen Bestimmungen ableiten zu lassen. Die Ideenlehre wäre einer ‚Mathematisierung' unterworfen.[401] Allerdings spricht Platon z.B. stets von der Idee

---

[400] Obwohl die Schwere im „Timaios" als relative Eigenschaft bezeichnet wird (Tim. 62C-63E), scheint doch eine absolute Erklärung der Schwere gegeben zu werden, insofern die Schwere eines Elementes abhängig von der Zahl seiner gleichartigen Teile ist. Danach ist z.B. ein Teil des Feuers immer leichter als ein Teil des Wassers. Für einen Versuch, beide Erklärungen der Schwere zu harmonisieren, siehe D. O'Brien (1984), Plato: Weight and Sensation. The Two Theories of the 'Timaeus', 1984; ders. (1995), Aristotle's Theory of Movement, in: J. J. Cleary/W. C. Wians (Hrsg.) (1995), 74-75. Dagegen H. F. Cherniss (1944), 136-139, für den diese Bemerkung in Tim. 58A-B nur eine zufällige Bemerkung darstellt, deren Implikation von Platon selbst später im „Timaios" kritisch behandelt wird. F. Solmsen (1960a) und C. W. Müller (1965) (Gleiches zum Gleichen. Ein Prinzip frühgriechischen Denkens, 88, Anm. 198) folgen Cherniss. Für sie liegt die Schwierigkeit dieser Erklärung der Schwere in der Sonderstellung des Erdelements hinsichtlich seiner Zusammensetzung aus geometrischen Formen. Dadurch wird ein gemeinsamer Begriff der Schwere schwierig (280, Anm. 19). Vgl. W. Pohle (1973), Dimensional Concepts and the Interpretation of Plato's Physics, in: E. N. Lee/A. P. D. Mourelatos/R. M. Rorty (Hrsg.) (1973), 317. Platon versucht offenbar den Begriff der Schwere mit der Zahl der geometrischen Komponenten der Elemente miteinander in Beziehung zu setzen. Das ist nicht nur eine ungewöhnliche Art, das Konzept der Schwere einzuführen, sondern führt auch zu dem Problem des Verhältnisses von geometrischen und physikalischen Eigenschaften. Vgl. W. Pohle (1971), The Mathematical Foundations of Plato's Atomic Physics, Isis 62, 46; ders. (1973), 308-309, 319. S.-M. Nikolaou (1998) faßt die elementaren Dreiecke nicht als mathematische, sondern als physikalische Entitäten auf.

[401] D. J. Schulz (1966), 99.

des Feuers, nicht von der Idee des Tetraeders[402]; etwas, das die dritte Gattung aufnimmt, wird nicht als das Abbild des Tetraeders, sondern als das Abbild (der Idee) des Feuers bezeichnet (Tim. 51B).

3.2 Unterschiedliche Auffassungen der Welt im „Timaios"

In diesem Zusammenhang wird von einigen Platon-Interpreten wie Hammer-Jensen und Gadamer die Auffassung vertreten, daß die mathematischen Erklärungen der Elemente und der aus ihnen zusammengesetzten Körper mit der Platonischen Ideenlehre im „Timaios" nichts zu tun haben. Konstatiert werden im „Timaios" zwei verschiedene und gegensätzliche Auffassungen über die Welt.[403]

Die Ideenlehre tritt in einer erweiterten Form im zweiten Teil des „Timaios" (Tim. 51B-52D) wieder auf. Schulz behauptet hier, daß die Annahme, der zweite Teil des „Timaios" sei ganz anders als der erste Teil, weder wirklich begründbar noch wirklich widerlegbar sei. Dabei behauptet er, daß ein auch als Zwischenstück zu bezeichnender Teil nicht zu einem zweiten Teil gehöre, sondern nur die geometrische Erklärung des Vorausgegangenen sei[404]: Bei der Ableitung der Sinnesqualitäten „spielt die Methexis- oder Mimêsis-Analogie überhaupt keine Rolle".[405] Die geometrische Erklärung wäre insofern nicht ein selbständiges Zwischenstück, sondern ein Kernstück in dem Sinne, daß die qualitative Erklärung, die auf der Platonischen Ideenlehre beruht, schließlich auf die geometrische, nämlich quantitative Erklärung der sinnlichen Eigenschaften zurückführt.[406]

Algra wiederum wendet sich gegen die Möglichkeit, die geometrische Erklärung der sinnlichen Eigenschaften mit der Erklärung Tim. 48E-52D, die auf der Ideenlehre beruht, zu verbinden, weil Tim. 48E-52D nicht die geometrische Erklärung voraussetze, sondern allgemein das Verhältnis der Ideen zu den sinnlichen Dingen darstelle.[407] Doch gibt es zahlreiche Indizien für die Einheit der Darstellung: Die Darstellung des Timaios faßt frühere Überlegungen zusammen (Tim. 20C); es ist von einem Zusammenweben vieler Überlegungen die Rede

---

[402] Tim. 51B: Feuer an und für sich und alles übrige, über das wir reden, „an und für sich seiend" ein jedes (kath' hauta onta hekasta). Vgl. F. M. Cornford (1937), 190. Anders C. Deichmann (1893), Das Problem des Raumes in der griechischen Philosophie, 58.

[403] Vgl. I. Hammer-Jensen (1910), Platon und Demokrit, Archiv für Geschichte der Philosophie 23, 92-105, 211-229; P. Wilpert (1950), Die Elementenlehre des Platon und Demokrit, in: J. Hanslmeier (Hrsg.) (1950), Natur, Geist, Geschichte. Festschrift für Aloys Wenzl, 53; J. Zürcher (1951), Über die Abfassungszeit des „Timaios" und „Philebos", Philosophisches Jahrbuch 61, 482-483, 486-487. Anders H. G. Fackeldey (1958), Zur Einheit des Platonischen „Timaios", 83; J. Longrigg (1993), Greek Rational Medicine: Philosophy and Medicine from Alcmaeon to the Alexandrians, 120. Nach Longrigg ist die geometrische Erklärung keine Alternative, sondern eine komplementäre Erklärung zur metaphysischen Erklärung.

[404] D. J. Schulz (1966), 20.

[405] D. J. Schulz (1966), 33.

[406] D. J. Schulz (1966), 36, 94-99.

[407] K. Algra (1995), Concepts of Space in Greek Thought, Leiden/New York/Köln, 75.

(Tim. 69A), auch wird die Erklärung des Timaios metaphorisch mit einem Lebewesen verglichen (Tim. 69B).[408] Dies impliziert keine systematische Einheitlichkeit, macht aber deutlich, daß diese angestrebt wird. Die Analogie mit einem Lebewesen mag sogar auf mögliche konfligierende Erklärungen hinweisen, insofern sich z.B. die begierige Seele von Zeit zu Zeit dem Befehl der Vernunft widersetzt (Tim. 73A). In diesem Fall gibt die Seele nur unter Zwang nach. Ähnlich ließen sich andere Inkonsistenzen im „Timaios" erklären.[409] Allerdings soll häufig die spätere Erklärung eine frühere verständlicher machen (akribesteron, Tim. 44C; enargesteron, Tim 49A; saphesteron, Tim. 50A). Dies macht deutlich, daß die spätere Erklärung eine frühere nicht einfach ersetzen soll, sondern daß es darum geht, unterschiedliche Erklärungen systematisch miteinander zu verbinden.

3.3 Die Ideenlehre Platons im „Timaios"

3.3.1 Die Idee und das ideale Individuum

Ein weiterer Versuch, unterschiedliche Konzeptionen im „Timaios" zu harmonisieren, besteht darin, die Ideenlehre im „Timaios" in anderer Weise als bisher üblich aufzufassen. So versteht Mohr die Idee im „Timaios" als ein Individuum, dessen Name sich mit den logischen Eigennamen bei B. Russell identifizieren lasse.[410] Er unterscheidet dabei zwischen internen und externen Eigenschaften der Idee.[411] Unter den externen Eigenschaften gebe es sowohl diejenigen Eigenschaften, die bisher als Eigenschaften der Platonischen Idee verstanden wurden, z.B. ‚Einzigkeit', ‚Ewigkeit' und ‚Selbstidentität', als auch diejenigen Eigenschaften, die die Gegenstände des Wissens sind, z.B. ‚heiß' und ‚kalt'.[412] Nach Mohr läßt sich das Wesen bzw. die Definition einer Idee nicht durch externe Eigenschaften bestimmen. Die Frage, ob sich qualitative Erklärungen auf quantitative Erklärungen reduzieren lassen, hätte dann keine Bedeutung, weil qualitative Erklärungen und quantitative Erklärungen nur unterschiedliche Gesichtspunkte wären, unter denen die Idee betrachtet wird.

Mohr versucht seine Konzeption der Idee dadurch zu begründen, daß ‚Sein' bei Platon eine existentielle Bedeutung habe.[413] Dabei greift er auf drei Möglichkeiten zurück, das griechische Verb ‚estin' zu interpretieren: (1) als Kopula, (2)

---

[408] Nach Phaidr. 264C sollte jeder logos wie ein Lebewesen geformt werden. Vgl. R. Brague (1985), 53-83, der darzulegen versucht, daß alle Erklärungen im „Timaios" mit unterschiedlichen Organen eines Lebewesens korrespondieren.

[409] Dagegen L. Brisson (1996b), 229.

[410] R. D. Mohr (1986), Form as Individuals: Unity, Being and Cognition in Plato's Ideal Theory, Illinois Classical Studies 11, 113, 121.

[411] R. D. Mohr (1985), 43-52; ders. (1989), 295.

[412] R. D. Mohr (1989), 295.

[413] R. D. Mohr (1986), 123-124.

als Verifikation[414] oder (3) als Existenz (Beispiele: (1) Hans ist weise, (2) es ist der Fall, daß Hans weise ist, (3) Hans existiert). Nach Mohr ließe sich ‚ontôs on' als ‚wirklich existierend' interpretieren. So heißt es von der Idee: ‚ontôs esti' (Pol. 597D, Phileb. 59D, Phaidr. 247C).[415]

Damit ergeben sich aber Schwierigkeiten, zwischen Ideen als Individuen zu unterscheiden. Es gäbe nur noch einen numerischen, keinen formalen Unterschied; die Idee wäre kein wirkliches Individuum.[416] Auch wäre nach dieser Auffassung die Idee für die menschliche Vernunft unerreichbar, weil sie nur ein ‚Dies' wäre und keine distinkten wesentlichen Eigenschaften besäße.[417] Mohr wiederum nimmt an, daß sich allein numerisch zwischen Individuen unterscheiden lasse.[418]

3.3.2 Die Idee und das sinnliche Individuum

Um die dargelegten Schwierigkeiten zu vermeiden, versuchen einige Platon-Interpreten, unter ihnen Kung, das Individuum unter Bezug auf seine Eigenschaften nicht als eine Idee, sondern als einen sinnlichen Gegenstand zu verstehen. Zugleich wird kritisiert, daß die Bedingung der Identität zwischen einer Idee und ihrem Abbild durch die Bedeutung ihres Namens bestimmt sei.[419] Wenn aber die Ideen mit ihren Bedeutungen (Begriffen) korrespondieren, wäre die geometrische Deduktion der sinnlichen Qualitäten im „Timaios" unverständlich; die Bedeutung des Tetraeders ist nicht dieselbe wie die Bedeutung des Feuers. Wenn die Ideen hingegen mit realen Eigenschaften der sinnlichen Dinge korrespondieren, könnte dieses Problem vermieden werden.[420] Dann ließe sich sagen, daß dieselben sinnlichen Gegenstände unterschiedliche Eigenschaften haben können, die durch unterschiedliche Ideen, nämlich durch die mathematischen und die nicht-mathematischen Ideen, bestimmt sind. So kämen etwa sowohl die (geometrischen) Eigenschaften des Tetraeders als auch die (physikalische) Eigenschaft der ‚Feurigkeit' ein und demselben sinnlichen Individuum – Aristotelisch gesagt: einem ‚dies da' – zu.

Dieser Weg scheint die beiden Platonischen Ansätze, nämlich den mathematischen und den nicht-mathematischen Ansatz, der auf der Ideenlehre beruht,

---

[414] Mohr unterscheidet zwei Arten von Verifikation: ‚es ist der Fall, daß p' und ‚es ist wahr, daß p' (124). Für Platon ist das dasselbe: Wenn p der Fall ist, ist p wahr, und umgekehrt.

[415] Nach E. N. Ostenfeld (1986) ist fraglich, ob die Idee nur im existentiellen Sinne verstanden werden soll (71). Dazu C. H. Kahn (1976), Why Existence Does Not Emerge as a Distinct Concept in Greek Philosophy, Archiv für Geschichte der Philosophie 58, 323-334.

[416] R. D. Mohr (1986), 118.

[417] Siehe K. M. Sayre (1998), 98. Anders R. Kraut (1997), 401.

[418] R. D. Mohr (1986), 121-122.

[419] J. Kung (1985), Tetrahedra, Motion, and Virtue, Noûs 19, 17-19; dies. (1989), Mathematics and Virtue in Plato's Timaeus, in: J. P. Anton/A. Preus (Hrsg.) (1989), 310, 316; I. Mueller (1989), 22-24.

[420] I. Mueller (1989), 22-23.

zu harmonisieren; die These, daß die sinnlichen Qualitäten nur die Resultate einer geometrischen Reduktion sind, wird hier insofern nicht akzeptiert, als die geometrischen Entitäten die Qualitäten nicht verursachen.[421] Beide Erklärungen höben nur unterschiedliche Aspekte eines sinnlichen Dinges, nämlich mathematische und nicht-mathematische Aspekte, hervor. Die Frage ist nur, wie die beiden Aspekte miteinander zusammenhängen. Kung meint, daß der nicht-mathematische Aspekt mit Hilfe des mathematischen Aspekts analysierbar sei[422], und in diesem Sinne lasse sich das Feuer auch als ‚vierflächig' bezeichnen.

Die Frage bleibt, was dies bedeutet und was das sinnliche Ding eigentlich ist, nämlich ein mathematisches Ding oder ein nicht-mathematisches, d.h. physikalisches, Ding. Auch ist, wenn der nicht-mathematische Aspekt eines sinnlichen Dinges mit Hilfe des mathematischen Aspekts analysierbar ist und nicht umgekehrt, der Status beider Aspekte nicht gleich. Nach Kung soll das aber der Fall sein. Die Analysierbarkeit nicht-mathematischer Eigenschaften durch mathematische Eigenschaften wäre ein zusätzlicher Ansatz, der Platons geometrische Erklärung der sinnlichen Qualitäten zu erläutern sucht.

In diesem Zusammenhang bleibt bei Kung unklar, ob die Teile, aus denen die sinnliche Welt aufgebaut ist, mathematischer oder nicht-mathematischer Art sind.[423] Mit Schulz ließe sich hier sagen, daß jedes Teil ein quasi-geometrischer Körper ist[424], nämlich ein Zwischenzustand zwischen dem mathematischen und dem physikalischen Zustand, der sich unter dem Gesichtspunkt der modernen Quantenphysik durchaus verstehen ließe, und zwar in dem Sinne, daß er zwar physikalisch, aber nicht wahrnehmbar sei.[425] Diese Behauptung stellt sich allerdings bei näherer Analyse als unhaltbar heraus. Dabei gibt es zwei Formen der Nichtwahrnehmbarkeit im „Timaios“, was Schulz nicht zu bemerken scheint: Die Ideen sind nicht wahrnehmbar, aber sie sind erkennbar (Tim. 51D); die elementaren Teilchen sind nicht wahrnehmbar, aber sie gehören der sinnlichen Welt, nicht der Ideenwelt an und wären deshalb im Prinzip wahrnehmbar (vgl. Tim. 56C). In diesem Sinne gibt es eine klare Unterscheidung zwischen den Ideen und den sinnlichen Dingen. Im übrigen dürfte die Vorstellung, Platon habe schon gesehen, was die Physik im 20. Jahrhundert erkannt hat, in jedem Falle reichlich anachronistisch sein.[426]

Außerdem behauptet Kung, wie Mohr[427], daß die sinnlichen Teile als individuelle vollendet bzw. vollkommen sind.[428] Um ihnen den Charakter der Vollendetheit bzw. Vollkommenheit, der nach Platon nur den Ideen zukommt, zu verleihen, bezieht Kung den Ausdruck ‚ontôs on', den Platon für die Ideen benutzt,

---

[421] I. Mueller (1989), 24, Anm. 40.
[422] J. Kung (1989), 316-317; I. Mueller (1989), 24, Anm. 40.
[423] I. Mueller (1989), 24, Anm 41.
[424] J. Kung (1989), 317, 322.
[425] D. J. Schulz (1966), 111.
[426] L. Brisson (1974), 252-253, Anm. 7.
[427] R. D. Mohr (1985), 1-5; ders. (1986), 122-123; ders. (1989), 294-304.
[428] J. Kung (1989), 321.

auf die Dinge selbst.[429] Dadurch sucht sie die Vorstellung der Existenz eines transzendenten Bereichs der Ideen zu vermeiden und eine dualistische Konzeption bei Platon zu bestreiten. Mohr teilt diese Meinung, allerdings mit dem Unterschied, daß er die Existenz transzendenter Ideen im „Timaios" nicht bestreitet.[430] Dadurch wird aber unklar, welche Rolle die transzendenten Ideen in Platons Kosmologie im Unterschied zu den nunmehr angenommenen sinnlichen Ideen spielen. Hinsichtlich der Intention, Platons Ideenlehre im „Timaios" vor der Kritik des „Parmenides" dadurch zu schützen, daß erklärt wird, daß Platon die Selbstprädikation nicht voraussetze, scheint die Auffassung Kungs, daß die Ideen im „Timaios" nicht transzendent, sondern immanent, nämlich sinnlich, aber vollendet sind, zu stützen.

Allerdings müßte es dann nach der Konzeption Platons auch ein exaktes Wissen von den sinnlichen Dingen geben[431], was nicht der Fall ist. Die geometrische Konstruktion findet im „Timaios" allein auf der Ebene der reinen Geometrie statt; wenn diese Konstruktion auf die sinnlichen Dinge angewendet wird, wechselt die Erklärung in eine nicht-exakte, d.h. wahrscheinliche, Rede in Form einer angewandten Geometrie.[432] Ferner hat die immanente Idee entgegen Kungs Deutung keinen monadischen, d.h. selbständigen, Status, weil ihre Existenz vom Raum abhängig ist (Tim. 52C). Und hier sagt Platon ausdrücklich, daß die Idee nicht im Raum auftritt (Tim. 52C). Also läßt sich auch nicht sagen, daß der Raum das Prinzip der immanenten Ideen bzw. der perfekten sinnlichen Gegenstände ist.

3.4 Gibt es eine Priorität der qualitativen vor der quantitativen Bestimmung?

3.4.1 Spuren der Elemente

Es gibt einige Platon-Interpreten wie Cornford, die die qualitativen Bestimmungen der Elemente als Bestimmungen sui generis, d.h. als unabhängig von den quantitativen Bestimmungen, darstellen.[433] Ein Grund dafür ist, daß die ‚Spuren' der Elemente, nämlich die qualitativen Bestimmungen im Raum, schon vor der Einführung der geometrischen bzw. quantitativen Bestimmungen durch den Demiurgen existieren (Tim. 53B). Daß sie als qualitative Bestimmungen unab-

---

[429] Anders F. M. Cornford (1937), 190.

[430] R. D. Mohr (1989), 297-299. Mohr führt die Gewohnheit der griechischen Bildhauer, als Vorbilder ihrer Werke nicht natürliche Dinge, sondern künstliche Dinge, die schon natürliche Dinge abbilden, zu nehmen, als ein Beispiel dafür an (298). Es ist aber die Frage, ob Platon dem folgt. In der „Politeia" werden die Maler als Nachbildner, die Abbilder noch einmal abbilden und deshalb vom Seienden zwei Stufen entfernt sind, kritisiert.

[431] J. Kung (1989), 325.

[432] Vgl. J. Mittelstraß (1962), 112-113; W. G. Saltzer (1976), Theorien und Ansätze in der griechischen Astronomie – im Kontext benachbarter Wissenschaften betrachtet, 63.

[433] Vgl. H. J. Folse (1978), der behauptet, daß die quantitativen Bestimmungen nicht zur Annahme der qualitativen Bestimmungen führen, sondern umgekehrt (80).

hängig von den quantitativen Bestimmungen sind, die sich erst durch die Intervention des Demiurgen im Raum ergeben, ist unabhängig davon, ob die Annahme eines chaotischen Zustands vor der Konstruktion der Welt als erklärend oder als rein mythisch verstanden werden soll. Behauptet wird, daß der in der Erklärung des Übergangs eines Elementes in ein anderes Element (genêsis eis allêla, Tim. 49B-C) geschilderte Zustand der chaotische Zustand sei. In diesem Sinne seien die Spuren der Elemente die Abbilder ihrer Ideen; ohne Intervention des Demiurgen könnte sich die Nachahmung der Ideen direkt im Raum verwirklichen. In diesem Sinne werde auch die Idee im zweiten Teil des „Timaios", in dem die Folgen einer solchen Notwendigkeit geschildert werden, als ‚Vater' bezeichnet (Tim. 50D). Im ersten Teil des „Timaios" ist dies eine Bezeichnung für den Demiurgen.

Nun ist es aber fraglich, ob sich die ‚Spuren' (ichnê, Tim. 53B) bzw. die Abbilder der vier Elemente ohne Intervention des Demiurgen direkt im Raum verwirklichen. Cornford vertritt die Auffassung, daß die ‚Spuren' als (unvollkommene) Qualitäten im Raum existieren. Von Mohr, der die These Cornfords, daß die qualitativen Bestimmungen unabhängig von den quantitativen Bestimmungen seien, kritisiert und behauptet, daß die ‚Spuren' nicht Qualitäten, sondern unvollendete geometrische Teile seien, wird eine ähnliche ontologische Annahme, daß nämlich die ‚Spuren' in irgendeiner unvollendeten Form im Raum existieren, vertreten. Unter dieser Annahme läßt sich aber nicht verstehen, warum sich dann nicht schon die ‚Spuren' der vier Elemente als Feuer usw. bezeichnen lassen (Tim. 69B), selbst wenn unter den ‚Spuren' der Elemente Abbilder der Ideen gemeint sind.

3.4.2 Spuren der Elemente und deren Erkenntnis

Erst aus einem erkenntnistheoretischen Gesichtspunkt läßt sich verstehen, was Platon mit den ‚Spuren' der vier Elemente eigentlich meint. Da sich der Ausdruck ‚Spur' innerhalb des „Timaios" nur an einer Stelle (Tim. 52B) findet, empfiehlt es sich, auch andere Dialoge heranzuziehen, in denen dieser Ausdruck auftritt. In Pol. 432B-E werden die Dialogteilnehmer als Jäger, die die Spuren der Gerechtigkeit verfolgen, dargestellt. Obwohl der Ort der Gerechtigkeit dunkel und schwer zu erkunden ist, liegt die Gerechtigkeit von Anfang an nah; die Dialogteilnehmer haben sie nur nicht gesehen (Pol. 432C), d.h. sich selbst nur nicht richtig verstanden. Dies macht deutlich, daß die Rede von Spuren nicht nur aus einem ontologischen Geschichtspunkt, sondern auch von einem erkenntnistheoretischen Gesichtspunkt aus zu verstehen ist. Die Spuren bezeichnen nicht die unvollendete Gerechtigkeit, sondern einen unvollkommenen Zustand unserer Erkenntnis. Dies gilt auch für andere Stellen in den Dialogen Platons, so im „Sophistes“ (226B). Hier wissen die Dialogteilnehmer noch nicht, wer der Sophistes, obgleich es ihn gibt, eigentlich ist; deshalb müssen sie seiner Spur nachgehen.[434]

In diesem Zusammenhang wird auch klar, warum die ‚Spuren‘ der vier Elemente die üblichen Bezeichnungen (Tim. 69B), z.B. ‚Feuer‘, nicht tragen können. Nach Platon könnte der vorkosmische Zustand zufälligerweise (tychê, Tim. 69B) derselbe wie der kosmische Zustand sein. Das bedeutet, daß die ‚Spuren‘ weder als unvollkommene geometrische Teile (Mohr), noch als unvollkommene Qualitäten (Cornford) existieren. Den vorkosmischen Zuständen lassen sich keine Bezeichnungen geben, weil die ‚Spuren‘ der vier Elemente eben nicht deren tatsächliche, sondern deren erkenntnistheoretische Unvollendetheit bzw. Unvollkommenheit bedeuten.

3.4.3 Spuren der Elemente und Nachahmung

Ferner darf die Rolle des Demiurgen bei der Nachahmung der Ideen im Raum nicht übersehen werden, wenn nämlich, wie gezeigt, der Demiurg eine Metapher für Timaios bzw. für die menschliche Vernunft ist. Cornford weist in Übereinstimmung mit den meisten Platon-Interpreten auf die Schwierigkeiten einer Erklärung des Verhältnisses zwischen den Ideen und ihren Abbildern hin und behauptet gleichzeitig, daß auch Platon selbst dies im „Timaios“ so sehe. Als Begründung dafür wird auf Platons Bemerkung hingewiesen, daß die Abbilder der Ideen durch die Ideen auf eine schwer zu beschreibende und erstaunliche Weise in den Raum ‚eingestempelt‘ seien (Tim. 50C).

Diese Schwierigkeit der Beschreibung des Verhältnisses zwischen den Ideen und ihren Abbildern läßt sich aber auch noch anders verstehen. Wenn der Demiurg nämlich eine Metapher für Timaios ist, dann könnte es sein, daß die Ursache dieser Schwierigkeit, das Verhältnis zwischen den Ideen und ihren Abbildern zu beschreiben, nicht darin liegt, daß Platon dieses Verhältnis nicht erklären kann, sondern darin, daß es unmöglich ist, den Demiurgen, der im Hinblick auf die Ideen deren Abbilder konstituiert, auf eine konsistente Weise zu erklären. Wie schon bemerkt, kann dafür Platons Diktum angeführt werden, daß die Abbilder der Ideen auf eine schwer zu beschreibende Weise dem Raum durch die Ideen ‚eingestempelt‘ seien (Tim. 50C). Ohne eine Mitwirkung der Vernunft, so könnte man auch sagen, kommt eine Nachahmung der Ideen nicht zustande.

Die bisherige Interpretation bleibt aber auch eine Antwort auf die Frage schuldig, in welcher Beziehung die Qualitäten im vorkosmischen Zustand zu den Qualitäten, die nach der Intervention des Demiurgen in geometrischer Form dargestellt werden, stehen. Die sinnlichen Qualitäten existieren nicht als Qualitäten sui generis, sondern abhängig sowohl von den sinnlichen Dingen als auch

[434] Siehe auch Phaidr. 115B, Pol. 365D, 410B, 430E, 462A, 553A, Theait. 187E, 193C, Polit. 290D, 301E, Krat. 393B, Phileb. 44D. Vgl. W. K. C. Guthrie (1978), 269, Anm. 2: Die ‚Spuren‘ sind nicht die Anfänge der zukünftigen Entwicklung, sondern Spuren von etwas, das schon passiert ist.

von den menschlichen Sinnesorganen (Tim. 61C-D).[435] So ist z.B. die sinnliche Qualität (pathêma) ‚warm' des Feuers die Wirkung des ‚Trennens' und ‚Schneidens', die es auf den menschlichen Körper ausübt, weil die geometrische Form des Feuers, d.h. das Tetraeder, am feinsten in bezug auf seine Kanten und am schärfsten in bezug auf seine Ecken ist (Tim. 61D-E). In diesem Sinne sollte denn auch zwischen den vorkosmischen Qualitäten, die nach Cornford unabhängig von den geometrischen Bestimmungen sind, und den kosmischen Qualitäten, die geometrisch erklärbar sind, unterschieden werden. Die Frage ist nur wie. Die Möglichkeit, daß die vorkosmischen Qualitäten nicht perfekt, die kosmischen Qualitäten dagegen perfekt seien, wurde schon kritisiert. Außerdem könnte man sich unvollkommene geometrische Formen vorstellen; wie aber unvollkommene Qualitäten? Ohne ein mathematisches bzw. quantitatives Instrument läßt sich hier ohnehin nichts messen.

3.4.4 Die qualitative Veränderung und die Geometrie

Nach Cornford existieren die vorkosmischen Qualitäten nicht in den Teilen, die eine geometrische Form haben; sie sind vielmehr nur die Phänomene, die die sich verändernden Qualitäten im Raum aufweisen und nichts mit einer vernünftigen Planung des Demiurgen zu tun haben.[436] Sie sind das Wahrnehmbare, das sich ständig bewegt, ohne Takt und Regel (Tim. 30A).[437] Diese Qualitäten lassen sich daher auch nicht z.B. als Feuer bezeichnen (Tim. 69B); ihre Bewegungen sind chaotisch in dem Sinne, daß sie als unterschiedliche Qualitäten aufeinander wirken.[438]

Platon erklärt das alles mit Hilfe der Geometrie (Tim. 57D-58C): Die Ungleichheit der vier Elemente läßt sich in einer quantitativen Darstellung rekonstruieren. Dabei gilt Platons Erklärung der Bewegung und der Ruhe sowohl dem vorkosmischen als auch dem kosmischen Zustand. Auch ist die Erörterung der Bewegung in Tim. 57D-58C eine weitere Erklärung dessen, was schon in Tim. 52D-53A als chaotische Bewegung, die den Zustand vor der (geometrischen) Intervention des Demiurgen zeigt, dargestellt werde (Tim. 57E).[439] In diesem Sinne ist denn auch die Behauptung Cornfords, daß sich die Wechselwirkung der ungleichen Qualitäten im vorkosmischen Zustand ohne Rekurs auf geometrische Bestimmungen erklären ließe, wenig plausibel.

---

[435] In diesem Sinne versteht Brisson (1997b) (Perception Sensible et Raison dans le Timée, in: T. Calvo/ders. (Hrsg.) (1997), 308) die pathêmata weder als objektive Eigenschaften, die einem Objekt unabhängig von seinen Wirkungen auf wahrnehmende Subjekte innewohnen, noch als subjektive Eigenschaften, die nur existieren, insofern sie wahrgenommen werden, sondern als die Wirkungen, die ein Gegenstand auf ein wahrnehmendes Subjekt ausübt. Diese Wirkung sei das Vermögen (dynamis) eines Dinges, das seine Natur oder sein Wesen zeigt.

[436] F. M. Cornford (1937), 181, 197.

[437] F. M. Cornford (1937), 159.

[438] F. M. Cornford (1937), 199.

[439] H. G. Zekl (Hrsg.) (1992), 214, Anm. 158; R. D. Mohr (1985), 119, 125-126, Anm. 32.

Auch die Erläuterung des Verhältnisses zwischen qualitativen und quantitativen Bestimmungen im vorkosmischen Zustand ist bei Cornford nicht klar. Nach seiner Auffassung müssen die Qualitäten, die auf unterschiedliche Teile des Raumes wirken, den Raum gliedern.[440] Unklar bleibt hier, warum und wie eine bestimmte Qualität es stets mit einer bestimmten Raumform (etwa des Feuers als Tetraeders, Tim. 58B) zu tun hat. Hinsichtlich des vorkosmischen Zustands könnte Cornfords Interpretation implizieren, daß es die geometrischen Bestimmungen schon vor der geometrischen Intervention des Demiurgen gibt. Dies ist es aber gerade, wogegen Cornford eigentlich argumentieren will.

Ferner sind nach Cornford die unterschiedlichen Qualitäten die Abbilder der vier Elemente[441]: Diese Abbilder seien ‚Sprößlinge' (Tim. 50D). Das aber würde bedeuten, daß sie schon Resultate des Zusammenwirkens der Ideen und des Raumes sind. Außerdem sind nach Cornford die vorkosmischen Qualitäten nur die ‚Spuren' der Elemente (Tim. 69B), nicht geometrische Formen der Elemente.[442] Insofern sieht auch Cornford, daß die Bezeichnungen der vier Elemente etwas mit deren geometrischen Formen zu tun haben, doch erklärt er nicht, in welcher Beziehung die Bezeichnungen zu den geometrischen Formen stehen, also z.B. wie Tetraeder und Feuer miteinander zusammenhängen.

3.4.5 Abbilder: qualitative Eigenschaften und geometrische Formen

Zu den Schwierigkeiten der Interpretation Cornfords kommt eine problematische Auffassung des Schemabegriffs hinzu, um die Abbilder, die sich im Raum befinden, nicht als geometrische Teile, sondern als qualitative Eigenschaften zu verstehen. Wie schon hervorgehoben, bezeichnet Platon etwas, das im Raum auftritt, nicht nur als Eigenschaft bzw. Ereignis (pathê), sondern auch als Schema (schêma).[443] Mit Schema ist hier zunächst einmal eine geometrische Gestalt gemeint. Cornford wiederum versucht alle Stellen im „Timaios", in denen sich der Ausdruck ‚schêma' findet, im Sinne seiner Auffassung zu interpretieren. So tritt z.B. in Tim. 53B ein Verbum auf, nämlich ‚diaschêmatizô', das die Einführung der geometrischen Gestalten durch den Demiurgen bezeichnet. Cornford versucht die geometrische Bedeutung dieses Ausdrucks dadurch zu entkräften, daß er schêma an dieser Stelle als Erscheinung interpretiert, obwohl er sich der geometrischen Bedeutung des Ausdrucks bewußt ist.[444] Desgleichen sucht er alle Stellen, in denen der Ausdruck ‚morphê' auftritt, im nicht-geometrischen Sinne

[440] F. M. Cornford (1937), 185, Anm. 1.

[441] F. M. Cornford (1937), 189, Anm. 1. L. Brisson (1992) wendet sich gegen diese Auffassung, weil sich die Qualitäten dann nicht als ‚Derartiges' bezeichnen ließen (30).

[442] F. M. Cornford (1937), 199.

[443] Dazu gehört auch der Begriff des Eidos, der sich sowohl qualitativ als auch quantitativ verstehen läßt.

[444] F. M. Cornford (1937), 185, Anm. 1. Als Beispiel für ein Schema im Platonischen Sinne wird das Dreieck angeführt (Tim. 50B).

zu verstehen: morphê sei ein Synonym von pathos, das die sinnlichen Qualitäten bezeichne.[445]

Cornfords Motiv, den Inhalt des Raumes nicht in geometrischen Teilen, sondern in sinnlichen Qualitäten zu sehen, ist so zu verstehen, daß sich die Weltkörper nicht auf reine Extension reduzieren lassen, und dies, weil sie eine vom Demiurgen unabhängige eigene Bewegung haben.[446] Die Reduktion der Weltkörper auf reine Extension ist aber nicht als eine ontologische Reduktion, sondern als eine epistemologische Reduktion zu verstehen. Hier wird die Bewegung der Weltkörper in reduktionistischer Weise erklärt, allerdings nicht in exakter, sondern in wahrscheinlicher Weise, weil diese Erklärung eine Übertragung einer exakten geometrischen Erklärung auf die sinnlichen Phänomene ist. Strenggenommen kann man nicht wissen, ob sich die Bewegung der Weltkörper tatsächlich geometrisch erklären läßt.

3.4.6 Schêmata als geometrische Gestalten

In der Rede des Timaios wird der Ausdruck ‚Schema' immer im geometrischen Sinne verwendet – mit Ausnahme von Tim. 22C, wo er keinen geometrischen Sinn besitzt, sondern die äußere Form einer Rede bedeutet. Beispiele sind die Kugel[447] und das Dreieck[448], der Würfel[449] und das Tetraeder (Tim. 62A). Die Bemerkung, daß die Kugel die vollkommenste aller Formen (schêmata) sei, impliziert, daß nicht nur die regelmäßigen Polyeder, sondern alle geometrischen Formen unter den Begriff des Schemas fallen. Wenn Platon in diesem Zusammenhang vom Feuer spricht (Tim. 62A), meint er damit die geometrische Form des Feuers, d.h. das Tetraeder (Tim. 55D).[450]

Hier ist es, im Gegensatz zum Vorgehen Cornfords[451], nicht erforderlich, alle Stellen, in denen Platon die Ausdrücke ‚morphê' und ‚idea' verwendet, in einem nicht-geometrischen Sinne zu interpretieren. Cornford übersetzt ‚morphê' und ‚idea' nicht mit ‚Form' oder ‚Gestalt', sondern mit ‚character (Wesen, Natur)'.[452] Ferner sieht er keinen Unterschied zwischen ‚morphê' und ‚pathos' in Tim. 52D; beide werden im Sinne von Qualitäten aufgefaßt[453], (wobei Cornford allerdings ‚morphê' mit ‚character' und ‚pathos' mit ‚affection' ins Englische übersetzt).

---

[445] F. M. Cornford (1937), 184, Anm. 1, 188, 198, Anm. 1, 201. Vgl. 189, Anm. 2, 205.

[446] F. M. Cornford (1937), 176, 205.

[447] Tim. 33B, 44B, 44D, 73C.

[448] Tim. 50A-B: Mit anderen Formen sind z.B. Vierecke und Fünfecke gemeint.

[449] Tim. 54C-D, 55C.

[450] Vgl. Ch. Mugler (1957), Hexis, schesis et schêma chez Platon, Revue des Éiudes Grecques 70, 88-89.

[451] F. M. Cornford (1937), 184.

[452] F. M. Cornford (1937), 184, Anm. 1, 186, Anm. 1.

[453] F. M. Cornford (1937), 198, Anm. 1.

In diesem Zusammenhang versteht Cornford ‚plokanon', womit in metaphorischer Form für den Raum etwas bezeichnet wird, dessen Bewegung die regellosen Bewegungen der Elemente verursache (Tim. 52E-53A), nicht in der Bedeutung von Sieb, sondern von Korb, womit gemeint ist, daß sich die Elemente nach ihrer Schwere sortieren lassen, indem der Korb geschüttelt wird.[454] Nichts deutet dabei darauf hin, daß die Korbmetapher ausschließen soll, daß die Elemente auch geometrische Teile sein können. Obwohl Platons Begriff des Schwere keine absolute, sondern, wie ‚oben' und ‚unten', eine relative Bedeutung hat, hat er in diesem Kontext etwas mit der Anzahl der geometrischen Teile zu tun, weil er nämlich den kosmischen Zustand, in dem das Universum kugelförmig ist, voraussetzt und vor der Weltschöpfung nur in einem absoluten Sinne erklärbar ist: die Anzahl der Flächen der Polyeder bzw. der Seiten der Dreiecke ist dabei ein Maß für die Schwere des Elements (Tim. 56A-B). Dies mag zeigen, daß die Korbmetapher für den Raum der Auffassung der Elemente als geometrischer Teile nicht widerspricht.

3.4.7 Morphê und Pathos

Entgegen der These Cornfords unterscheidet Platon sehr wohl zwischen morphê und pathos: pathos ist das Ereignis, das der morphê folgt (Tim. 52D). Der Ausdruck ‚morphê' bedeutet eigentlich den äußeren Aspekt eines Körpers.[455] Da Cornford morphê aber als sinnliche Eigenschaft versteht, steht ihm der Ausdruck ‚pathos', den Platon als den dem Ausdruck ‚morphê' folgenden versteht, im Wege. Cornford übersetzt ‚morphê' mit ‚Charakter', pathos mit ‚Affektion', meint aber, daß beide Ausdrücke Qualität bedeuten.[456] Eine andere Bemerkung, daß nämlich zwischen Qualitäten (‚Affektionen'), die mit der Wahrnehmung verbunden sind, und Qualitäten, die die Körper auch im nicht wahrgenommenen Zustand besitzen, z.B. mikroskopischen Teilen, die niemals wahrgenommen werden, unterschieden wird[457], macht die Konfusion deutlich. Das gilt auch für die Behauptung, daß pathêmata die wahrnehmbaren Qualitäten der Körper sind.[458] Später heißt es, daß die sinnlichen Qualitäten nur existieren, insofern sie wahrgenommen werden (Tim. 61C).[459] Aus dem Umstand, daß Platon zwischen einer Erklärung, die unterschiedliche Gattungen über ihre Formen (schêmata) und Kombinationen bestimmt (Tim. 56C-61C), und einer Erklärung, die die sinnlichen Qualitäten (pathêmata) betrifft (Tim. 61C-68D), unterscheidet, läßt sich schließen, daß im „Timaios" morphê nicht sinnliche Qualität (so Cornford), sondern geometrische Form bedeutet; morphê ist ein Synonym von schêma.

---

[454] F. M. Cornford (1937), 201-202.
[455] L. Brisson (1992), 249, Anm. 351, 251, Anm. 383.
[456] F. M. Cornford (1937), 198, 198, Anm.1.
[457] F. M. Cornford (1937), 259.
[458] F. M. Cornford (1937), 148, Anm. 2.
[459] F. M. Cornford (1937), 259. Vgl. D. O'Brien (1984), 371.

Yolton[460] versucht, die mathematische und die nicht-mathematische Erklärung zu harmonisieren, indem er behauptet, daß die ‚Spuren' der vier Elemente nicht mathematischer, sondern qualitativer Art seien und der Raum im chaotischen Zustand der absolute Raum als Behälter der sinnlichen Ereignisse im physikalischen Sinne sei.[461] Wenn Ereignisse mit anderen Ereignissen verbunden sind, zeigt der Raum das räumliche Verhältnis zwischen diesen Ereignissen an. Die mathematische Erklärung sucht diese Verhältnisse zu klären, während die nicht-mathematische Rede klarzumachen sucht, wie die sinnlichen Dinge einen physikalischen Status erhalten.

Yolton spricht hier von verschiedenen Aspekten der sinnlichen Dinge, aber er erklärt nicht, was diese Aspekte miteinander zu tun haben. Mit der geometrischen Erklärung von Ereignissen (Tim. 61C-68C) behauptet Platon nicht, daß der Grund der geometrischen Ordnung der Elemente der Eintritt der Eigenschaften in den Raum sei, sondern daß die geometrischen Eigenschaften der Elemente ihre qualitativen Eigenschaften verursachen. Das bleibt bei Yolton unberücksichtigt.

Ein anderer Harmonisierungsversuch stammt von Morrow. Dieser behauptet, daß die Erklärung, die Platon im ersten Teil des „Timaios" anführt, wegen ihrer Mängel im zweiten Teil des „Timaios" korrigiert werde. Nicht das Nachahmungsverhältnis zwischen Ideen und sinnlichen Dingen, sondern das Nachahmungsverhältnis zwischen mathematischen Dingen, z.B. dem Tetraeder, und sinnlichen Eigenschaften sei das Thema im zweiten Teil. Da Platon die Ähnlichkeit zwischen Ideen und sinnlichen Dingen als ein Resultat der Nachahmung versteht, darf nach Morrow die Ähnlichkeit zwischen sinnlichen Eigenschaften, z.B. ‚heiß' und dem Tetraeder, nur metaphorisch verstanden werden, weil die sinnlichen Eigenschaften zwei Stufen von den mathematischen Ideen entfernt werden müßten. Er faßt dabei das Vermögen, das eine Ähnlichkeit zwischen mathematischen und nicht-mathematischen Eigenschaften feststellt, in gleicher Weise auf wie die Methode der Unterscheidung (diairesis) in den späteren Dialogen Platons. Nach seiner Vorstellung ist die Anwendung einer mathematischen Eigenschaft auf eine nicht-mathematische Eigenschaft eine wahrscheinliche in dem Sinne, daß sie eine vernünftige Konstruktion ist, die systematisch mit unterschiedlichen Wahrnehmungen korrespondiert. Schließlich versteht er die Ähnlichkeit zwischen sinnlichen mathematischen Eigenschaften und sinnlichen nicht-mathematischen Eigenschaften als eine systematische Korrelation.

---

[460] J. W. Yolton (1949), The Ontological Status of Sense-Data in Plato's Theory of Perception, Review of Metaphysics 3, 35-40.
[461] J. W. Yolton (1949), 53-54.

Diese Auffassung ist nicht befriedigend. So bleibt unklar, ob sich nicht z.B. zwischen der Idee des Feuers und der Idee des Tetraeders unterscheiden läßt. Würde nämlich das Feuer selbst mit dem Tetraeder identifiziert[462], bedeutete dies eine radikale Veränderung der Ideenlehre, die Platon im „Timaios" ausdrücklich nicht vornimmt. Das Tetraeder ist zu klein, um mit menschlichen Augen erkennbar zu sein, aber es ist prinzipiell sichtbar. Folglich muß zwischen einer tatsächlichen und einer prinzipiellen Unsichtbarkeit unterschieden werden. Ferner muß der Begriff der Ähnlichkeit, z.B. bezogen auf die Idee des Tetraeders und das (sinnliche) Tetraeder, anders als bezogen auf das (sinnliche) Tetraeder und die sinnliche Eigenschaft des Feuers sein. Deshalb, so Morrow, behaupte Platon, daß diese Ähnlichkeit schwer zu beschreiben und zu erklären ist (Tim. 50C). Diese Bemerkung läßt sich aber auch, wie bereits bemerkt, auf eine andere Weise verstehen: Die Nachahmung der Idee findet durch Intervention des Demiurgen bzw. der menschlichen Vernunft statt. Eben deshalb sind die Beschreibung und die Erklärung dieser Nachahmungsbeziehung schwierig. Außerdem ist die wahrscheinliche Rede im „Timaios" weder eine dialektische, wie Morrow meint, noch eine empirische Rede; sie stellt vielmehr eine Anwendung der exakten Rede auf die sinnlichen Dinge dar. Schließlich gilt das Wahrscheinliche der Rede Platons nicht dem Verhältnis zwischen dem (sinnlichen) Tetraeder und der sinnlichen Eigenschaft des Feuers, sondern dem Verhältnis zwischen einer Idee und ihrem sinnlichen Abbild. Die Rede des Timaios in Tim. 62A ist wiederum eine wahrscheinliche in dem Sinne, daß die exakte geometrische Rede auf die sinnlichen Eigenschaften des Feuers angewandt wird.

Auch Strange stellt fest, daß es zwei Erklärungen im „Timaios" gibt.[463] Damit meint er aber nicht die mathematische und die nicht-mathematische Erklärung, sondern die teleologische, die den Bereich der Vernunft betrifft, und die mechanistische Erklärung, die den Bereich der Notwendigkeit betrifft. Nach Strange gehören die qualitativen Aspekte der sinnlichen Dinge zur Rede von der Notwendigkeit im zweiten Teil des „Timaios", wogegen die quantitativen Aspekte zur Tätigkeit der Vernunft im ersten Teil gehören.[464] Das bedeutet, daß die geometrischen Erklärungen der sinnlichen Eigenschaften im zweiten Teil quantitativ aufzufassen sind. Das ist aber nicht der Fall. Nach der Intervention

---

[462] G. R. Morrow (1968), 12-28.

[463] S. K. Strange (1987), 25-39. H. Regnéll (1967) (Ancient Views on the Nature of Life: Three Studies in the Philosophies of the Atomists, Plato and Aristotle, 166) behauptet, daß diese Erklärungen miteinander kompatibel sind.

[464] Nach S. K. Strange (1987), 28, lassen sich die qualitativen Aspekte des Sehens und des Hörens, die im Bereich der Notwendigkeit diskutiert werden, in Gegensatz zu ihren quantitativen Aspekten, die im Bereich der Vernunft behandelt werden, stellen. Das ist aber nicht der Fall. Die Erklärung des Sehens und des Hörens im ersten Teil gehört nicht zum Bereich der Vernunft, sondern zum Bereich der Notwendigkeit, weil Platon am Anfang des zweiten Teils klarmacht, daß diese Erklärung ausnahmsweise nicht zum Bereich der Vernunft gehört, obwohl sie im ersten Teil behandelt wird (Tim. 47E).

des Demiurgen in Tim. 53B handelt es sich nicht um eine qualitative, sondern nun eine quantitative Erklärung.

Silverman vertritt eine weitere Harmonisierungsthese.[465] Nach seiner Vorstellung stehen beide Erklärungen in einem Abhängigkeitsverhältnis zueinander. Demnach behandelt die Erklärung, die auf Platons klassischer Ideenlehre beruht, die qualitativen Veränderungen der Elemente. Dazu ist ein Ort für das Abbild der Idee notwendig; dieser besäße geometrische Bestimmungen. Dies gilt auch umgekehrt. Ein sinnliches Ding hat einen Ort inne und besitzt dadurch auch eine geometrische Bestimmung. Die Frage, was den Unterschied zwischen zwei sinnlichen Dingen ausmacht, ließe sich dann nur durch eine qualitative Bestimmung, die auf der klassischen Ideenlehre beruht, beantworten: Das Feuer hat einen bestimmten Ort inne, das Wasser einen anderen.

Nach Silvermans Erklärung spricht Platon hier nicht von der Individualität eines sinnlichen Gegestandes, sondern von seinen (allgemeinen) Eigenschaften, aus denen sich die Individualität eines Gegestandes nicht deduzieren läßt. Deshalb setzt Platon nach Silverman einfach voraus, daß es individuelle Eigenschaften gibt. Um diese Behauptung zu stützen, liest Silverman die vieldiskutierte Stelle (Tim. 49D-50A) nach Cherniss mit einigen Korrekturen: Das ‚dies', mit dem ein individueller Gegenstand bezeichnet wird, ließe sich dann nicht z.B. als Feuer benennen; ‚das immer Derartige', das eine allgemeine Bestimmung bedeute, hingegen sehr wohl.[466] Diese Vorstellung wurde im vorausgegangenen Kapitel bereits kritisiert. Im übrigen scheint die Behauptung Silvermans sehr ähnlich der Behauptung zu sein, die Kung vertritt und die ebenfalls bereits kritisiert wurde. So betreffe die geometrische Rede den räumlichen Aspekt, die nichtgeometrische Rede den qualitativen Aspekt. Platon stellt aber ausdrücklich einen Zusammenhang zwischen den geometrischen Eigenschaften und den nichtgeometrischen Eigenschaften (Tim. 61C-69A) her, der nach Silverman, wie nach Kung und Mohr, nicht erklärt werden kann. Außerdem scheint Silverman die Tätigkeit des Demiurgen auf den Bereich der geometrischen Konstruktion zu beschränken.[467] Die Ideen, im Hinblick auf die der Demiurg die Welt konstituiert, sind aber sowohl mathematische bzw. quantitative[468] als auch qualitative (Tim. 51B-C) und biologische (Tim. 30B-31B, 41B-C) Ideen.[469]

[465] A. Silverman (1992), 87-113.

[466] A. Silverman (1992), 87-89.

[467] A. Silverman (1992), 94, 112.

[468] Obwohl Platon Ausdrücke wie ‚das Tetraeder an sich' oder ‚die Idee des Tetraeders' im „Timaios" nicht explizit verwendet, ist doch von mathematischen Ideen die Rede, insofern die Tätigkeit des Demiurgen, der mit Formen und Zahlen die ‚Spuren' der vier Elemente prägt (Tim. 53B), und die Tätigkeit des Demiurgen, der im Hinblick auf die Ideen die Welt konstituiert, dieselbe ist. Zum Status der mathematischen Ideen vgl. J. Mittelstraß (1970), 37-38; ders. (1985), 404-406; ders. (1997), 241-242. Siehe auch G. Martin (1973), 54. Anders T. H. Irwin (1989), 114.

[469] G. Martin (1973), 71; R. E. Allen (1997) , 122.

3.6 *Qualitative und quantitative Eigenschaft*
3.6.1 *Zwei Auffassungen von den Abbildern der Ideen*

Die dargestellte Schwierigkeit scheint Platon selbst in Tim. 52D gesehen zu haben, wo alle Möglichkeiten, das Verhältnis zwischen dem Raum und den Abbildern zu denken, auftreten. Von der dritten Gattung wird auf der einen Seite in bezug auf das Feuer und das Wasser in qualitativer Beschreibungsweise gesprochen, auf der anderen Seite in bezug auf die Erde und die Luft in quantitativer Beschreibungsweise: sie nimmt die Formen von Erde und Luft an. In Tim. 51B benutzt Platon eine ähnliche Konstruktion: Als Feuer erscheine der ‚entzündbare' Teil der dritten Gattung, das Verflüssigbare hingegen erscheine als Wasser, Erde und Luft, soweit die dritte Gattung Abbilder (mimêmata) von diesen aufnimmt. Hier ist allerdings nicht klar, was mit den Abbildern von Erde und Luft gemeint ist[470], auch im Hinblick darauf, daß Feuer und Wasser auch in qualitativer Weise dargestellt werden.

Hier muß nun beachtet werden, daß nach Platon das, was in den Raum tritt, Abbild der Idee ist, und dieses Abbild nur die Erscheinung (phantasma, Tim. 52C) der Idee im Raum bzw. in einem Teil des Raumes (Tim. 52A) ist und Erscheinungen vielfältig (Tim. 52E) sind. Um dies zu erklären, und damit auch den Übergang der Elemente ineinander, führt Platon seine geometrische Konzeption ein, die zugleich Ausdruck einer quantitativen Bestimmung der vier Elemente ist. Die (chaotischen) Bewegungen der (‚Spuren' der) vier Elemente werden hier durch die Unähnlichkeit (anhomoiotata, Tim. 53A) ihrer ‚Spuren', die von ungleicher ‚Schwere' sind (Tim. 52E), erklärt. Die (‚Spuren' der) Elemente bewegen sich aus diesem Grund nach dem Prinzip ‚Gleiches zu Gleichem', wobei die Elemente durch geometrische Flächen bzw. Dreiecke dargestellt werden (Tim. 56B).[471] Es ist bemerkenswert, daß die zweifachen Bestimmungen der Abbilder zwischen denen der Ideenlehre (Tim. 51B-52C) und denen der geometrischen Erklärung der Elemente (Tim. 52D-61C) liegen.

Platon faßt die wohl in der Akademie geführte Diskussion über die Ideenlehre in der folgenden Frage zusammen (Tim. 51C): Sind die sinnlichen Dinge, die an Orten existieren, oder die nicht-sinnlichen Ideen dasjenige, was wirklich ist? Diese Frage bleibt in gewissem Sinne unbeantwortet; sie wird als etwas bezeichnet, von dem noch länger geredet werden sollte (Tim. 51C). Faktisch wird allerdings vorausgesetzt, daß das, was wirklich ist, nicht die sinnlichen Dinge,

---

470 In diesem Sinne läßt sich nicht, wie dies Cornford (1937) (198, Anm. 1, vgl. 189, Anm. 2.) tut, behaupten, daß die Abbilder der Ideen in Tim. 51B zeigen, daß etwas, das in den Raum tritt, bloße sinnliche Eigenschaft ist.

471 Zu dem Versuch, die Kompatibilität der unterschiedlichen Erklärungen darzulegen, vgl. D. O'Brien (1984), besonders 144-171. Danach läßt sich unter Bezug auf die ‚relative Schwere' nicht die Quantität der Bewegung der Elemente, sondern nur die Richtung ihrer Bewegung ('Gleiches zu Gleichem') erklären. Eine derartige Erklärung macht z.B. klar, warum der Ort der Erde das Zentrum der Welt ist (154).

sondern die Ideen sind (Tim. 51D). Nachdrücklich wird versucht, die Existenz der Ideen durch die Unterscheidung zwischen Wissen und wahrer Meinung zu begründen; nicht erklärt bzw. begründet wird, daß die Ideen sowohl für die qualitativen als auch für die quantitativen Bestimmungen verantwortlich sind. Ferner bleibt die Frage unbeantwortet, was die mathematischen Gegenstände eigentlich sind, d.h. ob sie auch Ideen sind oder ob ihnen ein Zwischenstatus zwischen den Ideen und den sinnlichen Dingen zukommt[472], desgleichen die Frage, in welcher Weise sich die qualitativen und die quantitativen Bestimmungen miteinander harmonisieren lassen.

3.6.2 Keine einheitliche Konzeption der sinnlichen Dinge im „Timaios"

Platon bezeichnet seine unterschiedlichen Erklärungsversuche als Teilstücke bzw. Materialien (vgl. Tim. 69A), aus denen, wie bei der Tätigkeit der Bauleute, eine Erklärung zusammengefügt wird.[473] Insbesondere ist dabei von der göttlichen und der notwendigen Ursache die Rede. Die erste ist Teil des ersten Teils des „Timaios", der die qualitative Erklärung der sinnlichen Dinge enthält, die zweite ist Teil des zweiten Teils des „Timaios", der die quantitative Erklärung enthält. Dabei wird – das sei noch einmal wiederholt – gleich zu Beginn festgestellt (Tim. 29C), daß hier nur wahrscheinliche Erklärungen gegeben werden können. Platon verwendet an dieser Stelle denn auch bewußt den Plural ‚logoi' für eine gesuchte Erklärung (vgl. Tim. 27C). Tatsächlich ist von Kosmogonie bzw. Kosmologie, Physik, Chemie, Psychologie, Pathologie, Ethik, Zoologie, Religion, Physiologie usw. die Rede. In diesem Sinne bezeichnet Platon auch den Gegenstand seiner Erklärungen als das All (pân). Gesucht wird ein Band, das diese unterschiedlichen Erklärungsformen zusammenfügt. Dabei gilt dasjenige als das ‚schönste' Band, das sich selbst und das zu Verbindende zu einer Einheit macht (Tim. 31C, vgl. 32A).[474] Als Beispiel dient dabei die (mathematische) Analogie (Tim. 31C, 36A).

Platon sucht hier ein hohes Erklärungsmaß zu erreichen (Tim. 90E)[475], zugleich heißt es jedoch, daß dieses Ziel für den Menschen unerreichbar sei, weil alles, was ‚zusammengebunden' ist, auch ‚auflösbar' ist (Tim. 41B).[476] Da hilft es

---

[472] Diese Frage wird in der Platon-Literatur insbesondere im Zusammenhang mit dem Liniengleichnis in der „Politeia" diskutiert.

[473] In diesem Zusammenhang läßt sich verstehen, warum die Tätigkeit des Demiurgen als eine Verbindung (systasis) dargestellt wird. Vgl. K. Gloy (1996), Platons Naturbegriff im Timaios, in: dies. (Hrsg.) (1996), Natur- und Technikbegriffe. Historische und systematische Aspekte: Von der Antike bis zur ökologischen Krise, von der Physik bis zur Ästhetik, 33.

[474] Nach P.-M. Schul (1956) (Desmos, in: Rivaud, A. (Hrsg.) (1956), Mélanges de Philosophie Grecque Offerts à M. Diès, 233) geht es Platon hier nicht um eine zwanghafte, sondern um eine vernünftige Ordnung.

[475] Zur Frage der Einzigartigkeit der Welt und zum Problem einer Vielzahl von Welten vgl. R. McKeon (1994), 36-37, 48.

[476] Die Bandmetapher betrifft die ontologische Ebene.

auch nicht weiter, daß das Band, das die Reden von den himmlischen Gegenständen zusammenfügt, stärker ist (Tim. 41B) als das Band, das die Reden von den sterblichen Gattungen zusammenhält, z.B. die menschlichen Körper (Tim. 42D-E) und alles, was da kreucht und fleucht (Tim. 90E-92C).[477] Das zweite Band bezeichnet Platon dabei auch mit dem Ausdruck ‚Pflöcke' (gomphoi, Tim. 43A), die leichter lösbar seien als die himmlischen Bänder (desmoi, Tim. 43A). Hier wird auch klar, warum die wahrscheinliche Rede in komparativer Form erfolgt: Die Reden über die Gestirne sind wahrscheinlicher, d.h. gewisser, als die Reden von den anderen drei Gattungen.[478]

Damit ist gesagt, warum die Erklärungen im „Timaios" auf sehr verschiedenen Ebenen zu erfolgen und auch von unterschiedlichem sachlichen Niveau zu sein scheinen.[479] Die Rede über die Welt sucht eine Einheit unter verschiedenen Erklärungen zu schaffen.[480] Dies macht Platon dadurch anschaulich, daß der Umlauf des Selben, den der Demiurg nach rechts führt, den des Verschiedenen, den er nach links führt, einschließt und der Demiurg dem Umlauf des Selben Dominanz verleiht (Tim. 36C). Dieser Versuch bleibt insofern erfolglos, als auch das Band der Erklärungen im himmlischen Bereich prinzipiell auflösbar ist, sich diese Reden nämlich als unbegründet erweisen können. Auch andere Erklärungen im „Timaios" lassen sich widerlegen.[481] In diesem Sinne betont Platon wiederholt, daß es darauf ankomme, deutlich zu machen, daß die Erklärung der Welt keine exakte, sondern eine wahrscheinliche sei (Tim. 29B).

Dies stört Platon aber nicht. Er akzeptiert vielmehr jede Kritik und bezeichnet die Kritiker als seine Freunde (Tim. 54A-B). In diesem Sinne erweist sich

---

[477] Dies gilt auch für die Arbeit des Demiurgen: Er fügt die Welt aus den Elementen zusammen (Tim. 32C).

[478] Auch Aristoteles unterscheidet zwischen dem himmlischen (supralunaren) Bereich und dem irdischen (sublunaren) Bereich und bezeichnet dabei den himmlischen (supralunaren) Bereich als höher bzw. reiner als den irdischen (sublunaren) Bereich.

[479] Alle auf unterschiedlichen Ebenen liegenden Erklärungen sind für die Rede vom All notwendig, weil diese sonst ‚unvollendet' wäre (Tim. 41C). In diesem Sinne teilt Timaios erst nach kurzen Erklärungen der sterblichen Gattungen mit, daß die Rede vom All ein Ende gefunden habe (Tim. 92C), obwohl die Aufgabe, die Entstehung des Ganzen bis hin zur Erschaffung des Menschen darzustellen, bereits gelöst ist (Tim. 90E, vgl. 27A).

[480] J. Derrida (1987), Chôra, in: M. Detienne/N. Loraux/C. Mossé/P. Vidal-Naquet (Hrsg.) (1987), 275. Derrida bezeichnet die Rede vom All als einen ‚enzyklopädischen' Logos, der alle Formen des Seins behandelt.

[481] Platon hält eine einheitliche Erklärung des Alls bzw. der Welt für unmöglich und bezeichnet in diesem Sinne seine Rede als nicht exakt und nicht (immer) konsistent. Aristoteles geht von derselben Voraussetzung aus, versucht aber, anders als Platon, unterschiedliche Erklärungen der Welt zu geben, die unterschiedlichen Prinzipien folgen und für sich genommen als exakt gelten können. Vgl. F. Solmsen (1963), Nature as Craftsman in Greek Thought, Journal of the History of Ideas 24, 487; W. Kullmann (1973), 154; ders. (1998), 140; K. Gaiser (1987), 13; J. J. Cleary (1996), Mathematics and Cosmology in Aristotle's Philosophical Development, in: W. C. Wians (Hrsg.) (1996), Aristotle's Philosophical Development: Problems and Prospects, 193-194.

Timaios als sehr undogmatisch.[482] In seiner Bemerkung, daß es der Gesundheit dienlich sei, Freunde neben Freunde zu setzen, es dagegen krank mache, Feinde neben Freunde zu setzen (Tim. 88E), wird deutlich, daß Kritik zu einer Verbesserung von Erklärungen beitragen kann.[483] Hier heißt es auch, daß die Tätigkeit des Denkens die edelste ‚Bewegungsform' (Tim. 89A), und damit auch die beste ‚Heilmethode' darstelle.

3.6.3 Das Werden und die Elemente

Probleme einer konzeptionellen Einheit treten auch beim Übergang von einer qualitativen zu einer quantitativen Bestimmung der vier Elemente auf.[484] Hier stellen sich für Platon zwei Aufgaben: die Erklärung des Werdens[485] und die Erklärung der Welt im ganzen (genesis kai to pân tode, Tim. 29D).[486] Für die Erklärung der Welt und der in ihr auftretenden Gattungen sind die Ideen, die die qualitativen Bestimmungen der sinnlichen Dinge bedingen, hinreichend, weil hier das Urbild-Abbild-Schema Anwendung findet. In diesem Sinne unterscheidet Timaios gleich zu Beginn zwischen dem Bereich der Ideen und dem Bereich der Abbilder (Tim. 27D-28A). Die Welt wird als Abbild einer Idee bezeichnet (Tim. 29B), das Verhältnis zwischen den Ideen und den sinnlichen Dingen als das zwischen Urbild (paradeigma)[487] und Abbild (mimêma, eikôn)[488]. Im ersten Teil des

---

[482] S. Menn (1995), 49-50.

[483] Wenn eine Rede völlig im Widerspruch mit sich selbst steht, bedeutet dies ihren ‚Tod', den Platon im „Timaios" als die Auflösung der Bänder bezeichnet (Tim. 81D).

[484] Vgl. S. Toulmin/J. Goodfield (1962), The Architecture of Matter, 74, 76, 81-82; K. Gloy (1990), Platon, die Wissenschaftsgeschichte und unser Naturverständnis. Platons Naturbegriff im Timaios, Deutsche Zeitschrift für Philosophie 38, 654-655. Gloy stellt fest, daß Platon im „Timaios" zwar einen Systembegriff einführe, doch zwei heterogenen Prinzipien folge, dem der Rationalität und dem der Mathematizität. Dies entspricht der hier getroffenen Unterscheidung zwischen einer qualitativen und einer quantitativen Erklärung.

[485] ‚Genesis' kann hier sowohl Veränderung (Tim. 27D et al.) als auch Entstehung (Tim. 27A et al.) bedeuten. Hier kommt die erste Bedeutung in Betracht. Anders M. Hoffmann (1996), Die Entstehung von Ordnung. Zur Bestimmung von Sein, Erkennen und Handeln in der späteren Philosophie Platons, 262, 264, 266. Hoffmann geht allein von der zweiten Bedeutung aus. Danach bedeutet ‚genesis' nur die Herstellung der mathematischen Ordnung aus dem Ungeordneten (262).

[486] Da die Welt das Werdende ist, übersetzt Brisson 'kai' mit 'nämlich' und identifiziert dadurch das Werden mit dieser Welt: L. Brisson (1992), 118, 230, Anm. 116. Zwischen dem Werdenden (gignomenon, Tim. 27D, 28A et al.) bzw. dem Gegenstand des Werdens (genesin echôn, Tim. 27D) und dem Werden selbst (genesis) muß aber unterschieden werden. W. Scheffel (1976) (Aspekte der Platonischen Kosmologie. Untersuchungen zum Dialog „Timaios", 34) versteht hier das Werden als den Gegenstand bzw. das Resultat des Werdens. Vgl. J. Bassfreund (1885), Über das zweite Prinzip des Sinnlichen oder die Materie bei Plato, 8.

[487] Tim. 28A, 28B, 28C, 29B, 31A, 37C, 38B, 38C, 39E, 48E, 49A.

[488] mimêma: Tim. 38A, 39E, 40D, 48E, 50C, 51B; eikôn: Tim. 29B, 29C, 37D, 92C; phantasma: Tim. 52C.

„Timaios“ (29D-47E), von kurzen Zwischenstücken abgesehen, ist die Erklärung der Welt durch dieses Verhältnis hinreichend (hikanôs, Tim. 49A) bestimmt, weil es Timaios hier noch nicht um das Werden bzw. um die Veränderung geht.

Erst wenn es um die Veränderung der Welt bzw. um die in ihr auftretenden Gattungen geht, muß ein neues Prinzip neben dem der Unterscheidung zwischen Urbild und Abbild eingeführt werden (Tim. 49A). Dabei ist zu beachten, daß die Erklärung, die Timaios bisher vorgetragen hat, die Einführung eines neuen Prinzips, nämlich das des Raumes, erzwingt (eisanankazein, Tim. 49A). Hier wird vom menschlichen Körper bzw. den Sinnesorganen gesprochen, wobei das Wahrnehmen, z.B. Sehen und Hören, erklärt wird (Tim. 42E-47E). Wie es in Tim. 61C-69A heißt, ist dies ohne Geometrie nicht möglich; außerdem sei ein weiteres Prinzip erforderlich. Platon bezeichnet dieses Prinzip, wie bereits hervorgehoben, als die Form der ‚wandernden‘ oder ‚umherschweifenden‘ Ursache (to tês planômenês eidos aitias, Tim. 48A). Sie soll die umherschweifenden (planômena), nämlich ungeordneten und vernunftlosen (ataktôs kai alogôs) Bewegungen im menschlichen Körper erklären (Tim. 43B). Die sechs dabei angeführten Bewegungsformen, nämlich Bewegungen nach oben, unten, vorwärts, rückwärts, rechts, links, sind ungeordnet in dem Sinne, daß diese Bewegungen nicht berechenbar sind. Im Gegensatz dazu gilt die kreisförmige Bewegung als geordnet: Die Planeten, die sich kreisförmig bewegen, stellen die geordnete Zeit dar (Tim. 40C). Die Wahrnehmung der kreisförmigen planetarischen Bewegungen habe zur Zeit- und Zahlvorstellung und damit auch zur Naturforschung, schließlich zur Philosophie geführt (Tim. 47A). In anderen Bewegungen und im Übergang der Elemente ineinander lasse sich hingegen keine mathematisch erklärbare Ordnung finden. Ohne die Kenntnis des Wesens (physis) der Elemente und ihrer Zustände (pathê) wisse man z.B. auch nicht, was das Feuer ist (Tim. 48A). Es erscheint niemals als dasselbe. Die Elemente wandeln sich ständig.

Platon machte im ersten Teil des „Timaios“ klar, daß die sinnlichen Dinge Abbilder der Ideen sind, doch fehlt hier noch eine Erklärung der Elemente und ihrer unterschiedlichen Zustände. Diese wird jetzt nachgetragen, und zwar mit Hilfe der Stereometrie. Diese gilt noch in der „Politeia“ (528A-E) als wenig erforscht.

Die Stereometrie ist die Lehre von den (räumlichen) geometrischen Körpern. Daß Körper Tiefe (bathos) haben, also dreidimensional (stereoeidê) sind, hatte Timaios bereits in seiner Erklärung der Weltkörper erwähnt (Tim. 32A-B). Neu ist, daß die vier Elemente gerade die Körper sind. Im ersten Teil des „Timaios“ (31B) wird festgestellt, daß das Gewordene, d.h. die sinnlichen Dinge, die die Abbilder der Ideen sind, körperartig sein muß. Der Begriff der Körperartigkeit schließt die Begriffe der Sichtbarkeit, der Tastbarkeit und der Dreidimensionalität (Tim. 31B-32A) ein. Die vier Elemente wurden dabei bisher so behandelt, als ob sie nicht etwas Werdendes, sondern etwas Seiendes seien. Deshalb ist auch verständlich, warum Platon zu Beginn des zweiten Teils des „Timaios“, in dem eine geometrische Erklärung des Übergangs der Elemente ineinander gegeben wird, die Vorsokratiker in dieser Auffassung kritisiert. Bisher habe niemand die

Veränderungen der Elemente begriffen (Tim. 48B). Die Phänomene, so Platon, widersprechen der Auffassung derjenigen, die die vier Elemente als das Seiende verstehen wollen.[489] Nach Platon wiederum ist das Unveränderliche in der Welt der Raum. Die vier Elemente sind Abbilder der Ideen im Raum. Daß es die Ideen, die selbst nicht im Raum existieren, gibt, wird vorausgesetzt.[490] Hier unterscheidet sich die Auffassung Platons auch von der der Atomisten. Diese stimmen zwar mit Platon darin überein, daß die vier Elemente nicht die Bausteine der Welt sind, behaupten jedoch, daß es Atome, also elementare materielle Bausteine, gibt. Eben dies wird von Platon kritisiert. Insofern trifft es dann auch nicht zu, daß die Urdreiecke, aus denen die Polyeder (Elemente) bestehen, sinnlich und damit selbst Gegenstand der sinnlichen Erfahrung sind.[491] Die Konstruktion der Polyeder findet nicht auf der Ebene der Dinge, sondern auf der Ebene des Logos statt.

Daraus, daß das Veränderliche die Körper sind (Tim. 31B) und die vier Elemente das Veränderliche darstellen (Tim. 49B-C)[492], läßt sich schließen, daß die vier Elemente die Körper sind (Tim. 53C). Dies wird zwar bereits in Tim. 46D gesagt, doch werden dafür keine weiteren Gründe angeführt. Dabei ist bemerkenswert, daß die Eigenschaften der Körper im ersten Teil des „Timaios" nicht quantitativ, sondern qualitativ beschrieben werden. Die Körper sind sichtbar, weil sie das Feuer in sich haben; sie sind tastbar, weil die Erde ihr Element ist. Feuer und Erde sind hier qualitative Bestimmungen, die durch die Erfahrung bestätigt werden. Im zweiten Teil des „Timaios" sind es dann die vier Elemente selbst, die diese Eigenschaften haben: die Erde z.B. ist sichtbar und anfaßbar, also auch wahrnehmbar (Tim. 51A).

Dies wird nun unter Rückgriff auf die Stereometrie erklärt: die vier Elemente sind die Polyeder, die sich aus zwei Sorten von Urdreiecken konstruieren lassen. Eine derartige Erklärung gilt allerdings nur als eine wahrscheinliche, in-

---

[489] Dies bedeutet nicht, daß Platon die empirischen Phänomene zu Kriterien von Erklärungen im Naturbereich macht. Vielmehr hat auch hier die Theorie Vorrang vor den empirischen Phänomenen.

[490] Platon führt zwar auch hier Argumente für die Existenz der Ideen an, doch sind diese nicht vollständig. So wird auch kein Grund dafür angegeben, daß sich zwischen dem Wissen und der wahren Meinung unterscheiden läßt. In diesem Sinne bezeichnet Platon seine Position als eine hypothetische (Tim. 51D, 52D); vgl. R. Ferber (1997), 185.

[491] Einige Platon-Interpreten haben versucht, der Kritik des Aristoteles, daß sich Platon einer ‚metabasis eis allo genos' schuldig gemacht habe, nämlich von zweidimensionalen Flächen direkt zum drei-dimensionalen Körper übergegangen sei, dadurch zu begegnen, daß behauptet wird, die Urdreiecke seien selbst sinnliche Körper; z.B. E. Sachs (1917), Die fünf Platonischen Körper. Zur Geschichte der Mathematik und der Elementenlehre Platons und der Pythagoreer, 212.

[492] Das Veränderliche wird nicht nur als das Werdende (gignomenon, Tim. 49B), sondern auch als das Gewordene (to genomenon, Tim. 31B) bezeichnet, doch bedeutet auch dieses ‚das Werdende', insofern hier der Aspekt der Veränderung betont wird, gleichgültig ob die Veränderung einmalig oder wiederholt erfolgt. Für grammatische Argumente siehe F. M. Cornford (1937), 43, Anm. 2.

sofern sie eine Anwendung des exakten mathematischen Wissens auf Sinnliches darstellt.

3.6.4 Die zweifache Tätigkeit des Demiurgen

In diesem Zusammenhang ist klar, was der Demiurg tut. Er nimmt die vier Elemente und formt aus ihnen den Körper der Welt (Tim. 31B, 32B). Die Elemente treten als sichtbare Körper ins Sein (Tim. 46D), allerdings als etwas, das nur Ungeordnet-Zufälliges bewirkt (Tim. 46E). Das Schöne und das Gute lassen sich im Elementaren nicht finden (Tim. 46E). Die vier Elemente werden also als die schon gegebenen Stoffe geschildert. Der Demiurg bringt sie zunächst in eine Ordnung, um dann aus ihnen die Welt zusammenzufügen (Tim. 69B, vgl. 53B). Seine erste Aufgabe ist es, die vier Polyeder zu konstruieren, um mit ihnen das Wesen der vier Elemente zu verdeutlichen. Hier werden die vier Elemente nicht als schon gegeben, sondern als vom Demiurgen konstruiert verstanden.

Dies spricht wiederum gegen die Vorstellung, daß die Konstruktion der vier Elemente kein Werk des Demiurgen sei. Der Grund für eine derartige Vorstellung liegt darin, daß die Tätigkeit des Demiurgen nicht in den Bereich der Notwendigkeit, zu dem die vier Elemente im zweiten Teil des „Timaios" gehören, fällt.[493] Das wiederum liegt daran, daß der Demiurg in der Darstellung Platons aus dem Bereich der Notwendigkeit verschwindet[494] und Timaios die Rede führt. Wenn aber, wie dargestellt, der Demiurg eine Metapher für Timaios ist, liegt an dieser Stelle keine Inkonsistenz vor.[495]

Im einzelnen bedeutet dies: Die vier Elemente, die der Demiurg für die Konstruktion der Welt übernimmt, haben zwar qualitative Bestimmungen, aber keine mathematische Ordnung[496], d.h., sie lassen sich nicht auf eine geometrische Weise erklären. In diesem Sinne sind sie zwar ‚Spuren' der vier Elemente, mit eigenen Bewegungen nach dem Prinzip ‚Gleiches zu Gleichem', aber sie sind nicht im Sinne einer mathematischen Ordnung begreifbar. Das bedeutet im übrigen nicht, daß die Tätigkeit des Demiurgen nur eine mathematische ist und daß sich die chaotisch erscheinenden Veränderungen der vier Elemente bzw. ihrer ‚Spuren' nicht erklären ließen.[497] Es bedeutet allein, daß sich die Elemente vor der Intervention des Demiurgen nur als ein ‚Derartiges' (to toiouton, Tim. 49D),

---

[493] Nach L. P. Gerson (1996) gibt es im Falle eines vorkosmischen Zustands entweder eine Teilhabe an den Ideen oder keine Teilhabe dieser Art (44). Gerson übersieht dabei eine dritte Möglichkeit, nämlich daß der Demiurg verantwortlich ist für eine Teilhabe der nichtmathematischen Ideen an den sinnlichen Dingen. W. Viertel (1980) sieht hierin ein ungelöstes Problem (51).

[494] M. L. Gill (1987), 37-39, 49; R. D. Mohr (1985), 108-109.

[495] Vgl. J. Kung (1988), 171. Nach Kung führt hier das Fehlen des Seelenbegriffs zur Metapher ‚Vater' für die Idee.

[496] Vgl. A. Wedberg (1955), Plato's Philosophy of Mathematics, 138, Anm. 4.

[497] Z.B. K. M. Sayre (1998), 115, 116, Anm. 40, 118.

z.B. als Feuer, bezeichnen lassen.[498] Außerdem sind die Bestimmungen, die die ‚Spuren' nicht besitzen, diejenigen, die sie in einem kosmischen Zustand haben (Tim. 69B). Dies impliziert nicht, daß die ‚Spuren' der Elemente selbst völlig bestimmungslos wären.[499]

In diesem Zusammenhang läßt sich verstehen, warum die Zustände vor der Erschaffung der Welt durch den Demiurgen ohne Regel und Maß (alogôs kai ametrôs, Tim. 53A) sind: Diesen Zuständen fehlen noch quantitative Bestimmungen.[500] Nach Tim. 28A stellt der Demiurg ‚idea' und ‚dynamis' jedes Dinges her. ‚Idea' läßt sich hier mit ‚Gestalt' übersetzen, ‚dynamis' nicht nur quantitativ, sondern auch qualitativ verstehen. In diesem Sinne könnte diese Stelle auf die doppelte Tätigkeit des Demiurgen verweisen.

Es läßt sich nun sagen, was mit dem Werden vor der Entstehung der Welt gemeint ist (Tim. 52D, vgl. 48B). Es handelt sich um das Werden der vier Elemente, die allein qualitativ bestimmt werden. In diesem Sinne verwendet Platon auch den Ausdruck ‚ouranos' an einer Stelle, an der von den drei Gattungen, nämlich dem Seienden, dem Raum und dem Werden, vor der Entstehung der Welt die Rede ist (Tim. 52D, vgl. 48B). ‚Ouranos' steht hier im Gegensatz zu ‚kosmos', der geordneten Welt. Diese Ordnung ist wiederum eine mathematische, d.h., die Schönheit der Welt wird in ihrer mathematischen Struktur gesehen. Dabei ist Platons Auffassung, daß die geordnete Welt die schönste sei (Tim.

[498] Anders L. Sweeney (1988), Participation in Plato's Dialogues: *Phaedo, Parmenides, Sophist* and *Timaeus*, New Scholasticism 62, 144-145, Anm. 26. Sweeney akzeptiert zwar die zweifache Tätigkeit des Demiurgen, behauptet aber, daß die ‚Spuren' keine Abbilder seien. R. D. Mohr (1985) bemerkt zwar, daß die Gegenstände der Tätigkeit des Demiurgen die Abbilder der Ideen sind, behauptet jedoch aus eben diesem Grund, daß die Gegenstände, die Mohr mit den chaotischen ‚Spuren' der Elemente identifiziert, die nicht vollkommenen mathematischen bzw. geometrischen Körper seien (109). Ein Grund dafür ist, daß die Degeneration der elementaren Partikel, aus denen die menschlichen Körper gebildet werden, nicht eine Rückkehr zu formlosen Qualitäten, sondern die Degeneration der elementaren Dreiecke bedeute (Tim. 89C) (112). Hier muß allerdings beachtet werden, daß eine derartige Erklärung erst nach der geometrischen Erklärung der Elemente den Versuch darstellt, Vernunft und Notwendigkeit zusammenzuschließen. Hier liegt ein erfolgloser Harmonisierungsversuch vor: die elementaren Dreiecke, die nur quantitative Bestimmungen besitzen und die qualitativen Bestimmungen der Elemente erklären sollen, haben im Rahmen dieses Erklärungsversuchs selbst qualitative Bestimmungen (81C, 82D).

[499] D. P. Hunt (1998), 77.

[500] Anders E. N. Ostenfeld (1968), Disorderly Motion in the Timaeus, Classica et Mediaevalia 29, 23-25. Die Vorstellung, daß die chaotischen Zustände der Elemente nur qualitative Bestimmungen haben, entspricht nach Ostenfeld nicht Platons Vorstellungen. Stattdessen versteht Ostenfeld die chaotischen Zustände als Körper, die quantitative Bestimmungen besitzen. Ders. (1973), Plato's Concept of Matter, Classica et Mediaevalia 9, 56. Ostenfeld geht davon aus, daß die Reduktion der qualitativen Bestimmungen auf quantitative Bestimmungen die einzige im „Timaios" gegebene Erklärung sei. Das ist aber nicht der Fall.

29A)[501], eine Hypothese, die zugleich die Anwendbarkeit exakten Wissens auf die sinnliche Welt verdeutlicht.

3.6.5 Kein direktes Verhältnis zwischen Ideen und Raum

In der Platon-Interpretation wird die Meinung vertreten[502], daß sich die qualitativen Bestimmungen vor der Entstehung einer geordneten Welt allein aus dem Verhältnis zwischen den Ideen und dem Raum, also ohne Intervention des Demiurgen, erklären ließen. Als Indiz dafür wird angeführt, daß die Metapher ‚Vater', die für den Demiurgen verwendet wird[503], in der Erklärung eines vorkosmischen Zustandes auf die Ideen Anwendung findet (Tim. 50D) und daß an dieser Stelle die Rede vom Demiurgen durch ein ‚Wir' ersetzt wird. Die Ideen, auf die hin der Demiurg die Welt konstruiert, sind sowohl mathematische als auch nicht-mathematische Ideen. Die Welt ist das ‚schönste Lebewesen' (Tim. 30C) und seine Teile sind Lebewesen (Tim. 30B). Damit läßt sich, wenn man den Demiurgen als Metapher für Timaios versteht, dessen Tätigkeit sowohl in quantitativer als auch in qualitativer Hinsicht verstehen. Darauf, daß der unklare Begriff der Teilhabe der sinnlichen Dinge an den Ideen im „Timaios" durch den Begriff der Nachahmung ersetzt wird, wurde schon hingewiesen. Ohne die Vernunft als den Konstrukteur der Erklärung bzw. des Logos kann es kein Verhältnis zwischen den Ideen und den sinnlichen Dingen geben.[504] In diesem Sinne macht Timaios zu Beginn seiner Rede (Tim. 28A) klar, daß der Demiurg die Gestalt und die Eigenschaften (idea kai dynamis) jedes Dinges herstellt.[505]

3.6.6 Zwei Modelle zur Erklärung der Welt

Aus dem Gesagten ergibt sich, daß Platon zwei Varianten zur Erklärung der Welt anführt: eine mathematische bzw. quantitative und eine nicht-mathematische

---

[501] Die Bemerkung, daß nicht erlaubt sei zu sagen, daß das Modell des Demiurgen nicht die Ideen sind (Tim. 29A), ist kein Grund für die Annahme, daß Platons Vorstellung keine hypothetische sei. Sie soll nur rhetorisch verstanden werden, damit der Demiurg, der auch als Gott bezeichnet wird, nach der erfolgten Anrufung der Götter (Tim. 27B) nicht als ein schlechter Gott dastehe.

[502] G. Reale (1993), 488, 490; J. J. Cleary (1990), The Mathematical Cosmology of Plato's Timaeus, Synthesis Philosophica 10, 419-425; ders. (1995), 64; ders. (1996), 193. Nach Cleary rettet Platon die Phänomene durch eine Mathematisierung der Natur. Vgl. S.-M. Nikolaou (1998), 184.

[503] Tim. 28C, 37C, 41A, 42E, 71D.

[504] Ferner muß beachtet werden, daß die Metapher ‚Vater' in Tim. 50D nicht explizit für die Ideen benutzt wird: ein ‚nach dem' (to hothen) verweist im gegebenen Kontext zwar auf die Ideen, könnte aber auch den Demiurgen bedeuten.

[505] Mit ‚idea' ist hier „geometrische Gestalt" gemeint. Vgl. R. G. Bury (1929), 51; F. M. Cornford (1937), 22; L. Brisson (1992), 116, 229, Anm. 99; H. G. Zekl (Hrsg.) (1992), 29. R. D. Archer-Hind (Hrsg.) (1888) (86) und A. E. Taylor (1928) (65) behaupten, daß ‚idea' und ‚dynamis' keine Termini Technici seien.

bzw. qualitative Variante.[506] Auf die Frage, was das sinnliche Ding ist, läßt sich mit Hilfe der qualitativen Variante antworten, daß es Abbild der Idee sei. In diesem Falle wird das sinnliche Ding als ein ‚Derartiges', z.B. als Feuer, bezeichnet. Die sinnlichen Dinge sind aber in der Platonischen Terminologie nicht das Seiende, sondern das Veränderliche. Veränderung bedeutet hier den Wechsel von einem Zustand (eines sinnlichen Dinges) in einen anderen. Damit muß es aber auch etwas Gemeinsames, ein gemeinsames Dazwischen, geben, um diesen Wechsel zu erklären.[507] Als ein solches Gemeinsames führt Platon Urdreiecke an; durch deren Kombination läßt sich ein Zustandswechsel erklären, wobei eine derartige Erklärung nach Platon wiederum nur eine wahrscheinliche ist.

Da die Welt, die Gegenstand der Erklärung im ersten Teil des „Timaios" ist, eine ist, tritt hier eine mathematische Erklärung der Elemente noch nicht auf, obwohl die Konstruktion der Weltkörper mathematisch erklärt wird. Es ist eine Welt, die einerseits alle Elemente umfaßt und andererseits aus diesen Elementen zusammengesetzt ist. Dabei dient die mathematische Erklärung lediglich dazu, die Schönheit und die Einheit der Welt zu verdeutlichen.

In diesem Zusammenhang sei darauf hingewiesen, daß auch das Verhältnis zwischen unterschiedlichen Ideen für Platon (im „Sophistes") ein Problem darstellt. Dies auch deshalb, weil der Gegenstand der Ideenlehre in ihrer klassischen Form das Verhältnis zwischen Idee und sinnlichem Ding, nicht das Verhältnis zwischen Idee und Idee, ist. Ein entsprechendes Problem tritt auch im ersten Teil des „Timaios" auf. Das Verhältnis zwischen der Welt im ganzen und den Elementen bleibt unter anderem deswegen unklar, weil nichts darüber gesagt wird, was ein Gemeinsames zwischen einem Element und einem anderen sein könnte. Als dieses Gemeinsame stellen sich später die Urdreiecke, aus denen sich die Elemente konstruieren lassen, heraus. Mit ihrer Annahme wird auch der Übergang von einem Element in ein anderes erklärbar. Und deshalb läßt sich auch verstehen, warum der Demiurg zuerst die Elemente nach Formen und Zahlenverhältnissen (eidesi te kai arithmois, Tim. 53B, vgl. 69B-C) bildet. Als erklärbar gilt dasjenige, was mathematisch erklärbar ist.

Vor der Einführung eines geometrischen Modells für die Elemente sieht es so aus, als ob die Elemente an einer bestimmten Stelle ins Werden treten und dann aus diesem wieder verschwinden (Tim. 52A). Das legt nahe, daß es den leeren Raum, dessen Existenz Platon sonst nachdrücklich bestreitet (Tim. 58A), doch geben könnte. Schließlich ist vorstellbar, daß es eine Situation geben könnte, in der ein Element aus dem Raum verschwindet, ohne daß ein anderes Element in den Raum tritt; seine Stelle bliebe leer. Im Gegensatz dazu ist nach Einführung der mathematischen Elemententheorie der Raum in der Konzeption

---

[506] Vgl. F. M. Cornford (1935), 6-11. Cornford weist darauf hin, daß die Platonische Ideenlehre zwei Motive habe, nämlich ein Sokratisches und ein pythagoreisches Motiv. Sokrates sucht die Definition des Allgemeinen, die Pythagoreer betrachten die Welt aus einem mathematischen Gesichtspunkt.

[507] Vgl. Tim. 31B.

Platons stets durch die Elemente besetzt.[508] Vom Wesen der Elemente – so könnte man sagen – läßt sich auch nicht-mathematisch sprechen, vom Übergang der Elemente ineinander nur mathematisch.

3.6.7 Zwei Konzeptionen des Wesens der Elemente

Um den Übergang der Elemente ineinander zu erklären, werden den vier Elementen vier stereometrische Körper (Polyeder) zugeordnet: das Tetraeder dem Feuer, das Hexaeder der Erde, das Oktaeder der Luft, das Ikosaeder dem Wasser (Tim. 55D-56B). Dadurch erhalten die vier Elemente ein mathematisches Wesen (physis) (vgl. Tim. 48B). Auf die Frage, was das Wesen z.B. des Feuers sei, gibt es also nach Platon zwei Antworten: Das Feuer ist Abbild der Idee des Feuers und zugleich ein Tetraeder.

Dabei bedeutet der neue Anfang im zweiten Teil des „Timaios" nicht eine Ersetzung des ersten Teils, sondern dessen Erweiterung, ohne daß dabei die klassische Ideenlehre aufgegeben würde. Vor der geometrischen Erklärung der Elemente heißt es, daß es Ideen der Elemente geben muß, nicht ausdrücklich, daß diese Ideen Polyeder sind. Daß Platon dabei der Welt im ganzen sowohl eine Kugelgestalt (Tim. 33B) als auch das Dodekaeder (Tim. 55C) zuweist, zeigt dann, daß sich das Wesen der Welt im ganzen nicht völlig durch die Heranziehung der sogenannten Platonischen Körper, d.h. stereometrisch, erklären läßt. Das trifft auch auf die Bezeichnung der Welt als Lebewesen zu.

Da sich weder die mathematische Erklärung auf eine nicht-mathematische Erklärung zurückführen läßt, noch umgekehrt die nicht-mathematische Erklärung auf eine mathematische, bleibt hier nur festzuhalten, daß Platon unterschiedliche Konzeptionen (logoi) verwendet, die sich gegenseitig ergänzen. Insofern sind sie aber auch (nur) wahrscheinlich, d.h. Konzeptionen ohne absolute Geltungsansprüche.

Platon versucht die nicht-mathematische und die mathematische Erklärung miteinander in Einklang zu bringen, weist aber darauf hin, daß sich beide Erklärungen nicht zu einer Erklärung zusammenfügen lassen. Deshalb läßt sich auch verstehen, warum es so aussieht, daß die qualitativen Bestimmungen der sinnlichen Dinge nichts mit der Tätigkeit des Demiurgen zu tun haben. Im ersten Teil des „Timaios" ist der Demiurg die Ursache der Entstehung der Welt als eines sinnlichen Dinges (Tim. 28A), während im zweiten Teil die Idee die Ursache der Entstehung der vier Elemente als sinnlicher Dinge ist (Tim. 50D). Im zweiten

---

[508] Um den Übergang der Elemente ineinander (mit Ausnahme des Erdelements, Tim. 56D) zu erklären, verwendet Platon die Metapher des Krieges: Die Elemente kämpfen miteinander. Wenn ein Element in diesem Kampf verliert, kann es entweder Zuflucht bei seinesgleichen suchen oder dem siegreichen Element ähnlich werden (Tim. 57B). In diesen Zusammenhang gehört auch die Behauptung (z.B. E. Sachs (1917), 213), daß die Urdreiecke materiell sind (dagegen D. J. Schulz (1966), 84). Hier muß beachtet werden, daß die geometrische Erklärung des Übergangs der Elemente ineinander als eine Konstruktion verstanden wird.

Teil des „Timaios“ wird entsprechend der Demiurg als derjenige beschrieben, der mathematische Bestimmungen auf die sinnlichen Dinge anzuwenden sucht. Dabei wird die Konstruktion der Elemente im ersten Teil nicht thematisiert, doch lassen sich die vier Elemente, sofern sie sinnliche Dinge sind, als die Abbilder der Ideen verstehen. Sie sind in diesem Zusammenhang nur das Gewordene, nicht das Hergestellte.

Wenn man beide Erklärungen auf eine zurückzuführen suchte, folgte man wohl Platons Intentionen, aber nicht seiner tatsächlichen Konzeption (vgl. Tim. 54A).[509] So müßte z.B. derjenige, der einen Übergang aller Elemente, einschließlich des Erdelements, ineinander vorsehen wollte, ein andere Erklärung als die gegebene stereometrische ins Auge fassen.[510] Sie wäre dann zwar einheitlicher als Platons Erklärung, aber eben nicht dessen Erklärung.

Vlastos weist darauf hin, daß die Erklärung des Übergangs der Elemente ineinander in Tim. 49B-C nicht das zentrale Anliegen Platons darstelle; Platon spräche hier von einem bloßen Schein (Tim. 54B). Nicht scheinhaft ist jedoch die gewählte geometrische Erklärung. Im übrigen bilden nach Platons Konzeption die empirischen Phänomene kein Kriterium, um zu beurteilen, ob eine Erklärung zutrifft oder nicht.

3.7 Zwei unterschiedliche Konzeptionen der sinnlichen Dinge

Wollte Platon eine einheitliche Erklärung für den Bereich der Elemente geben, müßte er die qualitativen Bestimmungen der sinnlichen Dinge durch quantitative Bestimmungen ersetzen. Tatsächlich sieht er aber eine Mathematisierung der qualitativen Ideen nicht vor. Vielmehr hält er daran fest, daß das Wesen der Elemente nicht mathematisch, sondern qualitativ sei. Er beschränkt sich damit auch hier auf eine wahrscheinliche Rede. Noch einmal: Die sinnlichen Dinge sind für Platon sowohl qualitativ als auch quantitativ bestimmt; sie sind sowohl empirische als auch geometrische Gegenstände.

Platon spricht vom Wesen der Elemente und ihren Zuständen vor der Entstehung der Welt (Tim. 48B). Dabei ist zunächst nicht klar, was das Wesen der Elemente ist und ob damit etwas über die Elemente vor oder nach der Einführung geometrischer Bestimmungen gesagt werden soll. Hier ist nun der Zusammenhang mit Platons Rede vom Raum aufschlußreich. Der Raum nimmt die Formen aller vier Elemente an; die Elemente füllen den Raum (Tim. 52E), weshalb dieser auch an keiner Stelle gleich ist. Die Elemente bewegen sich nach dem Prinzip ‚Gleiches zu Gleichem‘, ohne Regel und Maß (Tim. 53A). In diesem Sinne wird von den vier Elementen nur als von gewissen ‚Spuren von sich selbst‘ gesprochen (Tim. 53B). Danach scheint der Demiurg zuerst diese ‚Spuren‘ durch Formen und Zahlen zu formen und anschließend die Welt aus diesen geformten Elementen zusammenzusetzen.

---

[509] Vgl. K. M. Sayre (1998), 120.
[510] Vgl. Tim. 54A-B.

Mit den Formen und Zahlen sind die regulären Polyeder im dreidimensionalen euklidischen Raum, die sogenannten Platonischen Körper, gemeint. Tetraeder, Oktaeder und Ikosaeder bestehen aus gleichseitigen Dreiecken, die halbiert rechtwinklige Dreiecke mit den Seitenlängen 1, 2 und $\sqrt{3}$ ergeben, die regulären Vierecke des Würfels hingegen halbiert rechtwinklige Dreiecke mit den Seitenlängen 1, 1 und $\sqrt{2}$. Damit wird erklärt, daß 2 Luftelemente, d.h. 2 Oktaeder mit 32 Dreiecken, und 1 Feuerelement, d.h. 1 Tetraeder mit 8 Dreiecken, zusammen 1 Wasserelement, d.h. 1 Ikosaeder mit 40 Dreiecken ergeben.[511] Mit der Einführung des Raumes ist auch die Einführung der Elemente als geometrischer Körper verbunden. Erst jetzt tritt darüber hinaus auch die Frage auf, welche Teilräume die vier Elemente in der Welt einnehmen. Wenn es zuvor hieß, daß die Bewegungen der Elemente ohne Regel und Maß seien, dann galt dies für ihren Zustand vor ihrer ‚Geometrisierung', d.h. für ihren vorkosmischen Zustand.[512]

Die geometrische Konstruktion der vier Elemente macht diese zu einem Teil der geordneten Welt und erweist sie zugleich als ‚intelligibel'. Eben dies ist gemeint, wenn es von den Elementen vor ihrer Geometrisierung hieß, daß sie ‚Spuren ihrer selbst' seien.[513] In gewissem Sinne ließe sich auch sagen, daß die vier Elemente in ihrem vorkosmischen Zustand nicht vollkommene reguläre Polyeder sind.

Noch einmal wird auf diese Weise deutlich, weshalb Platon das Wesen der vier Elemente auf zweifache Weise, nämlich auf qualitativem und quantitativem Wege erklärt: die Elemente sind zumindest in Spurenform nur qualitativ gegeben, dann in Form regulärer Polyeder auch quantitativ, ferner als die Gestalten (Formen) annehmenden Teilräume des geschaffenen Raumes (Tim. 52D). Interessanterweise findet sich diese zweifache Erklärungsweise auch in Tim. 31B-32B, wo die Rede von der mathematischen Konstruktion der Elemente ist: Feuer hat die Eigenschaft, etwas sichtbar zu machen, Erde hat die Eigenschaft, etwas faßbar zu machen. Im Gegensatz dazu werden Wasser und Luft nur aus einem mathematischen Gesichtspunkt betrachtet.[514]

Entsprechend hervorgehoben werden die Eigenschaften (pathê), die den Formen der Elemente folgen (Tim. 52D).[515] Hier muß im übrigen beachtet wer-

[511] Vgl. K. Mainzer (1995), Platonische Körper, in: J. Mittelstraß (Hrsg.) (1995), Enzyklopädie Philosophie und Wissenschaftstheorie III, 264-267.

[512] Vgl. Tim. 43B: ungeordnet und ohne (mathematische) Vernunft (ataktôs kai alogôs). Vgl. A. Rivaud (1956), Espace et Changement dans le Timée de Platon, in: ders. (Hrsg.) (1956), 214; T. M. Robinson (1970), 94.

[513] J. Dillon (1997) hält die Platonische Konzeption der (chaotischen) vorkosmischen Zustände für widersprüchlich (34).

[514] F. Solmsen (1960a), 285-286. In Tim. 53E werden sie als die in der Mitte zwischen Erde und Feuer liegenden Körper bezeichnet.

[515] Anders F. M. Cornford (1935). Um die Priorität der qualitativen Bestimmungen hervorzuheben, versteht Cornford die Gestalten (Formen) der vier Elemente als sinnliche Eigenschaften und identifiziert sie mit ihren Zuständen.

den, daß mit ‚diesen' (toutois) nicht die vier Elemente, sondern die Formen Erde und Luft gemeint sind; Feuer und Wasser werden in diesem Zusammenhang auf qualitative Weise bestimmt. In diesem Sinne ist auch Tim. 48B zu verstehen. Hier geht es um das Wesen (physis) der vier Elemente und ihre Eigenschaften (pathê) vor der Entstehung der geordneten Welt. Die Rede vom Wesen der Elemente ist auch im geometrischen Sinne möglich.

Einige Platon-Interpreten, z.B. Solmsen, glauben sich auf eine einzige Erklärung, nämlich die mathematische, festlegen zu müssen, obwohl auch sie bemerken, daß es auch eine qualitative Erklärung im „Timaios" gibt.[516] Nach ihrer Meinung macht die geometrische Erklärung den Kern der Platonischen Naturphilosophie aus, wogegen die physikalische bzw. qualitative Erklärung nur eine marginale sei.[517] Dahinter steht die Überzeugung, daß aus Konsistenzgründen nur eine Erklärung gelten könne. Platon hingegen geht bewußt von zwei Erklärungsmöglichkeiten aus, ohne die eine auf die andere reduzieren zu wollen.

Unter mathematischen Gesichtspunkten sind die Abbilder der Ideen (mathematische) Körper (Tim. 50B)[518] bzw. Formen[519]; unter nicht-mathematischen Gesichtspunkten sind sie Qualitäten von Körpern (Tim. 52D). In diesem Sinne verwendet Platon beide Ausdrücke in einem Atemzug. Bei der Erklärung des Übergangs eines Elements in ein anderes treten beide Ausdrücke ohne Unterschied auf, z.B. für Luft und deren Gestalt (Tim. 49C, 60B). Und dies gilt nicht nur für die vier Elemente, sondern für alle sinnlichen Dinge: Wenn der Raum als das Aufnehmende bezeichnet wird, ist das, was er aufnimmt, alles Werden (Tim. 49A) bzw. alles wahrnehmbar Gewordene (Tim. 51A). Das, was in die dritte Gattung eintritt und wieder aus ihr heraustritt, ist das, was durch das Werden bestimmt ist (Tim. 49E).

4 Zusammenfassung

Im „Timaios" treten zwei Erklärungen der sinnlichen Dinge auf, die sich nicht aufeinander reduzieren lassen: eine qualitative und eine quantitative. Daraus folgen zwei Konzeptionen des Werdens bzw. der Gegenstände des Werdens: mathematische bzw. physikalische Körper (Formen) und nicht-mathematische bzw. qualitative Eigenschaften.[520] Dieser Dualismus ist allein erkenntnistheoretischer,

[516] Nach F. Solmsen (1960a), 43-44 hat Aristoteles, nicht Platon selbst, eine qualitative Erklärung gegeben.

[517] F. Solmsen (1960a), 44, Anm. 94, 45-46.

[518] L. Brisson (1992), 249, Anm. 350.

[519] morphê, eidos, Tim. 50B, 51A, 52D. Beide Ausdrücke werden hier synonym verwendet (50D, 50E).

[520] Vgl. H. Happ (1971), 121; D. Furley (1989), Cosmic Problems: Essays on Greek and Roman Philosophy of Nature, 143. Um behaupten zu können, daß der Raumbegriff im „Timaios" einheitlich sei, macht Brisson keinen Unterschied zwischen Qualitäten und Substanzen bzw. Körpern als Abbildern der Ideen. L. Brisson (1992), 30.

nicht ontologischer Art. Es handelt sich um zwei unterschiedliche Versuche, das Werden und die sinnlichen Dinge zu erklären.

Daher läßt sich auch verstehen, warum Platon seine Überlegungen als ‚Überredung', nicht als Belehrung bezeichnet (Tim. 51E). Dies entspricht auch dem zuvor über Notwendigkeit und eine ‚wandernde' oder ‚umherschweifende' Ursache Gesagten, die beide zu einer geordneten Welt führen (Tim. 48A). Die qualitative Erklärung im ersten Teil und die quantitative Erklärung im zweiten Teil des „Timaios" gehören insofern auch zusammen: das durch Notwendigkeit Gewordene stellt dar, wie die vier Elemente ineinander übergehen, aber es bedeutet nicht die einzige Erklärung. Die mathematische Erklärung im zweiten Teil soll die qualitative Erklärung im ersten Teil des „Timaios" nicht ‚beherrschen', eher ist das Umgekehrte gemeint. Weil dies aber im strengen Sinne nicht möglich ist, gibt es keine vollständige Harmonie zwischen beiden Erklärungen.

In diesen Zusammenhang gehört auch der schwierige Begriff des Raumes im „Timaios". Nach Platon ist dieser Begriff nur über eine Art Bastard-Schluß zugänglich (logismos nothos, Tim. 52B). Der Raum nimmt die sinnlichen Dinge auf, und er wird nur über die sinnlichen Dinge bestimmbar. Wenn es aber zwei unterschiedliche Konzeptionen der sinnlichen Dinge gibt, dann muß das auch Folgen für den Raumbegriff haben. Das soll im folgenden Kapitel näher dargestellt werden.

V Der Raum als dritte Gattung

1 Einleitung

Um den Begriff des Raumes im „Timaios“ zu verstehen, mußte zunächst der Begriff des Werdens behandelt werden. Der Grund war, daß sich der Raumbegriff nicht direkt, sondern nur indirekt, nämlich durch die Bestimmungen, die er durch das sich in ihm befindende Werden erfährt, formulieren läßt. In diesem Zusammenhang wurde in Kapitel IV gezeigt, daß Platon im „Timaios“ zwei unterschiedliche Konzeptionen des Werdens vertritt und daß dies durch zwei Erklärungsmodelle, die sich nicht aufeinander reduzieren lassen, bedingt ist. Das eine Erklärungsmodell beruht auf Platons Ideenlehre in den mittleren Dialogen; es führt zu einer qualitativen Bestimmung der sinnlichen Dinge. Im Gegensatz dazu beruht das andere auf der Geometrie bzw. der Mathematik, die die Eigenschaften der sinnlichen Dinge durch quantitative Bestimmungen erklärt.[521] Das wiederum legt die Vermutung nahe, daß auch dem Begriff des Raumes im „Timaios“ zwei unterschiedliche Konzeptionen zugrunde liegen.

Oft wird betont, der Raumbegriff als dritte Gattung sei für die vorgetragene kosmologische Erklärung nicht erforderlich (Tim. 49A). Um den Übergang der Elemente ineinander zu erklären, muß Platon aber zunächst klar machen, was die Elemente mit dem Werden zu tun haben und was den Unterschied zwischen den Ideen und ihren Abbildern ausmacht. In diesem Sinne ist es denn auch erforderlich, einen Raumbegriff einzuführen. Ein wesentlicher Unterschied zwischen Ideen und sinnlichen Dingen liegt schließlich darin, daß die Ideen nicht räumlich sind, während sich die sinnlichen Dinge im Raum befinden (Tim. 52A).

Platon erklärt, daß es sehr schwierig sei, ‚mit Worten‘ deutlich zu machen, was die dritte Gattung sei (Tim. 49A). Zuvor hieß es, daß ‚logos‘ (Wort, Erklärung) schwieriger als ‚ergon‘ (Tat, Werk) sei (Tim. 19E); die Rede vom Raumbegriff gehört zur wahrscheinlichen Rede (Tim. 48D). Dabei wird zunächst gefragt, welcher Art der Raum sei (Tim. 49A). Die Antwort lautet: er ist das Aufnehmende allen Werdens. Diese Antwort ist jedoch eigentümlich formell: Sie besagt nicht, was der Raum eigentlich ist. Seine tatsächliche Natur ist abhängig von der des Werdens.

2 Der Raum als Amme des Werdens

In Tim. 49A wird die dritte Gattung, der Raum, als ‚Amme‘ bezeichnet. Diese Bezeichnung impliziert etwas anderes als den Begriff des Aufnehmenden; es könnte sowohl so etwas wie die reine Extension als auch die Aristotelische Materie gemeint sein. Amme sein, heißt ein Kind zwar ernähren, aber nicht gebären,

---

[521] Vgl. J. Mittelstraß/K. Mainzer (1995), Raum, in: J. Mittelstraß (Hrsg.) (1995), 483-484.

heißt Kinder aufziehen[522], die eine andere Mutter haben.[523] Hier macht Platon metaphorisch klar, daß das Werden abhängig von etwas anderem, einer dritten Gattung ist (Tim. 52C). Ohne Erziehung befindet sich ein Kind in keinen ‚geordneten Zuständen' (Tim. 43A-C); die Elemente, die in diesem metaphorischen Zusammenhang für die Nahrung stehen, stören die geordnete Bewegung der Seele. Als ungeordnete Bewegung der Seele bezeichnet Platon wiederum die ‚wandernde' oder ‚umherschweifende' Bewegung. Diese Bewegung charakterisiert auch die Zustände vor der Konstitution einer geordneten Welt. In diesem Kontext bezeichnet Platon die dritte Gattung als die ‚wandernde' oder ‚umherschweifende' Ursache des Werdens (Tim. 48A). Dies bedeutet, daß die dritte Gattung wohl eher als Metapher nicht für eine Art reiner Extension, sondern für die Aristotelische Materie steht, die im Rahmen der Aristotelischen Physik und Metaphysik schon die Möglichkeit qualitativer Bestimmungen in sich trägt.[524]

Auch ‚Mutter' tritt hier als eine weitere Metapher für den Raum auf (Tim. 50C, 51B). Dabei ist es so, daß nach griechischer Vorstellung die Mutter nur eine untergeordnete Rolle bei der Zeugung eines Kindes spielt. Nach Platonischer Auffassung reicht die Konzeption der dritten Gattung als reiner Extension zu deren Klärung noch nicht aus. Daher der Rekurs auf eine mathematische Erklärung, die zugleich den Übergang der Elemente ineinander verständlich machen soll.

Diese Erklärung ist auch deshalb notwendig (Tim. 50A), weil die Nähe zum Aristotelischen Materiebegriff, die mit der Ammemetapher eine andere Konzeption der dritten Gattung impliziert, weiterer Klärung bedarf. Platon führt deshalb das Beispiel Gold an. Damit wird die Funktion der dritten Gattung im Sinne der Aristotelischen Materie als Substratum hervorgehoben und noch einmal klargestellt, daß der Raum bei Platon nicht reine Extension, sondern so etwas wie die Aristotelische Materie ist.

Wie im letzten Kapitel gezeigt, dient die Mathematik im „Timaios", bezogen auf die Elemente, auch der Erklärung sinnlicher Eigenschaften. Auch das spricht für eine konzeptionelle Nähe zur Aristotelischen Materie und läßt verstehen, warum Platon hier (Tim. 72C) einen Ausdruck wie ‚ekmageion', der die Masse, ‚aus der' etwas hergestellt wird, bezeichnet, benutzt.

---

[522] Z.B. Pol. 460D. Sokrates' Zusammenfassung des in der „Politeia" Gesagten am Anfang des „Timaios" befaßt sich besonders mit der Zeugung. Dies zeigt, daß die Rolle der Amme in der „Politeia" auch für die Darstellung im „Timaios" Bedeutung hat.

[523] Guthrie (1978) sieht zwar den Unterschied zwischen den Metaphern 'Mutter' und 'Amme', hält letztere aber zugunsten einer einheitlichen Konzeption der dritten Gattung für irrelevant (263). Das ist problematisch. Die Metapher 'Amme' tritt auch noch an einer weiteren Stelle auf (Tim. 52D) und stellt tatsächlich einen wesentlichen Teil der Konzeption der dritten Gattung dar.

[524] J.-L. Vieillard-Baron (1976) (l'Interpretation Hégélienne du ‚Timée', ou la Philosophie de la Nature, Revue de Métaphysique et de Morale 81, 392) kritisiert Hegel darin, daß er die Platonische Funktion der dritten Gattung in diesem Zusammenhang nicht bemerkt habe.

3 Die dritte Gattung als Raum

Diejenigen Platon-Interpreten, die die dritte Gattung im „Timaios" allein als reine Extension bzw. als reines Medium verstehen[525], begründen dies damit, daß der Ausdruck ‚ekmageion', der die konzeptionelle Nähe zur Aristotelischen Materie zum Ausdruck bringt, ignoriert werden müsse, weil Platon in einer kurzen Zusammenfassung die dritte Gattung als das, worin das Werden stattfindet, bezeichne (Tim. 50C-D). In der Annahme, daß dem Begriff der dritten Gattung im „Timaios" eine einheitliche Konzeption zugrundeliege, wird alles so dargestellt, daß die dritte Gattung nicht als Aristotelische Materie erscheint.[526] So behaupten z. B. Keyt und Mohr, daß die Goldmetapher hier irrelevant sei, weil ein Abbild in seiner Existenz abhängig von seiner Idee sei, während die Existenz einer Idee des Goldes allein im Goldsein beruhe.[527] Demnach müßte die dritte Gattung der Be-

---

[525] G. M. A. Grube (1935), 170; H. Cherniss (1945), 22-23; D. Ross (1951), 222; H. G. Fakkeldey (1958), 27; C. J. de Vogel (1959), 22; D. Keyt (1961), 297; H. Gauss (1961), 65; J. J. Eslick (1963), 42, 48; S. Mansion (1965), Raum, in: C. Andresen (Hrsg.) (1965), Lexikon der Alten Welt, 2510; F. Solmsen (1968), Plato and the Unity of Science, in: ders. (Hrsg.) (1968), Kleine Schriften I, 407, 415; T. F. Torrance (1969), Space, Time and Incarnation, 4; A. Gosztonyi (1976), Der Raum. Geschichte seiner Probleme in Philosophie und Wissenschaften I, 8080-8088; J. J. Drummond (1982), Indivisible Lines and the Timaeus, Apeiron 16, 64; W. J. Prior (1985), 112; R. D. Mohr (1985), 92; M. L. Gill (1987), 46, 49-50; A. F. Ashbaugh (1988), 111; C. Gaudin (1990), 250; J. V. Luce (1992), An Introduction to Greek Philosophy, 109; L. Kintz (1994), Plato, Kristeva, and the Chora: Figuring the Unfigurable, in: S. Shankman (Hrsg.) (1994), Plato and Postmodernism, 145; E. A. Wyller (1995), Kosmos als Klangfigur. Platons Naturvision im „Timaios", Perspektiven der Philosophie. Neues Jahrbuch 21, 116; C. H. Kahn (1996), 386; M. Hoffmann (1996), 138-139; J. J. Cleary (1997), Plato's Teleological Atomism, in: T. Calvo/L. Brisson (Hrsg.) (1997), 241. D. F. Polis (1991) (A New Reading of Aristotle's Hyle, Modern Schoolman 68, 239) behauptet, daß der Begriff der Materie zwar im „Timaios" erwähnt, jedoch nicht in kohärenter Weise, wie bei Aristoteles, entwickelt wird, und daß der Raum bei Platon deshalb reine Extension sei. J. J. Cleary (1997), wie R. D. Mohr (1985, 91), versucht die Goldmetapher als irrelevant für die Erklärung der dritten Gattung darzustellen (241). Er übersieht dabei aber eine weitere biologische Metapher für die dritte Gattung. In Tim. 91C werden Schoß und Gebärmutter als ‚schweifend' bezeichnet, wie die dritte Gattung. J. Longrigg (1993) versteht die Rolle der Mutter wie Anaxagoras: Die dritte Gattung als Mutter trage nicht zur Entstehung bei, sondern stelle nur den ‚Ort' für die Entwicklung des Embryos dar (119).

[526] R. D. Mohr (1985), 92, erkennt zwar an, daß die beiden Metaphern für die dritte Gattung inkompatibel sind, behauptet jedoch, daß in diesem Falle eine Metapher zugunsten einer einheitlichen Darstellung ignoriert werden müsse. Ebenso A. E. Ashbaugh (1988), die bemerkt, daß im „Timaios" verschiedene Konzeptionen auftreten, aber meint, daß die biologische Metapher dem geometrischen Modell weiche (5, 98, 111).

[527] D. Keyt (1961), 297; R. D. Mohr (1985), 94. 114. Nach A. E. Ashbaugh (1988) stellt die Gold-Analogie die chôra nicht dar, weil Platon nicht von einem Beispiel zu einer Behauptung übergehe (119): Die Funktion der Analogie sei ähnlich der der heiligen Lüge in der „Politeia" (177, Anm. 59). Diese Interpretation gälte dann auch den Analogien bzw. Beispielen, die für den räumlichen Aspekt der dritten Gattung stehen.

hälter[528] bzw. der Ort der qualitativen Bestimmungen sein.[529] Das aber ist fraglich, weil das sinnliche Ding als Abbild in seiner Existenz von der dritten Gattung abhängt (Tim. 52C). Ohne die dritte Gattung kann das sinnliche Ding nicht für sich bestehen.

Ein weiterer Grund für die dargelegte Auffassung ist, daß Platon im „Timaios" den Ausdruck ‚hylê' anders als Aristoteles verwendet. Nur einmal (Tim. 69A) wird ‚hylê' als Ausdruck für einen Baustoff verwendet. Daß Platon keinen Terminus technicus für die Materie besitzt, bedeutet aber nicht notwendigerweise, daß es keine Platonische Konzeption der Materie gibt.[530]

Kratzert wiederum versteht die dritte Gattung als Raum bzw. als Potentialität der Individuation und behauptet, daß der Unterschied zwischen Materialität und Nicht-Materialität auf der Ebene der Potentialität keine Rolle spiele. Auf diese Weise werde die dritte Gattung nicht als Materie, sondern als eine ontologische ‚Größe' bezeichnet. Die biologischen Metaphern bzw. Darstellungen im „Timaios" seien Überreste des Hesiodschen Begriffs des Chaos, das zwar leer, jedoch stofflich sei. Platon versuche eine ‚Entmaterialisierung des Raumes', weshalb sich auch Veränderung nur als Ortswechsel verstehen lasse.[531] Diese Interpretation dürfte jedoch sehr gewaltsam sein, unter anderem deshalb, weil sie keine Verbindung zwischen Raum und Bewegung, die im „Timaios" (52E) eine wichtige Rolle spielt, vorsieht.[532]

Es ist folglich die Konzeption der Bewegung der dritten Gattung, die der Auffassung, diese Gattung bezeichne die reine Extension, im Wege steht. Wenn die dritte Gattung reine Extension wäre, bedeutete dies auch, daß sie homogen sein müßte.[533] Dagegen steht, daß nach Platon Bewegung immer Bewegung zwischen Inhomogenem (‚Gegensätzlichem') ist. Nach anderer Auffassung wiederum läßt sich die Bewegung der dritten Gattung als räumliche Konfiguration verstehen.[534] Hier bleibt die Frage nach der Ursache für eine inhomogene Konfiguration des Raumes unbeantwortet.[535] Es wird behauptet, daß diese Form des

---

528 L. J. Eslick (1963), 42; E. S. Casey (1997), 34.

529 W. D. Ross (1951), 222. Vgl. C. P. Bigger (1968), der die dritte Gattung als geometrisches Feld der mathematischen Ideen versteht (214).

530 K. Algra (1995), 85.

531 T. Kratzert (1998), 55, 88, 99, 103, 108, 110, 115.

532 T. Kratzert (1998), 109, Anm. 214.

533 H. F. Cherniss (1944), 453-444; ders. (1971b), 248; T. M. Robinson (1970), 94; J. Cropsey (1989), 178. D. J. Schulz (1966) versucht diesen Widerspruch dadurch zu vermeiden, daß er behauptet, daß die Bewegung des Raumes keine große Bedeutung für die Elementenlehre Platons habe (88).

534 D. J. Schulz (1966), 91-92; E. S. Casey (1997), 34. A. E. Ashbaugh (1988) scheint diese Annahme zu akzeptieren: Die Funktion der dritten Gattung sei die generative Annahme, die beide Aspekte harmonisiere (98, 111).

535 Vgl. H. Happ (1971), 104.

Raumes etwas Gegebenes, nichts vom Demiurgen Geschaffenes sei.[536] In diesem Sinne ist denn auch nach Pradeau die chôra im „Timaios" nicht die dritte Gattung, sondern der Ort (topos). Die dritte Gattung bezeichne die Gattung der chôra; die reine (homogene) Extension wäre die Gattung der Orte, die inhomogen sind und deren Inhomogenität als Bewegung erscheint.[537] In diesem Sinne bilde ‚chôra' den absoluten Ort, während ‚topos' der relative Ort bzw. der Ort der sinnlichen Dinge sei; ‚chôra' bedeute den ontologischen, ‚topos' den physikalischen Aspekt des Raumes.[538] Nach Pradeau verschafft die chôra den sinnlichen Dingen Lokalität, aus deren Zusammenfassung gewissermaßen ein Territorium der sinnlichen Dinge entsteht. In diesem Sinne stehe der konstitutive Aspekt der dritten Gattung nicht im Widerspruch zum räumlichen Aspekt, der sich auf eine ontologische Lokalisierung bezieht.[539]

Nach Pradeau ist das Verhältnis des topos bzw. der chôra zur dritten Gattung das Verhältnis eines Einzeldinges zu seiner Gattung (Tim. 52A). Wenn diese Interpretation zuträfe, hätte Platon, gegen die Aristotelische Kritik, beides nicht miteinander verwechselt: Platon verwende den Begriff der chôra im „Timaios" nur im Sinne des Orts, nicht im Sinne der homogenen Extension. Nun wird der Ausdruck ‚chôra' im „Timaios" tatsächlich meist synonym mit dem Ausdruck ‚topos' verwendet[540]; es ist jedoch fraglich, ob ‚chôra' nur die Orte meint, die mit der Bewegung bzw. der Veränderung der Elemente zusammenhängen. So gibt es im Zusammenhang mit der Erklärung der Veränderungen der Elemente, die hier mit Streitenden verglichen werden[541], keinen Hinweis darauf, daß ein unterliegendes bzw. zerstörtes Element etwa seinen eigenen Ort mit sich führt, wenn es an einen Ort, an dem sich Elemente seiner Art befinden, ‚flüchtet'. Timaios sagt z.B. lediglich, daß Erde ‚verschleppt' wird, bis sich ihre Teile

---

[536] E. S. Casey (1997), 35. In diesem Zusammenhang behauptet Casey (1997), daß die demiurgische Tätigkeit, die die Dinge nach schon gegebenen Orten anordnet, zwischen Mythos und Wissenschaft stehe (37).

[537] H. Mendell (1987), Topoi on Topos: The Development of Aristotle's Concept of Place, Phronesis 32, 215, 230; J.-F. Pradeau (1995), Être Quelque Part, Occuper une Place. Topos et Chôra dans le Timée, Études Philosophiques 50, 397, Anm. 1.

[538] J.-F. Pradeau (1995), 393.

[539] J.-F. Pradeau (1995), 398-399. Vgl. M. Jammer (1969), Concepts of Space: The History of Theories of Space in Physics, 15. Lokalisierung wird hier als vorkosmische (chaotische) Bewegung verstanden.

[540] Tim. 22E, 23B, 52B, 53A, 57C, 58A, 79D, 82A, 83A. Der Ausdruck ‚chôra' wird im Sinne von Territorium insbesondere im „Kritias" verwendet: Krit. 109B, 109C, 109D, 110C, 110D, 110E, 111B, 111E, 114A, 114B, 114D, 115C, 117E, 119A.

[541] Tim. 56C-57C, vgl. Tim. 56E: „wenn Feuer von der Bewegung von Luft- oder Wasserteilen mitgerissen wird, mit ihnen kämpft, unterliegt und in Stücke gebrochen wird." Am Anfang des Dialogs wird Timaios von Sokrates als die geeignete Person dafür angesehen, den idealen Staat in der „Politeia" in einen kriegerischen Zustand zu versetzen (Tim. 20B).

wieder treffen (Tim. 56D).[542] Wenn die Amme selbst mit ihrem ‚Territorium' flüchten könnte, würde es keinen Krieg der Elemente mehr geben.[543]

Im übrigen muß wohl zwischen dem Begriff der chôra und der chôra selbst unterschieden werden. Nach Pradeau bilden die chôra im physikalischen Sinne immer die Orte, die sich voneinander unterscheiden lassen. Die dritte Gattung wird jedoch auch als das Aufnehmende allen Werdens (Tim. 49A) bzw. als das alles Erfassende (pandeches, Tim. 51A) bezeichnet. Nach Timaios gibt es nichts außerhalb dieser Welt (Tim. 33C), weshalb es auch eine homogene chôra, die die Welt im ganzen – das Ganze stellt selbst eine Bezeichnung der Welt (Tim. 28B, 29C) dar – aufnimmt, geben muß.

Wenn Timaios mit dem Ausdruck ‚chôra' Orte bezeichnet, verwendet er diesen Ausdruck entweder in bestimmender Weise (Tim. 52B, chôra tina, 53A, 79D, 83A) oder im Plural (Tim. 57C).[544] Insbesondere in Tim. 54B (und Tim. 57C) wird klar, daß eine bestimmte chôra ein bestimmter Ort ist: Die Materialisten behaupten, daß jedes Seiende notwendig ‚an einem Ort' sei und einen bestimmten Teilraum einnehme. Wenn die Interpretation dessen, was mit ‚Spuren' der Elemente gemeint ist, im letzten Kapitel richtig ist, dann sind die Orte, die vor der Entstehung der geordneten Welt existieren, nicht etwa etwas schon von Anfang an Gegebenes, sondern erst das Resultat des Eintretens der qualitativen Bestimmungen in die dritte Gattung. Das heißt aber auch, daß zwischen der dritten Gattung und den Orten unterschieden werden muß. In diesem Sinne ist nach Timaios die dritte Gattung ‚formlos', nämlich ‚unterscheidungslos' (Tim. 50D, 51A).

Scheffel versucht noch auf eine andere Weise den Widerspruch zwischen homogen und inhomogen, bezogen auf die dritte Gattung, aufzulösen. Abgesehen von den Bestimmungen, die in die dritte Gattung eintreten, ist diese ein homogener Raum; wird sie zusammen mit diesen Bestimmungen betrachtet, ist sie geformt, also inhomogen.[545] Dies macht allerdings wiederum deutlich, daß zwischen der chôra selbst und ihren Orten unterschieden werden muß.

---

[542] Auf die Frage, was hier mit ‚verschleppter' Erde gemeint ist und ob man sich hier geometrische oder physikalische Körper vorstellen muß, soll hier, weil es sich um keine für das Verständnis wesentliche Bemerkung handelt, nicht näher eingegangen werden.

[543] Vgl. Tim. 58C. Daß eine wechselnde Größe der Elemente die Lage der Orte bestimmt, zeigt nur das Resultat des Kampfes der Elemente miteinander.

[544] Kritias verwendet den Ausdruck 'chôra' nur in dieser Weise: Tim. 19A, 22E, 23B; Krit. 109B, 109C, 110C, 110D, 110E, 111B, 114A, 114B, 114D, 115C, 117E, 119A. Für ihn ist ‚chôra' ein Synonym für ‚topos' (Ort), was in Krit. 114A und 114B deutlich wird (vgl. Tim. 22D, 22E, 23A, 24B, 24C, 24D, 25B, Krit. 109B, 109C, 111B, 111D, 112C, 113C, 114E, 119A, 120D). Nach Kritias ist chôra immer ein bestimmter Ort, der empirisch gegeben ist. Timaios' Konzeption der chôra ist dagegen nicht empirisch, sondern ontologisch bzw. metaphysisch gemeint. ‚Chôra' bezeichnet hier keinen empirischen Ort, sondern die Gattung bzw. den Begriff des Ortes. Ferner tritt der Ausdruck ‚hedra' auf (Tim. 52B, 53A, 59A, 60C, 62A, 67B, 72C, 79B, 79B, 80C; topos: 43B, 45E, 52A, 52B, 57C, 58C, 60C, 62C, 63A, 63B, 63C, 63D, 63E, 70E, 72B, 85B, 87A).

[545] W. Scheffel (1976), 79.

Lee identifiziert ebenfalls zwei unterschiedliche Konzeptionen der dritten Gattung, sucht allerdings die Konzeption des homogenen Raumes besonders auszuzeichnen. Nach Lee wird bis Tim. 52D unter der dritten Gattung die Materie verstanden. Dies sei allerdings keine ideale, sondern eine nur zufriedenstellende Antwort auf die Frage, was die dritte Gattung sei. Die wichtige Antwort werde im Anschluß an Tim. 52D gegeben: die dritte Gattung sei der reine Raum. Ein Grund dafür sei, daß vor Tim. 52D die Abbilder als ein ‚Derartiges' (toiouton), nämlich als Eigenschaften bezeichnet werden, die dritte Gattung als ein ‚Dieses' (touto), nämlich als Substrat, als Träger von Eigenschaften, während die Abbilder nach Tim. 52D keine Substanzen seien. Ferner akzeptiert Platon nach Lee hier die Reduktion der qualitativen auf die quantitativen Bestimmungen, obwohl es eine Diskrepanz zwischen der Darstellung vor und nach Tim. 52D gebe.[546]

Die Vorstellung einer quantitativen Reduktion der qualitativen Bestimmungen wurde bereits im letzten Kapitel kritisiert: Tim. 48E-52D läßt sich nicht als unabhängige (metaphysische) Rede von Abbildern verstehen. Ferner findet sich auch nach Tim. 52D die Bezeichnung der dritten Gattung als ‚Materie' (Tim. 88D).[547] Außerdem muß beachtet werden, daß die Rede von einer ‚zufriedenstellenden' Antwort (Tim. 50B) nicht impliziert, daß es an anderer Stelle eine bessere (exakte) Antwort gebe. Schließlich wird die Darstellung im „Timaios" im ganzen als wahrscheinlich, nämlich als nicht exakt, bezeichnet. Noch einmal: Am Anfang erklärt Timaios ausdrücklich, daß man sich mit einer wahrscheinlichen Rede zufriedenzugeben habe (Tim. 29C).

4 Die dritte Gattung als Materie

Daß die dritte Gattung als Amme und Ernährende verstanden wird, zeigt ihre konstitutive Funktion. So lassen sich auch die biologischen Metaphern im „Timaios" verstehen. Einige Platon-Interpreten versuchen dies um der gesuchten Eindeutigkeit des Raumbegriffs willen zu ignorieren. Hier wird nur die räumliche Funktion des Raumes betont. Die biologischen bzw. sexuellen Metaphern für die dritte Gattung lassen sich aber nicht einfach beiseiteschieben; sie spielen vielmehr eine wichtige Rolle im „Timaios" in der Weise, daß zwei unterschiedliche Erklärungen der Welt auftreten: eine mathematische und eine mit einer sexuellen Metapher operierende Erklärung.[548]

---

546 E. N. Lee (1966), 344-353, 357.

547 Vgl. E. N. Lee (1966), 351. Nach Lee ist das Hauptthema in Tim. 48E-52D nicht die dritte Gattung, sondern die Natur der Abbilder. Dies bedeutet aber nicht, daß die Konzeption einer dritten Gattung an dieser Stelle keine Rolle spielt. Lee weist denn auch darauf hin, daß zwei unterschiedliche Konzeptionen der dritten Gattung zwei unterschiedlichen Arten von Abbildern entsprechen.

548 Vgl. J.-F. Mattéi (1996), 195-198.

Wie bereits dargestellt, tritt der Demiurg sowohl als mathematischer Baumeister als auch als Vater der Welt auf. Die dritte Gattung wiederum ist nicht nur das Aufnehmende, sondern auch die Amme der Welt. In seiner Erklärung der Bewegungen im menschlichen Körper bezeichnet Timaios ausdrücklich die dritte Gattung als die Ernährerin und Amme des Alls, d.h. der Welt (Tim. 88D), weil es diese Bestimmung ist, die die (chaotische) Bewegung der Materie zu erklären vermag.[549] In den „Nomoi" wird die Amme als diejenige bezeichnet, die, wie das Beispiel der Schaukel demonstriert, neugeborene Kinder ‚in Bewegung setzt' (Nom. 790C). Hier läßt sich ein Zusammenhang mit der chaotischen Bewegung der vorkosmischen Zustände der Welt im „Timaios" finden: Die dritte Gattung ist die Ursache der chaotischen Bewegung (Tim. 52E). Sie befindet sich auch selbst in Bewegung (Tim. 53A), wie die Amme sich bewegt, wenn sie ein Kind in den Armen schaukelt (Nom. 790D).[550]

Außerdem trifft diese Metapher auch auf das zu, was im „Timaios" über Erziehung gesagt wird. Ihr Zweck und der Zweck der Darstellung liegen darin, daß die Vernunft über die Notwendigkeit, nämlich über die Unvernunft, zu herrschen lernt. Auch besteht nach Platonischer Auffassung die Erziehung bzw. die Bildung darin, daß der Einfluß des Vaters den Einfluß der Mutter übertrifft.[551] Dieser Prozeß wird als der Übergang von der Bewegung zur Ruhe symbolisiert; ein unangemessenes Maß an Nahrung, für das die unvernünftige Mutter bzw. Amme verantwortlich ist[552], bewirkt Verwirrung in Körper und Seele (Tim. 43B). In diesem Sinne wird die dritte Gattung bekanntlich als ‚wandernde' oder ‚umherschweifende' Ursache, nämlich als Ursache der chaotischen Bewegung der Welt, der menschlichen Seele und des menschlichen Körpers bezeichnet. Ein Übergang in einen geordneten Zustand läßt sich nicht vollständig vollziehen,

---

[549] Nach A. de Marignac (1951) verleiht die Metapher der ernährenden Mutter der hypodochê eine andere Bedeutung, nämlich die des Schützens (37). Vgl. C. Joubaud (1991), die meint, daß die chôra keine Ursache der Bewegung sei (26).

[550] Vgl. G. Teichmüller (1966) (Studien zur Geschichte der Begriffe, 525), der zwar die Amme mit dem Begriff der Bewegung verbindet, nicht aber den Zusammenhang des Begriffs der Ernährung mit dem Begriff der Bewegung. Vgl. Tim. 90C; hier wird Ernährung im Zusammenhang mit Bewegung erwähnt. Vgl. L. Ayache (1997), Est-il Vraiment Question d'Art Médical dans le Timée?, in: T. Calvo/L. Brisson (Hrsg.) (1997), 61. Nach Ayache hat die Bewegung der chôra einen therapeutischen Effekt, so wie die Bewegung der Wiege die Kinder beruhigt.

[551] Nach Y. Brès (1973) (La Psychologie de Platon, 78) ist die Bildungsfunktion eines Vaters in der „Politeia" dieselbe wie im „Timaios". Vgl. A. Dickason (1973/74), Anatomy and Destiny: The Role of Biology in Plato's Views of Women, Philosophical Forum 5, 50.

[552] In diesem Sinne müssen auch die Mütter, wie die Notwendigkeit im „Timaios", überredet werden, ihre Geschichten den Kindern nicht ‚schlecht', nämlich als wirkliche Ereignisse, zu schildern (Pol. 381E). So läßt sich auch verstehen, warum Sokrates zu Beginn des „Timaios" so ausführlich von der Kinderzeugung und Kindererziehung spricht. Hier wird bereits angedeutet, daß der Begriff der Erziehung eine wichtige Rolle in der Erklärung der Welt spielt. Das wird z.B. von T. Ebert (1998) übersehen (95).

weil die Welt in Bewegung bleibt. Auch in diesem Sinne bedeutet die Darstellung des „Timaios" nicht Belehrung, sondern Überredung (Tim. 51E).[553]

In diesem Zusammenhang versuchen, wie ebenfalls schon erwähnt, einige Platon-Interpreten, die wiederum die biologischen Metaphern für die dritte Gattung als die eigentlich wesentlichen betrachten, diese Gattung im Sinne der Aristotelischen Materie zu verstehen.[554] Ein Grund dafür sei, daß sich Platon im „Timaios" ausdrücklich gegen die Vorstellung eines leeren Raumes wende (Tim. 58A, 58B) und daß sich die Räumlichkeit als eine Eigenschaft der Materie verste-

---

[553] Es ist in diesem Zusammenhang interessant zu bemerken, daß Sokrates im „Phaidon" seine Frau Xanthippe für seine Unterhaltung mit anderen Dialogteilnehmern als ein Hindernis darstellt. In Phaid. 60A steht Xanthippes Rede im Gegensatz zur Rede des Sokrates; ihre Rede wird als die gleiche bezeichnet, wie sie die Frauen pflegen, während die Rede des Sokrates als ungewöhnlich bezeichnet wird. Am Ende dieses Dialoges tritt Xanthippe mit ihren Kindern wieder ein, wird aber von Sokrates erneut herausgeschickt, während die Freunde bis zu seinem Tod bei ihm bleiben. Im „Symposion" wird Eros, den Agathon als einen Philosophen, nämlich als einen Liebhaber von Sophia (Weisheit), bezeichnet, als Sohn des Poros, der ein Symbol der Vernunft ist, und der Penia, die ein Symbol der Unvernunft ist, dargestellt (Symp. 203D). Sokrates, der Vernünftige, und Alkibiades, der Unvernünftige, suchen Agathon als Liebhaber zu gewinnen. Daß Agathon Sokrates folgen will (Symp. 222E), symbolisiert die Überwindung der Unvernunft durch die Vernunft. Auch dieser Dialog läßt sich insofern aus einem pädagogischen Gesichtspunkt verstehen. Dies gilt auch vom „Timaios".

[554] H. Jackson (1885), 16; Chaignet, A.-E. (1887), Histoire de la Psychologie des Grecs, 210; C. Braig (1891), Zu Plato's Timaeus p. 51E - p. 52B, Philosophisches Jahrbuch 4, 23-24; C. H. Moore (1916), 165-166; E. Sachs (1917), 224-225; G. Teichmüller (1966), 328, 338; H. J. Johnson (1967), Three Ancient Meanings of Matter: Democritus, Plato, and Aristotle, Journal of the History of Ideas 28, 6; J. H. Randall (1970), 254; H. J. Folse (1978), 73, 77; W. K. C. Guthrie (1978), 266, Anm. 3, 268; J. Driscoll (1979), 255-258; R. Hahn (1980), Material Causality, Non-Being, and Plato's Hypodoche: A Review of the Timaeus in Terms of the Divided Line, Apeiron 14, 57-58, 62; M. D. Akhundov (1986), Conceptions of Space and Time: Sources, Evolution, Directions, 80; D. R. Miller (1994), The Third Genos in Plato's Timaeus, Harvard Studies in Classical Philology 96, 402; S. Menn (1998), 86, Anm. 10; H.-U. Baumgarten (1998), Handlungstheorie bei Platon. Platon auf dem Weg zum Willen, 161. Nach E. A. Maziarz/T. Greenwood (1968) ist im kosmologischen Dialog „Timaios" von der Materie die Rede, während in den logischen Dialogen „Philebos" und „Nomoi" die reine Extension Gegenstand der Analyse sei (147). Vgl. D. T. Devereux (1994), der behauptet, daß es im „Timaios" nur um die (immanenten) Ideen gehe und die dritte Gattung nicht der Raum, sondern die Materie sei (19, Anm. 13). Vgl. M. L. McPherran (1984), Ontology and Relations in Plato's „Phaedo", „Parmenides", and „Timaeus", 216, 218-219; ders. (1989), Plato's Reply to the 'Worst Difficulty' Argument of the Parmenides: Sophist 248a-249d, in: J. Anton/A. Preus (Hrsg.) (1989), 230-232. Nach McPherran ist die dritte Gattung die Trägerin von Eigenschaften (232). Nach W. Charlton (1983) (Prime Matter: A Rejoinder, Phronesis 28, 197-210) tritt der Begriff der ersten Materie nicht erst bei Aristoteles, sondern schon bei Platon, eben im „Timaios", auf; vgl. ders. (1992), Aristotle. Physics Books I and II, 84-85, 141-142; ders. (1995), Space, in: T. Honderich (Hrsg.), The Oxford Companion to Philosophy, 842; T. M. Horstschäfer (1998), ‚Über Prinzipien'. Eine Untersuchung zur methodischen und inhaltlichen Geschlossenheit des ersten Buches der *Physik* des Aristoteles, 440-445, 456; S.-M. Nikolaou (1998), 156-157.

hen lasse.[555] Dabei muß allerdings beachtet werden, daß sich Platon in seiner Erklärung des Übergangs der Elemente ineinander zu der Annahme gezwungen sah, daß es Zwischenräume zwischen den Elementen gebe[556], wobei diese kleiner als das kleinste Element, nämlich das Feuer, seien (Tim. 58B, 60E, 61A, 61B). Die Annahme leerer Zwischenräume spielt ferner eine wichtige Rolle in der Erklärung des Atmens und der Verdauung (Tim. 77A, 81A, 81B). Hier sollte auch nicht übersehen werden, daß nach Platon der Stoffwechsel des menschlichen Körpers die Bewegung des Ganzen, nämlich der Welt im ganzen, nachahmt.[557]

Viele Platon-Interpreten sehen hierin einen Widerspruch.[558] Sie versuchen dann entweder, die Vorstellung der Existenz von leeren Räumen zu verneinen bzw. als eine unwichtige Nebenbemerkung abzutun, oder die Zurückweisung des leeren Raumes im „Timaios" zu relativieren. So vertritt z.B. Archer-Hind die Auffassung, daß Platon sich zwar gegen den leeren Raum als ein mechanistisches Prinzip wende, nicht jedoch gegen die Annahme seiner Existenz.[559] Andere wiederum halten an einer prinzipiellen Rolle der Konzeption des leeren Raumes fest.[560]

5 Identität des Raumes und der Materie?

Nach Auffassung einiger Platon-Interpreten sind Raum und Materie bei Platon identisch.[561] So sind z.B. nach Gloy beide Aspekte, bezogen auf das Wesen der dritten Gattung, untrennbar. Demnach wäre die dritte Gattung weder der leere Raum, noch der geometrisch strukturierte Raum, noch der Aristotelische Örter-

---

[555] C. Ritter (1919), Platons Stellung zu den Aufgaben der Naturwissenschaft, 7-8, 34; S.-M. Nikolaou (1998), 166-169, 172.

[556] Vgl. K. Gloy (1986), 88; P. Duhem (1976), Plato's Theory of Space and the Geometrical Composition of the Elements, in: M. Čapek (Hrsg.) (1976), 24.

[557] Tim. 81A, 81B, 88C, 88D, 88E. Auch die therapeutischen Bewegungen des Menschen ahmen die Bewegungen des Alls nach (Tim. 89A, 90C); ferner sollen die Menschen zur Erforschung der Welt die Bewegung des Alls nachahmen (Tim. 44D, 47A, 90D). Vgl. A. Rivaud (1948) (Histoire de la Philosophie I. Des Origines à la Scolastique, 208), der zwischen dem möglichen und dem realen Leeren unterscheidet und behauptet, daß Platon das reale Leere verneine. Platon muß allerdings die Existenz des realen Leeren akzeptieren, um seine Elementenlehre konsequent auszuarbeiten.

[558] Z.B. E. Sachs (1917), 219; H. G. Zekl (Hrsg.) (1992), 214, Anm. 160: „Bei einem Atomismus der Elementarkörper ist dies (...) schwer auszudenken. Dies Theorem erfordert eigentlich Kontinuität von Materie."

[559] Archer-Hind (Hrsg.) (1888), 210; ferner A. E. Taylor (1928), 399, 427. Anders L. Brisson (1992) (257, Anm. 456), der behauptet, daß die Zwischenräume zwischen den Elementen keine leeren Räume sind.

[560] J. J. Drummond (1982) erklärt, daß Platons Theorie der Materie widerspruchsvoll wäre, wenn die Existenz des leeren Raumes verneint würde (63).

[561] S.-M. Nikolaou (1998), 163. H. G. Zekl (Hrsg.) (1992) sieht diese Identität in Form der Geometrie (72), erklärt jedoch nicht, wie dies zu verstehen ist.

Raum, sondern der materiell gefüllte, dynamische Raum bzw. die räumlich strukturierte Materie.[562] Als Grund wird angeführt: Der Raum wäre reiner Anschauungsraum bezogen auf mathematische Konstruktionen, wenn es eine Unterscheidung zwischen dem Raum und der Materie gäbe. Mathematische Konstruktionen wären dann auch exakt auf die sinnliche Welt anwendbar, weil der Raum die Bedingung der Möglichkeit materieller Gegenstände wäre. Nun ist der Raum aber nach Platon kein reiner Anschauungsraum, sondern die Materie der sinnlichen Welt. Gloy unterscheidet hier zwischen der Materie als Raum und der geformten Materie, die das Resultat des Eintretens der Ideen in die Materie sei, um die Zwischenräume im Rahmen der Konzeption der Elementenlehre nicht als leere Räume verstehen zu müssen. Zunächst gebe es Ideen und den materiellen Raum; aus dem Zusammenwirken beider entstehe dann die geformte Materie.[563] In diesem Zusammenhang werden auch Rationalität und Mathematizität als unterschiedliche Prinzipien im „Timaios" bezeichnet.[564] Dabei scheint der Begriff der Rationalität mit der ersten Stufe, der Begriff der Mathematizität mit der zweiten Stufe verbunden zu sein.

Ein weiterer Grund für die Identität von Raum und Materie im „Timaios" ist für Gloy der, daß Platon hier, wie die Pythagoreer[565], den physikalischen mit dem mathematischen Bereich identifiziere und die Physik auf die Mathematik reduziere.[566] Nach Porphyrios ging es Pythagoras vor allem um die Wahrheit.[567] Timaios wiederum bezeichnet die Anwendung der Geometrie auf die Elementenlehre als wahrscheinlich, nämlich als nicht exakt (Tim. 56B). Dies läßt sich als Kritik an den Pythagoreern verstehen. Darum ist es auch problematisch, mit Ebert zu behaupten, daß der Autor des „Timaios" nicht Platon, sondern Timaios, der Pythagoreer, sei.[568]

6 Die dritte Gattung als moderner Raumbegriff ?

Einige Platon-Interpreten versuchen den scheinbar widerspruchsvollen Raumbegriff Platons im Sinne einer modernen Konzeption des Raumes zu deuten. So bringt Friedländer die Konzeption einer dritten Gattung mit dem philosophi-

---

562 K. Gloy (1986), 29, 82. Ferner C. Ritter (1919), 35-37; H. G. Zekl (1990), Topos. Die aristotelische Lehre vom Raum. Eine Interpretation von Physik IV 1-5, 33. Nach W. G. Saltzer (1997) tritt das materielle Moment später im „Timaios" zurück, ohne daß damit die Konzeption der dritten Gattung an Bedeutung verliere (233, 246).

563 K. Gloy (1986), 84-87.

564 K. Gloy (1990), 654; dies. (1995), 91.

565 F. M. Cornford (1976), The Invention of Space, in: M. Čapek (Hrsg.) (1976), The Concepts of Space and Time: Their Structure and Their Development, 9.

566 M. Jammer (1969), 14-16; J. T. Cushing (1998), 155, 156.

567 Porph. *V. P.* 41; W. K. C. Guthrie (1962), A History of Greek Philosophy I: The Earlier Presocratics and the Pythagoreans, 254.

568 T. Ebert (1991), 53; ders. (1998), 93, Anm. 16, 96-98.

schen Begriff der Energie in Verbindung.[569] In diesem Sinne greife Platon auf die moderne Physik vor.[570] Bei Schulz ist die dritte Gattung der Raum als Träger der geometrischen Elementarfiguren: Die qualitativen Bestimmungen seien aus den quantitativen Bestimmungen abgeleitet.[571] In diesem Fall müssen die Elementarfiguren physikalische Qualitäten haben, weil die Bewegung der Elemente dem Prinzip ‚Gleiches zu Gleichem' folge.[572] Nach Schulz befinden sich die Elementarfiguren in einem ontologischen Zwischenzustand, der sich unter Gesichtspunkten der modernen Physik verständlich machen lasse (vgl. dazu Abschnitt 3.3.2 in Kapitel IV). Die auch dem Platonischen Begriff zugrundliegende Voraussetzung, daß die Materie das letzte Prinzip aller qualitativen Veränderungen sei, führe zu den Schwierigkeiten des Raumbegriffes.[573] Diese Interpretation ist zwar scharfsinnig, dürfte aber historisch unangemessen sein.[574] Gegen sie spricht schon die Reduktion der qualitativen auf die quantitativen Bestimmungen, die der Erklärungsversuch von Schulz voraussetzt[575]: die Idee des Feuers ist nicht das Tetraeder.

7 Versuche zur Harmonisierung beider Aspekte

Andere Platon-Interpreten, z.B. Bassfreund, versuchen, chôra im „Timaios" weder als leeren Raum, noch als die Materie, sondern als Räumlichkeit, nämlich als das Prinzip der Individuation bzw. des ‚Werdens' sinnlicher Dinge zu verstehen.[576] Nach Ashbaugh stellt chôra weder das Substrat der Eigenschaften noch den Ort dar, vielmehr die Räumlichkeit, die sowohl Inbegriff aller physikalischen Dinge, nämlich die Idee einer physikalischen Grenze der Welt, ist, als auch die hypothetische Vorstellung einer göttlichen Vernunft.[577] In dieser Interpretation bleibt unklar, wie Räumlichkeit beide genannten Aspekte umfassen soll.

Wieder andere Platon-Interpreten versuchen die beiden unterschiedlichen Konzeptionen des Raumbegriffes dadurch miteinander in Einklang zu bringen, daß sich diese als Aspekte bzw. Funktionen des Raumbegriffes darstellen lassen.[578] So weist Brisson z.B. darauf hin, daß es zwei Arten von Metaphern, die

569 P. Friedländer (1949), 230-231. T. M. Robinson (1993) deutet die vorkosmische Materie als Teil einer indeterministischen, Heisenbergschen Bewegung (100, 103).
570 P. Friedländer (1949), 233; ders. (1964), Platon I. Seinswahrheit und Lebenswirklichkeit, 271; H. Happ (1971), 104.
571 So auch H. Happ (1971), 105, 114.
572 D. J. Schulz (1966), 108, 110-111.
573 D. J. Schulz (1966), 24, 42, 111; W. Scheffel (1976), 61, 79-81.
574 L. Brisson (1974), 252, Anm. 7; K. Algra (1995), 81, Anm. 20.
575 So auch H. Happ (1971), 105.
576 J. Bassfreund (1885), 25-30, 33, 43.
577 A. F. Ashbaugh (1988), 41, 43, 114, 133, 151, Anm. 21.
578 Narbonne (1997a) sieht zwei Aspekte der dritten Gattung und meint, daß die Räumlichkeit für die Unterscheidung zwischen Ideen und sinnlichen Dingen verantwortlich sei, die Materie,

sexuelle und die mathematische, für die dritte Gattung im „Timaios" gibt[579], meint jedoch, daß diese nur unterschiedliche Aspekte desselben sind. Den Grund für diese Unklarheit sieht er darin, daß Platon keine exakte Begrifflichkeit für die dritte Gattung zur Verfügung steht.[580] Brisson versucht die dritte Gattung als ‚pandeches', nämlich als das alles Aufnehmende zu verstehen; die dritte Gattung wäre die Mitte, die ihre beiden unterschiedlichen Aspekte enthält[581]; gleichzeitig konstatiert er eine grundsätzliche Diskontinuität[582], um auf diese Weise die mit der Annahme von Zwischenräumen verbundene Schwierigkeit, die zunächst unlösbar erscheint[583], zu lösen. Nach Brisson impliziert die mathematische Erklärung der Elemente nicht die Existenz des leeren Raumes; die dritte Gattung stelle als ‚pandeches' vielmehr die Grundlage der räumlichen Konstitution dar: die Zwischenräume sind keine leeren Räume, sondern durch etwas gefüllte Räume.

Hier tritt die Frage auf, wie sich dann zwischen dem ‚pandeches' und dem durch etwas gefüllten Raum unterscheiden läßt. Wenn hier nicht unterschieden werden könnte, müßte das ‚pandeches' die Materie, für die die biologischen Metaphern im „Timaios" stehen, sein. Der eine Aspekt der dritten Gattung wäre dann die dritte Gattung selbst.

Reale behauptet, daß es im „Timaios" nicht zwei, sondern vier Aspekte der dritten Gattung gebe[584] und daß diese spezifische Aspekte desselben Prinzips seien, das Platon in seiner ‚ungeschriebenen Lehre' als Dyas, als Zweiheit, bezeichne.[585] Nach Reale sind die vier Aspekte die Notwendigkeit, die Materie, die

---

die der konstitutive Aspekt der dritten Gattung ist, für die Konstitution und die Irregularität der sinnlichen Welt (220-222). Ferner ders. (1997b), Note à Propos de l'Extrériorité présumée due Réceptacle Platonicien, in: T. Calvo/L. Brisson (Hrsg.) (1997), 261. Narbonne (1977b) erklärt allerdings nicht, wie sich die beiden Aspekte miteinander harmonisieren lassen. Nach seiner Meinung ist das Aufnehmende nicht einfach Räumlichkeit, sondern bewegende Räumlichkeit (271). Siehe auch J.-F. Mattéi(1996), der behauptet, daß der Begriff der chôra unklar ist, weil er sowohl einen ontologischen als auch einen sexuellen Begriff darstelle (194 -195). Vgl. M. Jammer (1980) (Das Problem des Raumes. Die Entwicklung der Raumtheorien), der behauptet, daß der Raumbegriff kein Gegenstand strenger mathematischer Forschung sei, weil eben die Rede vom Raum im „Timaios" unklar sei (15). Ebenso I. M. Crombie (1963), 424. Vgl. auch M. Robert (1949), Zum Physis-Begriff bei Platon, Wiener Studien. Zeitschrift für Klassische Philologie 64, 58; C. Joubaud (1991), 27, 30.

[579] Brisson sieht die beiden Aspekte der dritten Gattung im sprachlichen Gebrauch der Verben, die im Zusammenhang mit der Bewegung der dritten Gattung stehen; L. Brisson (1974), 208, 211, 218. Vgl. I. M. Crombie (1963), 222; H. J. Johnson (1967), 6; J. P. Kenney (1991), 16; R. Kraut (1997), 409; E. S. Casey (1997), 171; J. Dillon (1997), 34.

[580] L. Brisson (1974), 213, 218.

[581] L. Brisson (1974), 262-263. Nach Brisson (1996b) ist chôra weder Materie noch reine Extension (232).

[582] L. Brisson (1974), 264.

[583] Z.B. C. Deichmann (1893), 70; E. Sachs (1917), 219; Ch. Mugler (1967), Le Kenón de Platon et le *panta homou* d'Anaxagore, Revue des Etudes grecques 80, 213, 215, 217; A. Gosztonyi (1976), 85; P. Duhem (1976), 23-24.

[584] G. Reale (1993), 460-472.

[585] G. Reale (1996), 14.

Räumlichkeit und das Prinzip der Bewegung. Die Notwendigkeit, die er mit der ‚wandernden' oder ‚umherschweifenden' Ursache identifiziert, und das Prinzip der Bewegung gehören allerdings entgegen dieser Auffassung zur Materie. Dabei sieht auch Reale, daß die Aspekte der dritten Gattung widersprüchlich sind, weil die Darstellung nach Platon weder exakt noch dialektisch, vielmehr wahrscheinlich sei.[586] Er sagt allerdings nicht, was hier mit wahrscheinlich gemeint sei und warum Platon im „Timaios" zwei widersprüchliche Konzeptionen davon verwende.

Derrida beantwortet die Frage nach dem Wesen der dritten Gattung im „Timaios" noch auf eine andere Weise.[587] Dazu unterscheidet er zwischen chôra und *der* chôra.[588] Da chôra seiner Auffassung nach keine Bedeutung hat[589], ließe sie sich weder als Materie noch als Extension verstehen. Es gäbe folglich auch keine Übersetzung von ‚chôra', weil chôra ‚schwankt' und die Übersetzungen in Interpretationsnetzen ‚gefangen' blieben.[590] Trotzdem bringen nach Derrida "beinahe alle Interpreten des *Timaios* (...) an dieser Stelle die Hilfsmittel der Rhetorik zum Einsatz, ohne sich jemals hinsichtlich ihres Sujets Fragen zu stellen."[591] Er behauptet, daß bisher kein Interpret diesen Fehler nicht begangen hat; bisherige Interpretationen hätten mit dem Wesen der chôra nichts zu tun. Im strengen Sinne ließe sich nicht einmal die Bezeichnung ‚chôra' verwenden, weil damit schon Bestimmungen vorgenommen bzw. Unterscheidungen, z.B. zwischen Wort und Begriff, getroffen würden, wogegen die chôra im „Timaios" völlig bestimmungslos sei.[592] Man sollte die chôra als ein bloßes x bezeichnen, das keine eigene ‚Identität' besitze.[593]

Derridas Interpretation der dritten Gattung im „Timaios" scheint gewisse Ähnlichkeiten mit späteren erkenntnistheoretischen Betrachtungen, z.B. der Einführung des Begriffs des Dinges an sich, zu haben.[594] Dabei bildet chôra nach seiner Auffassung selbst noch den Gegensatz zur Unterscheidung zwischen Begriffen und ihren Gegenständen. So nimmt die chôra „alle Bestimmungen auf, aber sie besitzt keine davon als Eigentum."[595] Das aber macht keinen Sinn.[596]

---

[586] G. Reale (1993), 466.

[587] Zu Derridas Motiven seines Interesses für Platons chôra vgl. D. Thiel (1995), 215-216.

[588] J. Derrida (1990), Chôra, übers. u. hrsg. v. P. Engelmann, 23-24: „Es gibt *chôra – die chôra* aber existiert nicht."

[589] J. Sallis (1995), 164; O. Pasanen (1997), Double Truths: An Interview with John Sallis, Man and World 30, 112.

[590] J. Derrida (1990), 14, 17; J. Sallis (1995), 166.

[591] J. Derrida (1990), 15.

[592] Anders J. Sallis (1994), De la Chôra, in: C. de Cerisy (Hrsg.) (1994), Le Passage de Frontières. Autour de Travail de Jacques Derrida, 175.

[593] J. Derrida (1990), 18, 21-22, 24, 26.

[594] Vgl. I. M. Crombie (1964), der Platons Raum als das „I-know-not-what" bei Locke versteht (66).

[595] J. Derrida (1990), 27. Vgl. J. Moreau (1988), l'Idée Platonicienne et le Réceptacle, Revue Philosophique de Louvain 86, 148. Nach Moreau ist die Platonische chôra der Horizont, in

Auch müßte chôra dann Gegensatz zur Unterscheidung zwischen dem Erkenntnissubjekt und dem Erkenntnisobjekt sein. Dagegen macht Derrida einen Unterschied zwischen dem Demiurgen und der chôra, was wiederum im Rahmen seiner Interpretation inkonsequent sein dürfte.[597]

Zunächst ist zu fragen, wieso es überhaupt zwei unterschiedliche Konzeptionen des Raumes gibt.[598] Wenn die vorausgegangene Analyse richtig ist, läge der Grund in zwei unterschiedlichen Erklärungsmodellen der Welt. Wenn man, wie Derrida, die chôra als ein x bezeichnet, das keine Bestimmungen hat, kann sie im Prinzip alle Bestimmungen annehmen. Wenn sich aber alle Bestimmungen in qualitative und quantitative Bestimmungen einteilen lassen, läßt sich die chôra auch auf zweierlei unterschiedliche Weisen verstehen, nämlich als qualitative und als quantitative Bestimmungslosigkeit.[599] Im übrigen erklärt Derrida nicht, warum die Konzeptionen der chôra im „Timaios" miteinander unverträglich sind.[600] Seinen Vergleich der chôra mit einem Sieb versteht er als einen unüberwindbaren Widerstand des Textes gegen jede Bestimmung der chôra.[601] Warum, sagt er nicht. Im übrigen läßt sich, was hier als unerklärbar bezeichnet wird, unter dem Gesichtspunkt der dritten Gattung als Materie durchaus verstehen.[602]

Margel versucht den konstitutiven Aspekt auf den räumlichen Aspekt zu reduzieren. Die dritte Gattung sei nicht gleichzeitig das Aufnehmende und die Ernährung: Die Kapazität des Aufnehmenden werde in der Funktion des Ernährungsaktes konstituiert; die Amme sei nicht die Ernährung selbst, sondern übertrage die Nahrung auf ein Kind. In diesem Sinne versteht Margel die Amme als eine schützende Funktion, wie die Funktion des Gedächtnisses, das frühere Dinge (bzw. deren Repräsentationen) bewahrt.[603] In diesem Fall muß er aber zwi-

---

dem sich alle Gegenstände zeigen. Zur Kritik an Derrida vgl. M. J. Devaney (1997), 'Since at least Plato ...' and Other Postmodernist Myths, 21, 27-28.

[596] Wie P. Eisenman bemerkt, gäbe es nach Derrida keine unzutreffende Interpretation der Platonischen chôra; Derrida müßte auch die gegen seine Interpretation stehenden Vorstellungen akzeptieren. Vgl. J. Derrida/P. Eisenman (1997), Chora L Works, hrsg. v. J. Kipnis/T. Leeser, 10.

[597] Vgl. J. Derrida (1987), 281; S. Margel (1995), 18-19. In diesem Sinne identifiziert S. Rosen (1995) die chôra mit der Seele Platons.

[598] Vgl. D. Thiel (1995), 236.

[599] Vgl. D. Thiel (1998) (Chóra, locus, materia. Die Rezeption des platonischen Timaios (48a-53c) durch Nikolaus von Kues, in: J. J. Aertsen/A. Speer (Hrsg.) (1998), Raum und Raumvorstellungen im Mittelalter), der behauptet, daß Platon beide Konzeptionen der dritten Gattung unentschieden läßt (58). Die hier vorgelegte Interpretation ist eine Antwort darauf, warum dies der Fall ist.

[600] J. Derrida (1987), 292-293.

[601] J. Derrida (1990), 23; D. Thiel (1995), 227.

[602] Vgl. J. Mittelstraß (1998), Das Undenkbare denken. Über den Umgang mit dem Undenkbaren und Unvorstellbaren in der Wissenschaft, 24, 27-30. Mittelstraß hebt hervor, daß Grenzen des Wissens praktische, nicht theoretische Grenzen sind (29, 31). Das Undenkbare bzw. das Unvorstellbare wird durch Konstruktion denkbar und vorstellbar.

[603] S. Margel (1995), 115, 120-122, 124, 131.

schen der Repräsentation der chora und der des Demiurgen unterscheiden: Nach seiner Auffassung ist die Repräsentation der chôra genetisch, während die des Demiurgen noetisch ist.[604]

Die Amme schützt das Kind, doch besteht ihre Hauptfunktion in der Ernährung des Kindes. Hier macht die Unterscheidung zwischen der Ernährung und der Ernährenden keinen Sinn.[605] Unklar bleibt, was die Repräsentation der chôra bedeutet. Wie kann die chôra überhaupt etwas darstellen? Margel macht hier die chôra, wie den Demiurgen, zum Erkennenden bzw. zum Darstellenden und unterscheidet zwischen beiden, weil er zwischen Zuständen der Elemente vor der Intervention des Demiurgen und ihren kosmischen Zuständen nach dieser Intervention unterscheidet. Wenn der Demiurg aber Timaios ist und, wie im letzten Kapitel gezeigt, nicht nur mathematische, sondern auch nichtmathematische Ideen als seine Urbilder versteht, wenn ferner die vorkosmischen Zustände die Zustände der vier Elemente unter qualitativen Gesichtspunkten sind, muß die Rolle der Repräsentation im vorkosmischen Zustand nicht als die der chôra aufgefaßt werden, wäre die Funktion der chôra, nach Margel, keine konstitutive, sondern eine repräsentative, gäbe es keinen Unterschied zwischen dem Demiurgen und der chôra. Dies widerspricht wiederum Platons Intention.

Auch Ostenfeld erkennt das Problem einer Harmonisierung zweier unterschiedlicher Konzeptionen der dritten Gattung.[606] Er versteht jedoch die Materie im „Timaios“ als ein Zusammengesetztes aus mathematischen irregulären Körpern und der Matrix bzw. dem Ort, den sie im (chaotischen) vorkosmischen Zustand einnimmt.[607] Daraus ließe sich schließen, daß der Ort (topos) die eigentliche dritte Gattung im „Timaios“ ist, und daß Platon zwischen dem Ort und der (vorkosmischen) Materie, die aus dem Ort und den irregulären mathematischen Körpern besteht, nicht unterscheidet.

Nach Ostenfeld unterläuft Platon hier aus Unachtsamkeit eine Verwechslung. Doch spricht Platon von der dritten Gattung mit großer Vorsicht. Es heißt, daß die Rede von der dritten Gattung sehr schwierig sei (Tim. 49A, 49B), insbesondere weil zuvor die Elemente und die wiederum mit diesen verbundenen Schwierigkeiten behandelt werden müssen (Tim. 49B). Dies macht deutlich, daß die mit den Elementen verbundenen Schwierigkeiten auch der Grund für die Schwierigkeiten mit der dritten Gattung sind. Die Schwierigkeiten mit den Elementen bestehen darin, daß diese zwei unterschiedlichen Konzeptionen folgen.

---

604 S. Margel (1995), 124, Anm. 58.

605 Vgl. R. Kapferer (1952), Platons Timaios oder die Schrift über die Natur, 57, Anm. 77.

606 E. N. Ostenfeld (1973), 55-56.

607 E. N. Ostenfeld (1973), 59, ferner R. T. Runia (1986), 280. Runia ersetzt die irregulären Körper bei Ostenfeld durch ungeordnete Ereignisse und Bewegungen, weil es im vorkosmischen Zustand nicht die physikalischen Körper, sondern nur die Qualitäten gäbe. Vgl. G. und H. Böhme (1996), Feuer, Wasser, Erde, Luft. Eine Kulturgeschichte der Elemente, 102.

Dies vererbt sich auf die Konzeption der dritten Gattung mit der Folge, daß auch diese zwei unterschiedlichen Konzeptionen unterliegt.[608]

Braig behauptet, daß der Raumbegriff im „Timaios" ein Grenzbegriff sei: Der Raum im „Timaios" sei die Urmaterie, die die Einheit des physikalischen und des mathematischen Raumes darstelle.[609] Wenn es eine solche Urmaterie in der Konzeption Platons gäbe, hätte Platon dies sicher genauer dargestellt. Es gibt aber keine Hinweise in dieser Richtung.

8 Widersprüchliche Aspekte der dritten Gattung?

Wenn man davon ausgeht, daß dem Raumbegriff im „Timaios" zwei unterschiedliche Konzeptionen zugrundeliegen, lösen sich die aufgetretenen Interpretationsprobleme. Nun ist es gerade die Annahme vieler Platon-Interpreten, daß der Begriff des Raumes im „Timaios" ein einheitlicher bzw. konsistenter Begriff sei, die die Schwierigkeiten in der Interpretation des Raumbegriffes erzeugt. Dabei ist zuzugeben, daß die beiden unterschiedlichen Aspekte der dritten Gattung im „Timaios" nicht konsistent sind.[610] Die Frage ist, warum das so ist.

Wie im letzten Kapitel gezeigt, gibt es im „Timaios" zwei Konzeptionen des Werdens bzw. des Werdenden, das Abbild einer Idee ist, und zwar auf dem

---

[608] Ostenfeld faßt die Tätigkeit des Demiurgen literarisch auf: Der Demiurg korrigiert die irregulären physikalischen Körper im vorkosmischen Zustand mit Hilfe der (mathematischen) regulären Formen und macht daraus die regulären physikalischen Körper. Er erklärt aber nicht, woher die irregulären mathematischen Körper stammen. Wie im letzten Kapitel gezeigt, ist außerdem sehr fraglich, ob Platon im „Timaios" überhaupt von irregulären mathematischen Körpern im Zusammenhang mit einem vorkosmischen Zustand spricht. Nach Ostenfelds Auffassung spielt die dritte Gattung die Rolle des Prinzips der Individuation; E. N. Ostenfeld (1973), 57.

[609] C. Braig (1891), 27.

[610] Diese Interpretation folgt im Prinzip Aristoteles, der bereits die Unklarheit des Raumbegriffes im „Timaios" hervorhebt (De gen. et corr. B 329a13-14). Vgl. M. Robert (1949), 58-59; H. Conrad-Martius (1954), Die Zeit, 105; P. Duhem (1958), Le Système du Monde. Histoire des Doctrines Cosmologiques de Platon à Copernic I, 42; I. M. Crombie (1963), 222-223; K. M. Sayre (1983), 248, 250, 254; ders. (1998), 109, Anm. 28; C. M. Turbayne (1991), 32-33; Á. Szabo (1994), Die Entfaltung der griechischen Mathematik, 373; S. Margel (1995), 118, Anm. 50, 131; J. Dillon (1997), 35. Vgl. ferner N. A. Kaloyeropoulos (1980) (La Théorie de l'Espace chez Kant et chez Platon, 254-255), der behauptet, daß es einen Widerspruch nicht zwischen den beiden Aspekten, sondern zwischen der Funktion und den Eigenschaften der dritten Gattung gebe. Andere Platon-Interpreten sehen den Widerspruch an anderer Stelle: H. Morin (1965) versteht Platons Konzeption im „Timaios" als den Versuch, den älteren Idealismus mit einer neuen empirischen Auffassung zu verbinden. Nach A. W. H. Adkins (1970) (From the Many to the One: A Study of Personality and Views of Human Nature in the Context of Ancient Greek Society, Values and Beliefs, 140) versucht Platon im „Timaios" naiv und ohne Erfolg, seine Teleologie mit einer mechanistischen Erklärung zu verbinden. Nach F. R. Adrados (1997) sucht Platon im „Timaios" zwar nach einer konsistenten Erklärung, doch blieben die Resultate inkonsistent (39-44).

Hintergrund der Unterscheidung zwischen mathematischen und nicht-mathematischen Ideen. Da diese Unterscheidung eine fundamentale Unterscheidung ist, muß Platon im Rahmen seiner Analyse zwei unterschiedliche Konzeptionen der dritten Gattung, die die Abbilder der Ideen aufnimmt, akzeptieren. Dabei ist klar, worin der Grund für die Widersprüchlichkeit bzw. für die mangelnde Konsistenz liegt: in der Anwendung der mathematischen bzw. quantitativen Erklärung auf eine nicht-mathematische bzw. qualitative Erklärung der sinnlichen Dinge. Diese Anwendung bezeichnet Platon als wahrscheinlich und auch als nicht konsistent (Tim. 56B).

Nun läßt sich zeigen, im welchem Zusammenhang die beiden Erklärungsmodelle im „Timaios" mit den unterschiedlichen Konzeptionen der dritten Gattung stehen. Aus dem qualitativen Gesichtspunkt stellt sich zunächst das Verhältnis der Abbilder zur dritten Gattung wie folgt dar: Die Abbilder der nicht-mathematischen Ideen, z.B. der Idee des Feuers, stellen die eine Seite der dritten Gattung dar, nämlich als Materie, die das Substratum bzw. das (logische) Subjekt der nicht-mathematischen Bestimmungen ist.[611] In diesem Sinne ist die Materie bei Platon etwa das, was der Ort bei Aristoteles ist: Beide existieren nicht ohne die sinnlichen Dinge. Die Abbilder der mathematischen Ideen, z.B. der Idee des Tetraeders, stellen wiederum die andere Seite der dritten Gattung dar, nämlich als Raum, in dem und durch den sich die Körper bewegen.[612]

Die hier vorgelegte Interpretation der dritten Gattung vermag denn auch zu erklären, warum das Werdende bzw. das Werden im „Timaios" in doppelter Bedeutung auftritt: Es kann sowohl für immanente Eigenschaften als auch für Einzeldinge stehen. Wenn das Werdende im Sinne von immanenten Eigenschaften gemeint ist, läßt sich das Werden (genesis) als Veränderung der Eigenschaften der Materie verstehen. Wenn das Werdende im Sinne von Einzeldingen gemeint ist, läßt sich das Werden als Ortsbewegung einzelner Dinge verstehen. Einige Platon-Interpreten heben zwar die Doppeldeutigkeit hervor[613], erklären diesen Umstand aber auf andere Weise. So versucht z.B. Algra die Widersprüchlichkeit des Raumbegriffes dadurch zu erklären, daß er behauptet, daß der eine Teil im „Timaios" (48E-52D) metaphysisch, die folgende geometrische Darstellung hingegen physikalisch sei. In metaphysischer Rede wird die dritte Gattung als Materie verstanden, in physikalischer Rede als die Extension bzw. der Ort, der auch Prinzip der Individuation der einzelnen Dinge sei. Dabei verstehe Platon in metaphysischer Rede das Werden nicht als Ortsbewegung, sondern als Veränderung

---

[611] Siehe H. G. Zekl (Hrsg.) (1992), 71-72.

[612] D. T. Deverux (1994), 69, Anm. 13.

[613] Vgl. I. M. Crombie (1963), 222; T. Buchheim (1987), Die Spekulation des Werdens in Platons 'Timaios', in: R. Löw (Hrsg.) (1987), Oikeiôsis. Festschrift für Robert Spaemann, 26, 35. J. Derbolav (1972a) behauptet, daß das Werden im „Theaitetos" sowohl qualitative Veränderung als auch Ortsbewegung sei, während es im „Timaios" nur die Ortsbewegung gebe (184, Anm. 19). Die immanenten Eigenschaften im „Timaios" ließen sich deshalb als 'Derartiges' bezeichnen.

von Eigenschaften.[614] Algra behauptet ferner, daß das Verhältnis der Abbilder zu ihren Urbildern in diesem Kontext unwichtig sei, weil Tim. 48E-52D die geometrische Erklärung der sinnlichen Dinge noch nicht voraussetze.[615]

Diese Behauptung ist allerdings problematisch, weil Platon bereits hier die Abbilder nicht nur als qualitative Eigenschaften, sondern auch als quantitative Gestalten bzw. Körper bezeichnet und weil die dritte Gattung in Tim. 48E-52D nicht nur als Materie, sondern auch als Extension dargestellt wird. Das Verhältnis zwischen Abbildern und Urbildern ist folglich wichtig für das Verständnis des Raumbegriffes im „Timaios". Auch läßt sich Tim. 48E-52D, wie schon erwähnt, nicht als ein von anderen unabhängiger Teil der Darstellung verstehen. Ferner muß beachtet werden, daß sowohl die mathematische als auch die nichtmathematische Erklärung der sinnlichen Dinge als (bloß) wahrscheinlich gilt.

Die immanenten Eigenschaften lassen sich durch nicht-mathematische Bestimmungen erklären, während die Einzeldinge durch mathematische bzw. geometrische Bestimmungen erklärt werden. Die Aufgabe des Demiurgen in mathematischer Perspektive liegt darin, Einzeldinge bzw. physikalische Körper über geometrische Bestimmungen zu erklären. In diesem Zusammenhang werden immanente Eigenschaften als ‚Spuren' der Elemente verstanden.[616]

In diesem Sinne faßt auch Gerson die immanenten Eigenschaften als Qualitäten im vorkosmischen Zustand auf, behauptet jedoch, daß Platon im „Timaios" keine Erklärung der Verbindung dieser Qualitäten mit den Eigenschaften, die durch die geometrische Struktur z.B. des Tetraeders dargestellt werden, gebe.[617] Er scheint damit behaupten zu wollen, daß es keine notwendige Verbindung z.B. des Feuers mit der Eigenschaft, heiß zu sein, gebe.[618] Eine derartige Behauptung ist allerdings fraglich, weil die Erklärung des Feuers in Tim. 49B-C – das Feuer im vorkosmischen Zustand – dieses als etwas voraussetzt, das wahrnehmbar ist. Gerson faßt ferner die dritte Gattung im vorkosmischen Zustand als das Substratum von Eigenschaften, nämlich als Materie, auf, während sie nach der Intervention des Demiurgen reine Extension sei, obwohl sie noch einen materiellen Charakter als Überrest des vorkosmischen Zustandes besitze. Er erkennt zwar die Schwierigkeiten des Raumbegriffes, erklärt diese jedoch aus dem Wesen des Raumes selbst.[619] Nach anderen Deutungen liegen die Schwierigkeiten darin, daß der Raumbegriff im „Timaios" kein Gegenstand exakter mathematischer Forschung sei[620], oder daß Platons Geometrisierung der Welt alles andere als unbe-

---

[614] K. Algra (1995), 91.

[615] K. Algra (1995), 75.

[616] Vgl. K. M. Sayre (1998), der zwar die ‚Spuren' der Elemente als qualitative Kontinua versteht, aber trotzdem behauptet, daß die Teilhabe nicht auf der Ebene der ‚Spuren', sondern nur zwischen den ‚Spuren' und den Formen stattfinde (111, Anm. 31, 116). Wie gezeigt, sind jedoch die ‚Spuren' die Qualitäten, deren Modell die nicht-mathematischen Ideen sind.

[617] L. P. Gerson (1996), 46-48.

[618] L. P. Gerson (1996), 64, Anm 33.

[619] L. P. Gerson (1996), 54, 58, 61.

[620] M. Jammer (1980), 15.

deutend erscheinen lasse.[621] Nach White verursacht die Unklarheit des Teilhabebegriffs im „Timaios" die Doppeldeutigkeit des Raumbegriffs: Die Abbilder der Ideen ließen sich nicht nur als Instanz der Ideen (Qualia), sondern auch als Instantiation der Ideen (Quanta) verstehen.[622] Für den ersten Fall ist die dritte Gattung die Materie bzw. das Substrat, für den zweiten Fall der Raum, der das Prinzip der Individuation ist.[623]

9 Der Grund für die Inkonsistenz der Rede von der dritten Gattung

Um die mit dem Begriff der dritten Gattung verbundenen Schwierigkeiten zu lösen, muß zunächst die Frage beantwortet werden, was das Verhältnis zwischen mathematischen und nicht-mathematischen Bestimmungen ist. Nach Aristoteles erklären zwar beide Bestimmungen die sinnlichen Dinge; sie gehören aber unterschiedlichen Kategorien an und weisen auch keine Verbindung miteinander auf. In der neuzeitlichen Naturwissenschaft wird wiederum versucht, die nichtmathematischen auf die mathematischen Bestimmungen der Dinge zu reduzieren. Daneben steht der Begriff des absoluten Raumes, der Ähnlichkeiten mit dem Platonischen Raumbegriff aufweist. Wer einen exakten Raumbegriff zu formulieren vermag, ist ein ‚Freund Platons' (Tim. 54A).[624] Platon sucht einen derartigen Begriff, hält diesen jedoch für unmöglich, weil er auf die Ideenlehre, die die sinnlichen Dinge als qualitative Eigenschaften eines Substrats bzw. der Materie deutet, nicht verzichten will.[625]

In diesem Zusammenhang behauptet Dillon mit Recht, daß Platon die widersprüchliche Konzeption des Raumbegriffes im „Timaios" bewußt in Kauf

---

[621] P. Duhem (1976), 24-25.

[622] M. J. White (1996), Concepts of Space in Greek Thought, Apeiron 29, 184, 186.

[623] R. D. Mohr (1985) behauptet, daß die Pluralität der sinnlichen Dinge das nicht analysierte und vielleicht nicht analysierbare Gegebene sei, um die dritte Gattung nicht als reine Extension, die das Prinzip der Individualität der sinnlichen Dinge darstellt, verstehen zu müssen (96-97).

[624] Nach K. Gloy (1995), 91, ist Platons Ziel ein widerspruchsfreies Gesamtsystem, das aus konsistenten Teilsystemen besteht. Wie schon gezeigt, läßt sich jedoch Gloys Unterscheidung zwischen Teilsystemen als eikôs mythos und Gesamtsystem als eikôs logos nicht akzeptieren. K. M. Sayre (1998) behauptet, daß Platon bereit wäre, auf seine widersprüchliche Konzeption des Raumes zu verzichten, wenn es eine bessere Alternative gäbe.

[625] J. Mittelstraß (1981a) hebt hervor, daß Platons eigene Stellungnahme zur Idee einer mathematischen Physik unklar ist (55). Platon versucht zwar von der Ideenlehre zur physikalischen Naturforschung überzugehen, jedoch mit der Einschränkung, daß dieser Übergang wahrscheinlich, nämlich hypothetisch und nicht widerspruchsfrei, ist. Vgl. D. O'Brien (1984) mit dem Hinweis, daß die Doppeldeutigkeit in Platons Erklärung z.B. des Feuers und seiner ‚Spuren' ein nicht erledigtes Problem darstellt (152, Anm. 14). Es ist das Festhalten an der klassischen Ideenlehre Platons, das diese Doppeldeutigkeit des Werdens verursacht.

nimmt. Der Grund sei die Kritik an Demokrits Atomismus.[626] Dies läßt sich auch so verstehen, daß es Platons Absicht ist, auf der einen Seite sinnliche Dinge durch nicht-mathematische Ideen und auf der anderen Seite deren Veränderungen durch mathematische Ideen zu erklären.

Hier wird auch klar, warum Platon die Rede von einer dritten Gattung als eine Art Bastard-Schluß bezeichnet (logismos tis nothos, Tim. 52B).[627] Dieser Ausdruck findet sich nur einmal im „Timaios"; an anderen Stelle wird ‚nothos' meist in der Bedeutung von ‚inkonsistent' verwendet. Verwandte Ausdrücke sind z.B. ‚unheilig', ‚schlecht', ‚dumm' (amathia), ‚defekt', ‚knechtisch', ‚faul'.[628] ‚Faul' steht interessanterweise im Zusammenhang mit der Trägheit der Bewegung der sinnlichen Dinge im „Timaios": Die beste Bewegung der menschlichen Seele gegen die Krankheit ist die Bewegung „in sich selbst durch sich selbst", die auch die Denkbewegung sei (Tim. 89A). Da das Verschiedene bzw. die Bewegung des Verschiedenen im „Timaios" jenen Widerspruch voraussetzt, den der Demiurg mit dem ‚Zwang' so weit wie möglich, jedoch nicht völlig überwindet, macht dieser Zusammenhang deutlich, daß ‚nothos' Inkonsistenz bezeichnet. Das Antonym dieses Wortes ist ‚echt' (gnêsios)[629], das unter anderem vollbürtige Nachkommen bedeutet.[630] Da ‚gnêsios' auch ‚wahr' bedeutet[631], wird dieser Ausdruck auch im Gegensatz zu Ausdrücken der Überredung verwendet, mit denen Platon seine Rede im „Timaios" (51E) charakterisiert (Phaidr. 278A). Die ‚unechte' Rede ist also nicht wahr, sondern nur wahrscheinlich, nämlich nicht exakt und nicht konsistent.[632] Vor allem in der Anwendung mathematischer Bestimmungen auf nicht-mathematische Bestimmungen hebt Platon diesen Umstand hervor. Die mathematische Rede für sich ist wahr; ihre Anwendung ist wahrscheinlich.

In diesem Zusammenhang ist Pattersons Bemerkung interessant, daß ‚bastard' (nothos) ‚fremd für eine etablierte Gesellschaft' bedeutet. Nach Patterson macht ‚bastard' das Verhältnis des Philosophen (z.B. Sokrates) zu seiner politischen Gesellschaft deutlich.[633] Platon selbst bezeichnet die geometrische Erklärung der Elemente als ‚sonderbare' und ‚ungewohnte' bzw. ‚fremde' (atopos kai aêthês, Tim. 48D) Erklärung[634]: Seine stereometrische Argumentation ist tat-

---

[626] J. Dillon (1997), 35. Dillon führt ein hübsches Beispiel für Platons undogmatische Haltung an: Gilbert Ryle „sitting there and nodding, and sucking his pipe", J. Dillon (1997), 42, Anm. 26.

[627] Zu diesem Begriff und seiner Verwendung bei Platon vgl. D. Thiel (1998), 60.

[628] Pol. 461B, 496A, 535E, 536A, 587C-D.

[629] Lysis 222A; Pol. 535C, 536A, 587B.

[630] Gorg. 471C; Nom. 759C, 765D.

[631] Phaid. 66B („der wahrhaft Philosophierende"). Vgl. ferner Pol. 473D, 486A, 535C. Polit. 293E.

[632] J. E. Moncada (1994) behauptet, daß der Bastard-Schluß zum eikôs logos gehört (68).

[633] C. B. Patterson (1990), Those Athenian Bastards, Classical Antiquity 9, 41, 68-69.

[634] Vgl. Á. Szabo (1994), 250: die Geometrie als Wissenschaft des Raumes ein ‚Bastard-Wissen'. Als Grund dafür wird angeführt, daß die Bezeichnung ‚Geometrie', die für die Kunst des Feldmessens steht, in der „Epinomis" (973B) als ‚lächerliche Bezeichnung' bezeichnet werde.

sächlich neu und fremd für seine Zeitgenossen. In der „Politeia" (528A-B) wird betont, daß die Stereometrie noch nicht entwickelt sei. Im „Timaios" führt sie zu Unklarheiten, weil Platon auf sein älteres Erklärungsmodell nicht verzichten will.

In diesem Sinne heißt es im „Timaios", daß der Schluß auf die dritte Gattung kaum glaubhaft sei (mogis piston, Tim. 52B). ‚Pistis' bezeichnet hier nach der Erläuterung des Liniengleichnisses in der „Politeia" (511E, 533A) die Erkenntnisform für das Werdende (Tim. 29C). In der Platon-Interpretation führt dies zu der Behauptung, daß die Erkenntnisform der dritten Gattung anders als die der sinnlichen Dinge sei. Das Erfassen der dritten Gattung liege zwischen der Sinneswahrnehmung und dem Verstand bzw. dem Wissen.[635] Nach Gloy ist das Erfassen des Raumes als Möglichkeitsvorstellung unterhalb der konkreten Erfahrung (pistis) zu lokalisieren. Dieses Auffassen sei zwar, wie der Traum[636], unscharf, besitze jedoch eine Zwischenstellung zwischen Wahrnehmung und Denken[637], auch weil es sowohl begriffliche als auch anschauliche Momente einschließe.[638] Der Traum, mit dem Platon hier die Wahrnehmung verbindet, ist allerdings keine geeignete Metapher für ein Auffassen des Raumes: Wie Descartes später zeigt, ist ‚1+1=2' wahr unabhängig davon, ob diese Aussage im Wachen oder im Traum getroffen wird.[639] Duhem interpretiert ‚kaum glaubhaft' wörtlich: Die Existenz des Raumes ist kaum glaubhaft, auch wenn uns ihre konkrete Vorstellung überzeugt.[640]

Hier läßt sich ‚pistis' mit bloßer Überzeugung übersetzen. Die Überzeugung kann fest und wahr (bebaios kai alêthês) sein, obwohl zwischen der Überzeugung und dem Wissen streng unterschieden wird (Tim. 29C, 37B, 49B). Die Überzeugung oder Vorstellung (doxa) ist zwar wahr, wenn sie konsistent ist; sie ist jedoch kein exaktes Wissen, weil sie widerlegbar ist (Tim. 51D-E). Es muß also zwischen dieser Wahrheit und der Wahrheit des exakten Wissens unterschieden werden. Daraus läßt sich schließen, daß Platons Bemerkung über die Glaubhaftigkeit der weiteren Charakterisierung der dritten Gattung dienen soll.[641] ‚Kaum glaubhaft' bezieht sich auf die Widersprüchlichkeit des Raumbegriffs im

---

Dagegen ist es nicht korrekt, mit I. W. Rath (1990) zu behaupten, daß eine ‚ungewohnte' Rede ungenau sei (152).

635 C. Braig (1891), 24-25; L. J. Eslick (1963), 45-46.

636 Vgl. N. A. Kaloyeropoulos (1980), 262.

637 J. E. Moncada (1994), 66-67. In diesem Sinne behauptet W. F. R. Hardie (1993), daß der 'Bastard'-Schluß 'dianoia' sei (48).

638 K. Gloy (1986), 96.

639 Vgl. Theait. 158B: Die Wahnsinnigen und die Träumenden haben keine falsche Vorstellung.

640 P. Duhem (1958), 37; ders. (1976), 21-22.

641 Vgl. Pol. 601E; hier wird der poiêtês als derjenige bezeichnet, der einen richtigen Glauben (pistis orthê) besitzt. Timaios als poiêtês bemüht sich im „Timaios", seine Darstellung so weit wie möglich widerspruchsfrei zu halten. Bei der Darstellung der dritten Gattung wird jedoch klar, daß widersprüchliche Aussagen auftreten und dies am Erklärungsmodell für die sinnliche Welt liegt.

„Timaios".[642] Der Raumbegriff im „Timaios" ist in der Tat kein konsistenter Begriff.

In diesem Zusammenhang wird auch noch einmal klar, warum Platon die dritte Gattung als die Gattung der ‚wandernden' oder ‚umherschweifenden' Ursache (Tim. 48A) bezeichnet. Hier ist wichtig, daß nicht so sehr von einer derartigen Ursache, sondern von ihrer Gattung die Rede ist. Der Ausdruck ‚eidos' im „Timaios" ist ein Synonym für ‚genos' (Gattung).[643] In Tim. 48E wird die chôra als die dritte Gattung (triton genos) bezeichnet, die beiden anderen Gattungen (Idee und Werden) als ‚eidê' (Arten). Die dritte Gattung ist ferner eine Art (eidos), was Schwierigkeiten bereitet (Tim. 49A).[644] Chôra steht also nicht für die ‚wandernde' oder ‚umherschweifende' Ursache selbst, sondern für die Gattung dieser Art von Ursache.

Gattungen können unterschiedliche Arten einschließen. Z.B. ist in Tim. 58D die Rede von namenlosen Untergattungen (eidê) der Gattung Luft, die aus der Größenungleichheit der Dreiecke hervorgehen. Dies gilt ebenso für die Rede vom Wasser (Tim. 58D).[645] Zwischen Untergattungen besteht Ungleichheit. Daraus läßt sich schließen, daß die dritte Gattung zwei unterschiedliche Untergattungen, nämlich Materie und reine Extension, einschließt. Beide Untergattungen haben etwas gemeinsam: die Fähigkeit des Aufnehmens. Deshalb gehören sie derselben Gattung, der dritten Gattung, an. Der Unterschied betrifft die Aufnahme von unterschiedlichen Bestimmungen: qualitativen oder quantitativen Bestimmungen.[646]

In diesem Zusammenhang scheint Platon sein Vorhaben, noch näher auf die Weise der Aufnahme der Abbilder einzugehen (Tim. 50C), nicht einzulösen: Diese Weise ist ‚schwierig' und ‚erstaunlich', weil sich die Bedeutung des Aufnehmens verändert. In eben diesem Sinne bezeichnet Platon die dritte Gattung als die der ‚wandernden' oder ‚umherschweifenden' Ursache im Zusammenhang mit seiner Kritik an den Sophisten. Die Gattung Sophist ist unstet (planêton) und wird nirgendwo seßhaft (Tim. 19E).[647] Ihr Wesen ist das Umherschweifen.

---

[642] Vgl. L. Ballew (1979), Straight and Circular: A Study of Imagery in Greek Philosophy, 107, Anm. 90. Wenn man Ballew folgt, wären die unterschiedlichen Abbilder der Ideen die 'Bastard'-Kinder, von denen keines einen Vorrang vor einem anderen besitzt.

[643] Tim. 50E, 56D, 68E, 81A-B, 89A, 89E. In Tim. 57C, 57D und 58D ist 'genos' Untergattung von 'eidos'. Das Umgekehrte ist in Tim. 59E, 60A, 61C und 83C der Fall.

[644] Vgl. Tim. 51A.

[645] Auch Tim. 60A

[646] J. W. Yolton (1949), 54; M. Robert (1949), 58; H. Meinhardt (1968) (Teilhabe bei Platon. Ein Beitrag zum Verständnis Platonischen Prinzipiendenkens unter besonderer Berücksichtigung des „Sophistes") betont, daß man nicht nach der dritten Gattung für sich, sondern nach ihrer Bedeutung für die Einzeldinge fragen sollte (93). Anders D. R. Miller (1994), die in der dritten Gattung zwar eine abstrakte Gattung sieht, in dieser aber nur die Materie (402).

[647] Vgl. Pol. 371D. Dies erinnert an die natürlichen Orte der vier Elemente (Tim. 57C u.a.). Es gäbe keine Bewegung mehr, sondern nur noch Ruhe und Stillstand, wenn sich die Elemente an ihren eigenen Orten befänden und keinen weiteren Kontakt miteinander nähmen (Tim. 57D-58C). Ruhe bzw. Unveränderlichkeit ist wiederum eine Eigenschaft der Ideen. Die Umher-

Sie bildet den Gegensatz zu Timaios, der ein Bewohner einer wohlverwalteten Stadt ist (Tim. 20A).[648] Der Ausdruck ‚umherschweifend' charakterisiert ferner die Bewegung der Verschiedenheit am Himmel (Tim. 38C), weshalb der Demiurg Zwang ausüben muß. Außerdem bieten die schweifenden Wege der Planeten eine ‚unübersehbare' Mannigfaltigkeit (Tim. 39C-D).

Es ist kein Zufall, daß sich die Adjektive ‚unübersehbar' und ‚erstaunlich' auch in der Darstellung der dritten Gattung finden. Wenn Platon auf eine Erklärung der Aufnahme der Abbilder verzichtet, liegt der Grund dafür in ihrer Schwierigkeit und ihrem ‚erstaunlichen' Charakter (Tim. 50C). Die Bewegungen der Planeten lassen sich nach Platon vernünftigerweise, d. h. nach Vernunft und Verstand, nicht erklären (alogôs, Tim. 43B). Das Ziel des „Timaios" liegt wiederum darin, unser widerspruchsvolles Wissen durch Nachahmung einer widerspruchsfreien Erkenntnis zu überwinden (Tim. 47C). Die ‚wandernde' oder ‚umherschweifende' Ursache selbst läßt sich allerdings nicht widerspruchsfrei machen: Die Rede von einer dritten Gattung bleibt inkonsistent.[649] Sie wirft aber die Frage nach dem richtigen Raumbegriff auf, die in der Philosophie- und Wissenschaftsgeschichte nicht mehr verstummen wird.

schweifenden (planômenoi) sind nicht die Philosophen (Pol. 484B, 485B). Das Umherschweifen ist Unwissenheit (Phaid. 81A) bzw. unsichere Meinung (Pol. 479D, Soph. 230B, 245E).

648 Tim. 40B: Kein Umherschweifen charakterisiert die Gestirne, die göttlich bzw. vernünftig sind.

649 Interessanterweise steht hier die dritte Gattung in einem Gegensatz zum Aristotelischen Gott: Diese Gattung ist der sich bewegende Beweger, während der Gott (das Göttliche) bei Aristoteles der unbewegte Beweger (das unbewegt Bewegende) ist.

VI Zusammenfassung

Im ersten Kapitel ging es zunächst um eine allgemeine Darstellung des Wesens und der Besonderheiten der Naturphilosophie Platons. Das Ziel dieser Darstellung war, den systematischen Zusammenhang zwischen dem Platonischen Raumbegriff im „Timaios“ und dem wissenschaftlichen Status der Platonischen Naturphilosophie zu klären. Die diese Darstellung leitende These lautete: Das von Platon betonte Wahrscheinliche jeder Naturerklärung beruht in der Anwendung exakter Erklärungen, im Rahmen der Ideenlehre und der Mathematik, auf die (sinnlichen) Dinge, die ein von Verstand oder Vernunft nicht erreichbares (in den Dingen selbst liegendes) Moment einschließt. Dieses Moment markiert zugleich die Grenze einer exakten Erklärung natürlicher Zustände und Vorgänge. Die Rede von den sinnlichen Dingen im „Timaios“ kann daher nicht vollkommen konsistent sein.

Das zweite Kapitel betraf das Wesen des Demiurgen, der in den kosmogonischen und kosmologischen Teilen des „Timaios“ als Konstrukteur der Welt dargestellt wird und dessen Status in der Platon-Interpretation bisher weitgehend unklar geblieben ist. Das Ziel war zu zeigen, daß der Demiurg eine Metapher für Timaios, den ‚Autor‘ des Lehrvortrags, ist und dieser wiederum den (konstruierenden) Verstand bzw. die (konstruierende) Vernunft darstellt. Die Welt ist ein Werk des erklärenden Verstandes bzw. der erklärenden Vernunft, oder anders ausgedrückt: die Welt entsteht in der Theorie. Dieser Teil bildete zugleich die Grundlage für das dritte Kapitel, insofern das genannte Resultat einen Schlüssel zur Lösung des Problems des Verhältnisses zwischen den Ideen und den (sinnlichen) Dingen bildet, und für das vierte Kapitel, insofern sich die vorkosmischen Zustände der ‚sinnlichen‘ Dinge auf eine nicht-mathematische Weise (unter Rückgriff auf die Ideenlehre) erklären lassen. Es zeigte sich, daß die Unterscheidung zwischen den Zuständen der Natur vor der Intervention des Demiurgen und den Zuständen der Natur nach seiner Intervention dazu dient, ein neues Erklärungsmodell, nämlich ein geometrisches, zur Darstellung des Wesens der (sinnlichen) Dinge einzuführen.

Im dritten Kapitel ging es zunächst um eine allgemeine Erörterung des Gegensatzes von Sein und Werden in der Gesamtsystematik der Platonischen Ontologie, insbesondere um das Problem des Verhältnisses der Ideen zu den (sinnlichen) Dingen. Dabei wurde deutlich, daß die Ideen im „Timaios“, die sich noch als ein transzendentes Seiendes verstehen lassen, auch die Rolle von Begriffen spielen und sich das genannte Verhältnis nicht nur aus einem ontologischen, sondern auch aus einem epistemologischen Gesichtspunkt begreifen läßt.

Das vierte Kapitel behandelte die Begriffe des Werdens und der (sinnlichen) Dinge. Aufgabe dieses Kapitels war erstens der Nachweis, daß die beiden Erklärungsmodelle, nämlich die klassische Ideenlehre und die Mathematik, im „Timaios“ zwei unterschiedliche Auffassungen des Werdens bedingen, und zweitens die Klärung der Voraussetzungen und der Notwendigkeit der von Platon eingeführten Raumbegriffe. Wesentlicher Bestandteil der Analyse war hier die Feststellung, daß sich die nicht-mathematischen Bestimmungen nicht auf die mathematischen Bestimmungen der (sinnlichen) Dinge reduzieren lassen. Hier ging es daher um eine Abgrenzung zwischen einer ideentheoretisch begründeten Konzeption, die den ‚Zustand' der Welt vor der Intervention des Demiurgen erfaßt, und einer mathematisch begründeten Konzeption, die eine Erklärung der Welt nach der Intervention des Demiurgen betrifft.

Den gemeinsamen Hintergrund bildet dabei eine Theorie des Werdens, die sowohl qualitativen als auch quantitativen Gesichtspunkten und damit für den für die naturphilosophische Gesamtkonzeption zentralen Fall einer Elemententheorie den unterschiedlichen Ansätzen eines ideentheoretischen und eines mathematischen Erklärungsmodells entspricht. Hier wurde deutlich gemacht, daß sich beide Gesichtspunkte nicht aufeinander reduzieren lassen und an einem ebensolchen Versuch die bisherigen Interpretationen der Naturphilosophie Platons (weitgehend) gescheitert sind. Methodologisch gesehen handelt es sich um zwei unterschiedliche erkenntnistheoretische Ansätze zur Erklärung des Werdens und (ideentheoretisch gesprochen) der Dinge.

Das fünfte Kapitel enthielt eine nähere Analyse des Platonischen Raumbegriffs unter dem Gesichtspunkt der Anwendung der Ideenlehre bzw. der Mathematik auf die (sinnlichen) Dinge. Ziel dieses Teiles war es, die wesentlichen Momente und den Sinn des Platonischen Raumbegriffs zu verdeutlichen. Im Ergebnis stellte sich heraus, daß der Raumbegriff Platons nicht der Aristotelische Begriff der primären Materie oder der Begriff des geometrischen Raumes ist; er schließt vielmehr beide Bedeutungen ein. Ferner ging es um eine Klärung der unterschiedlichen Analogien und Bedeutungen, die sich mit dem Raumbegriff im „Timaios" verbinden. Es zeigte sich, daß eine konsistente Erklärung der Qualitäten auf der Grundlage zweier unterschiedlicher Raumbegriffe, die der „Timaios" enthält, nicht erreichbar ist. Im Rahmen ihrer geometrischen Darstellung erscheinen nämlich die Qualitäten als sekundäre Ableitungen der mathematischen Figuren. Sie sind aber der Ideenlehre nach primäre Qualitäten, also auf quantitative Weise nicht aufeinander reduzierbar. Daraus folgt, daß Platon zwei unterschiedliche Systematiken, nämlich die der Ideenlehre und die der Geometrie, auf ein und denselben Gegenstand, nämlich die Natur, anzuwenden versucht, und daß dies den Doppelsinn des Raumbegriffs bei Platon ausmacht. Dieser Doppelsinn, der eine aus Platonischer Sicht erkenntnistheoretisch wohlbegründete und insofern auch systematisch gewollte Perspektivendifferenz ist, ist zugleich der eigentliche Inhalt eines ‚wahrscheinlichen Logos', den Platon, wie im ersten Kapitel der Arbeit herausgearbeitet, als das Wesen naturphilosophischer Erklärungen ansieht. Die Klärung dieses Doppelsinns und seines Ortes in der Platonischen Naturphilosophie bildete den zentralen Teil dieser Arbeit.

Literaturverzeichnis

I. Ausgaben und Kommentare

Apelt, O. (Hrsg.) (1988), Platons Dialoge. Timaios und Kritias, Hamburg.
Archer-Hind, R. D. (Hrsg.) (1888), The Timaeus of Plato, London.
Brisson, L. (Hrsg.) (1992), Platon: Timée/Critias, Paris.
Hülser, K. (Hrsg.) (1991), Platon: Nomoi [griech./dt.], Tübingen.
Lee, D. (Hrsg.) (1977), Plato: Timaeus and Critias, London.
Zekl, H. G. (Hrsg.) (1992), Platon: Timaios [griech./dt.], Hamburg.

II. Abhandlungen und Übersetzungen

Adkins, A. W. H. (1970), From the Many to the One: A Study of Personality and Views of Human Nature in the Context of Ancient Greek Society, Values and Beliefs, London.

Adrados, F. R. (1997), Coherencia e Incoherencia en la Forma y Contenido del Timeo, in: Calvo, T./Brisson, L. (Hrsg.) (1997), 37-47.

Aertsen, J. J./Speer, A. (Hrsg.) (1998), Raum und Raumvorstellungen im Mittelalter, Berlin/New York.

Aiton, E. J./Duncan, A. M./Field, J. V. (1997), J. Kepler: The Harmony of the World, Philadelphia.

Akhundov, M. D. (1986), Conceptions of Space and Time: Sources, Evolution, Directions, tr. by C. Rougle, Cambridge/London.

Albert, K. (1992), Über den Begriff der Philosophie im Platonischen Phaidros, in: Rossetti, L. (Hrsg.) (1992), 236-240.

Algra, K. (1995), Concepts of Space in Greek Thought, Leiden/New York/Köln.

Ders./van der Horst, P. W./Runia, D. T. (Hrsg.) (1996), Polyhistor: Studies in the History and Historiography of Ancient Philosophy, Leiden.

Allen, R. E. (Hrsg.) (1965), Studies in Plato's Metaphysics, London.

Ders. (1983), Plato's Parmenides: Translation and Analysis, Oxford.

Ders. (1997), Plato's Parmenides, New Haven/London.

Alt, K. (1978), Die Überredung der Ananke zur Erklärung der sichtbaren Welt in Platons Timaios, Hermes 106, 426-466.

Dies. (1997), Hippolytos als Referent Platonischer Lehre, Jahrbuch für Antike und Christentum 40, 78-105.

Andresen, C. (Hrsg.), Lexikon der Alten Welt, Zürich/Stuttgart.

Annas, J. (1982), Plato's Myths of Judgement, Phronesis 27, 119-143.

Dies. (1992), Plato the Sceptic, in: Klagge. J. C./Smith, N. D. (Hrsg.) (1992), 43-72.

Anscombe, E. (1993), The Origin of Plato's Theory of Forms, in: Sharples, R. W. (Hrsg.) (1993), 90-98.

Anton, J. P./Kustas, G. L. (Hrsg.) (1971), Essays in Ancient Greek Philosophy I, Albany.

Ders. (Hrsg.) (1980), Science and the Sciences in Plato, New York.

Ders./Preus, A. (Hrsg.) (1989), Essays in Ancient Greek Philosophy III: Plato, New York.

Arieti, J. A. (1991), Interpreting Plato: The Dialogues as Drama, Maryland.

Armleder, P. J. (1962), Some Observations on Plato's Timaeus, Classical Bulletin 39, 9-10.

Arrighetti, G. (1993), Plato between Myth, Poetry and History, in: Jäkel, S. (Hrsg.) (1993), 43-61.

Ashbaugh, A. E. (1988), Plato's Theory of Explanation: A Study of the Cosmological Account in the Timaeus, Albany.

Astroh, M./Gerhardus, D./Heinzmann, G. (Hrsg.) (1997), Dialogisches Handeln. Eine Festschrift für Kuno Lorenz, Heidelberg/Berlin/Oxford.

Atzpodien, J. (1985), Philosophischer Mythos (Eikos Mythos) und mathematische Metaphorik in Platons Timaios, Bonn.

Audretsch, J./Mainzer, K. (Hrsg.) (1989), Vom Anfang der Welt, München.

Ayache, L. (1997), Est-il Vraiment Question d'Art Médical dans le Timée?, in: Calvo, T./Brisson, L. (Hrsg.) (1997), 55-63.

Baier, K. (1981), Die Einwände des Aristoteles gegen die Ideenlehre Platons. Unter Berücksichtigung des Metaphysik-Kommentars von Thomas von Aquin, Wien.

Baird, R. M./Cooper, W. F./Duncan, E. H./Rosenbaum, S. E. (Hrsg.) (1987), Contemporary Essays on Greek Ideas: The Kilgore Festschrift, Waco.

Ballew, L. (1979), Straight and Circular: A Study of Imagery in Greek Philosophy, Assen.

Baltes, M. (1975), Numenios von Apamea und der platonische Timaios, Vigiliae Christianae 29, 241-270.

Ders. (1996a), Gégonen (Platon. Tim. 28B7): Ist die Welt real entstanden oder nicht?, in: Algra, K. A./van der Horst, P. W./Runia, D. T. (Hrsg.) (1996), 76-94.

Ders. (1996b), Idee (Ideenlehre), in: Dassmann, E. (Hrsg.) (1996), 213-246.

Baltzly, D. (1997), Plato and Aristotle on Relatives, Oxford Studies in Ancient Philosophy 15, 177-206.

Bärthlein, K. (1996), Der Analogiebegriff bei den griechischen Mathematikern und bei Platon, Würzburg.

Bassfreund, J. (1885), Über das zweite Prinzip des Sinnlichen oder die Materie bei Plato, Breslau.

Baudry, J. (1931), Le Problème de l'Origine et de l'Éternité du Monde dans la Philosophie Grecque de Platon à l'Ere Chrétienne, Paris.

Bäumer, A. (1991), Geschichte der Biologie. Biologie von der Antike bis zur Renaissance I, Frankfurt/Bern/New York/Paris.

Baumgarten, H.-U. (1998), Handlungstheorie bei Platon. Platon auf dem Weg zum Willen, Stuttgart/Weimar.

Beierwaltes, W. (1995), Distanz und Nähe der Geschichte. Hegel und Platon, in: Schubert, Ch./Brodersen, K. (Hrsg.) (1995), 9-22.

Benitez, E. E. (1995), The Good or the Demiurge: Causation and the Unity of Good in Plato, Apeiron 38, 117-135.

Bernard, W. (1998), ‚Theologie' und Naturphilosophie bei Platon, in: Wendel, H. J./ders. (Hrsg.) (1998), 1-29.

Bigger, C. P. (1967), On the „World Soul" in Plato's Timaeus, Southern Journal of Philosophy 5, 1-8.

Ders. (1968), Participation: A Platonic Inquiry, Baton Rouge.

Binder, G./Effe, B. (Hrsg.) (1990), Mythos. Erzählende Weltdeutung im Spannungsfeld von Ritual, Geschichte und Rationalität, Trier.

Bobonich, C. (1991), Persuasion, Compulsion and Freedom in Plato's Laws, Classical Quarterly 41, 365-388.

Bochner, S. (1966), The Role of Mathematics in the Rise of Science, Princeton.

Böhme, G. (Hrsg.) (1989), Klassiker der Naturphilosophie, München.

Ders. (1996), Idee und Kosmos. Platons Zeitlehre, Frankfurt/M.

Ders./Böhme, H. (1996), Feuer, Wasser, Erde, Luft. Eine Kulturgeschichte der Elemente, München.

Bohn, V. (Hrsg.) (1987), Romantik, Literatur und Philosophie, Frankfurt/M.

Bolton, R. (1998), Plato's Discovery of Metaphysics: The New *Methods* of the *Phaedo*, in: Gentzler, J. (Hrsg.) (1998), 91-111.

Bowen, A. C. (Hrsg.) (1991), Science and Philosophy in Classical Greece, New York/London.

Brague, R. (1985), The Body of the Speech: A New Hypothesis on the Compositional Structure of Timaes' Monologue, in; O'Meara, D. J. (Hrsg.) (1985), 53-83.

Braig, C. (1891), Zu Plato's Timaeus p. 51E - p. 52B, Philosophisches Jahrbuch 4, 22-29.

Brandwood, L. (1976), A Word Index to Plato, Leeds.

Brennan, J. G. (1971), Whitehead on Plato's Cosmology, Journal of the History of Philosophy 9, 67-78.

Brès, Y. (1973), La Psychologie de Platon, Paris.

Brisson, L. (1974), Le Même et l'Autre dans la Structure Ontologique du Timée de Platon, Paris.

Ders. (1987), Le Discours comme Univers et l'Univers comme Discours. Platon et ses Interprêtes Néo-Platoniciens, in: Hoffmann, P./Lallot, J./Boulluec, A. L. (Hrsg.) (1987), 121-128.

Ders. (1992), Platon. Timée/Critias, Paris.

Ders. (1994), Platon. Parménide: Traduction Inédite, Introduction et Notes, Paris.

Ders./Meyerstein, F. W. (1995), Inventing the Universe: Plato's Timaeus, the Big Bang, and the Problem of Scientific Knowledge, Albany.

Ders. (1996a), Einführung in die Philosophie des Mythos (übers. A. Russer), Darmstadt.

Ders. (1996b), Den Kosmos betrachten, um richtig zu leben: Timaios, in: Kobusch, T./Mojsisch, B. (Hrsg.) (1996), 229-248.

Ders. (1996c), Une Nouvelle Interprétation de Parménide de Platon, in: Morel, P.-M. (Hrsg.) (1996), 69-107.

Ders./Canto-Sperber, M. (1997), Zur sozialen Gliederung der Polis (Buch II 372d-IV 427c), in: Höffe, O. (Hrsg.) (1997), 95-117.

Ders. (1997), Perception Sensible et Raison dans le Timée, in: ders./Calvo, T. (1997), 307-316.

Brumbaugh, R. S. (1961), Plato and the History of Science, Studium Generale 14, 520-527.

Ders. (1989), Platonic Studies of Greek Philosophy: Forms, Arts, Gadgets, and Hemlock, Albany.

Buchheim, T. (1987), Die Spekulation des Werdens in Platons ‚Timaios', in: Löw, R. (Hrsg.) (1987), 23-41.

Buchner, H. (Hrsg.) (1994), F. W. J. Schelling „Timaeus“ (1794). Mit einem Beitrag von Hermann Knings: Genesis und Materie. Zur Bedeutung der „Timaeus“ – Handschrift für Schellings Naturphilosophie, Stuttgart-Bad Cannstatt.

Bury, R. G. (1929), Plato, with an English Translation: Timaeus, Critias, Cleitophon, Menexenus, Epistles, Cambridge.

Calame, C. (Hrsg.) (1988), Métamorphoses du Mythe en Grèce Antique, Genève.

Ders. (1996), Mythe et Histoire dans l’Antiquité Grecque. Le Création Symbolique d’une Colonie, Nadir.

Calvo, T. (Hrsg.) (1995), The Proceedings of IV. Symposium Platonicum, Granada.

Ders./Brisson, L. (Hrsg.) (1997), Interpreting the Timaeus-Critias, Proceedings of the IV Symposium Platonicum: Selected Papers, Sankt Augustin.

Camp. J. V./Canart, P. (1956), Le Sens du Mot Theios chez Platon, Louvain.

Čapek, M. (Hrsg.) (1976), The Concepts of Space and Time: Their Structure and Their Development, Boston Studies in the Philosophy of Science 22, Dordrecht/Boston.

Caplan, J. R. (1995), The Coherence of Plato’s Ontology, in: Druart, T.-A. (Hrsg.) (1995), 171-189.

Carmody, J. (1971), Plato’s Religious Horizon, Philosophy Today 15, 52-68.

Carone, G. R. (1991), La Nocion de Dios en el Timeo de Platon, Buenos Aires.

Dies. (1997), The Ethical Function of Astronomy in Plato’s Timaeus, in: Calvo, T./Brisson, L. (Hrsg.) (1997), 341-349.

Casey, E. S. (1997), The Fate of Place: A Philosophical History, Berkeley/Los Angeles/London.

Cavagnaro, E. (1997), The Timaeus of Plato and the Erratic Motion of the Planets, in: Calvo, T./Brisson, L. (Hrsg.) (1997), 351-362.

Chaignet, A.-E. (1887), Histoire de la Psychologie des Grecs, Paris.

Charlton, W. (1983), Prime Matter: A Rejoinder, Phronesis 28, 197-211.

Ders. (1992), Aristotle: *Physics* Books I and II, Oxford.

Ders. (1995), Space, in: Honderich, T. (Hrsg.) (1995), 842-843.

Cherniss, H. F. (1944), Aristotle’s Criticism of Plato and the Academy, Baltimore.

Ders. (1945), The Riddle of the Early Academy, Berkeley/Los Angeles.

Ders. (1965), The Relation of the Timaeus to Plato’s Later Dialogues [1957], in: Allen, R. E. (1965), 339-378.

Ders. (1971), The Philosophical Economy of the Theory of Ideas, in: Vlastos, G. (Hrsg.) (1971a), 16-27.

Ders. (1977a), A Much Misread Passage of the Timaeus (Timaeus 49c7-50b5), [1954] in: ders. (1977b), 346-363.

Ders. (1977b), Selected Papers, hrsg. v. L. Taran, Leiden.

Cherry, R. S. (1967), Timaeus 49c7-50b5, Apeiron 2, 1-11.

Claghorn, G. S. (1954), Aristotle’s Criticism of Plato’s ‘Timaeus’, The Hague.

Clay, D. (1988), Gaps in the „Universe“ of the Platonic Dialogues, in: Cleary, J. J. (Hrsg.) (1988), 131-154.

Cleary, J. J. (Hrsg.) (1987), Proceedings of the Boston Area Colloquium in Ancient Philosophy II, Boston.

Ders. (Hrsg.) (1988), Proceedings of the Boston Area Colloquium in Ancient Philosophy III, Boston.

Ders. (1990), The Mathematical Cosmology of Plato’s Timaeus, Synthesis Philosophica 10, 419-443.

Ders. (1995), Aristotle and Mathematics: Aporetic Method in Cosmology and Metaphysics, Leiden/New York/Köln.

Ders./Wians, W. C. (Hrsg.) (1995), Proceedings of the Boston Area Colloquium in Ancient Philosophy XI, Boston.

Ders. (1996), Mathematics and Cosmology in Aristotle's Philosophical Development, in: Wians, W. C. (Hrsg.) (1996), 193-228.

Ders. (1997), Plato's Teleological Atomism, in: Calvo, T./Brisson, L. (Hrsg.) (1997), 239-247.

Cohen, S. M./Keyt, D. (1992), Analysing Plato's Arguments: Plato and Platonism, in: Klagge, J. C./Smith, N. D. (Hrsg.) (1992), 173-200.

Conrad-Martius, H. (1954), Die Zeit, München.

Cook, A. (1996), The Stance of Plato, Lanham.

Cornford, F. M. (1935), Plato's Theory of Knowledge: The Theaetetus and the Sophist of Plato, Translated with a Running Commentary, London.

Ders. (1937), Plato's Cosmology, London.

Ders. (1939), Plato and Parmenides: Parmenides' *Way of Truth* and Plato's *Parmenides* Translated with an Introduction and a Running Commentary, London.

Ders. (1967a), Greek Natural Philosophy and Modern Science, in: ders. (1967b), The Unwritten Philosophy and Other Essays, hrsg. v. W. K. C. Guthrie, Cambridge, 81-94.

Ders. (1976), The Invention of Space, in: Čapek, M. (Hrsg.) (1976), 3-16.

Coulton, J. J. (1977), Ancient Greek Architects at Work, Ithaca.

Crombie, I. M. (1963), An Examination of Plato's Doctrines II: Plato and Knowledge and Reality, London.

Ders. (1964), Plato: The Midwife's Apprentice, London.

Cropsey, J. (1989), The Whole as Setting for Man: On Plato's Timaeus, Interpretation 17, 165-191.

Cushing, J. T. (1998), Philosophical Concepts in Physics: The Historical Relation between Philosophy and Scientific Theories, Cambridge.

Dalfen, J. (1974), Polis und Poiesis. Die Auseinandersetzung mit der Dichtung bei Platon und seinen Zeitgenossen, München.

Dancy, R. M. (1991), Two Studies in the Early Academy, Albany.

Dassmann, E. (Hrsg.) (1996), Reallexikon für Antike und Christentum XVII, Stuttgart.

David, E. (1984), The Problem of Representing Plato's Ideal State in Action, Rivisita di Filologia e di Istruzione Classica 112, 33-53.

Day, J. M. (1997), Perception in Theaetetus 152-183, Oxford Studies in Ancient Philosophy 15, 51-80.

De Cárcer, F. P. A. (1996), Educación y Comunicación en Platón. Una Contribución al Debate Actual en Torno a la Escuela de Tubinga-Milán, Barcelona.

De Cerisy, C. (Hrsg.) (1994), Le Passage des Frontières. Autour de Travail de Jacques Derrida, Paris.

De Graff, T. B. (1941/42), Timaeus 41A, Classical Weekly 35, 244-245.

De Lacy, P. H. (1939), Problems of Causation in Plato's Philosophy, Classical Philology 34, 97-115.

De Marignac, A. (1951), Imagination et Dialectique. Essais sur l'Expression du Spirituel par l'Image dans le Dialogues de Platon, Paris.

De Rijk, L. M. (1977), On Ancient and Mediaeval Semantics and Metaphysics, Vivarium 15, 81-110.

De Vogel, C. J. (1959), Théorie de l'Apeiron chez Platon, Revue de Philosophique de la France et de l'Étranger 149, 21-39.

Ders. (1986), Rethinking Plato and Platonism, Leiden.

DeFilippo, J. G. (1997), *Plato on God as Nous* by Stephen Menn, Ancient Philosophy 17, 189-196.

Deichmann, C. (1893), Das Problem des Raumes in der griechischen Philosophie, Halle.

Demos, R. (1968), Plato's Doctrine of the Psyche as a Self-Moving Motion, Journal of the History of Philosophy 6, 133-145.

Denniston, J. D. (1966), The Greek Particles, Oxford.

Derbolav, J. (1972a), Platons Sprachphilosophie im Kratylos und in den späteren Schriften, Darmstadt.

Ders. (1972b), The Philosophical Origins of Plato's Theory of Ideas, Archiv für Geschichte der Philosophie 54, 1-23.

Derrida, J. (1987), Chôra, in: Detienne, M./Loraux, N./Mossé, C./Vidal-Naquet, P. (Hrsg.) (1987), 265-296.

Ders. (1990), Chôra, übers. u. hrsg. v. P. Engelmann, Wien.

Ders./Eisenman, P. (1997), Chora L Works, hrsg. v. J. Kipnis/T. Leeser, New York.

Detienne, M. (1988), La Double Écriture de la Mythologie entre le Timée et le Critias, in: Calame, C. (Hrsg.) (1988), 17-33.

Ders./Loraux, N./Mossé, C./Vidal-Naquet, P. (Hrsg.) (1987), Poikilia: Études offertes à Jean-Pierre Vernant, Paris.

Devaney, M. J. (1997), ‚Since at least Plato ...' and Other Postmodernist Myths, New York.

Devereux, D. T. (1994), Separation and Immanence in Plato's Theory of Forms, Oxford Studies in Ancient Philosophy 12, 63-90.

Dickason, A. (1973/74), Anatomy and Destiny: The Role of Biology in Plato's Views of Women, Philosophical Forum 5, 45-53.

Dickie, M. W. (1973), The Place of *Phthonos* in the Argument of Plato's Phaedrus, in: Rosen, R. M./Farrell, J. (Hrsg.) (1993), 379-396.

Dicks, D. R. (1970), Early Greek Astronomy to Aristotle, Ithaca.

Diehl, E. (Hrsg.) (1965), Proklos. In Platonis Timaeum Commentaria, Leipzig.

Diès, M. (1972), Autour de Platon II, Essai de Critique et d'Histoire, Paris

Dihle, A. (1995), Platons Schriftkritik, Jahrbuch der Akademie der Wissenschaften in Göttingen, 120-147.

Dillon, J. (1977), The Middle Platonists. 80 B.C. to A.D. 220, Ithaca.

Ders. (1989), Tampering with the Timaeus: Ideological Emendations in Plato, with Special Reference to the Timaeus, American Journal of Philology 110, 50-72.

Ders. (1997), The Riddle of the Timaeus: Is Plato Sowing Clues?, in: Joyal, M. (Hrsg.), 25-42.

Dixsaut, M. (1985), Le Naturel Philosophe. Essai sur les Dialogues de Platon, Paris.

Dodds, E. R. (1971), Plato and the Irrational Soul, in: Vlastos, G. (Hrsg.) (1971b), 206-229.

Doherty, K. F. (1956), God and the Good in Plato, New Scholasticism 30, 510-524.

Ders. (1961), The Demiurge and the Good in Plato, New Scholasticism 35, 510-524.

Donini, P. L. (1988), Il Timeo. Unità del dialogo, verisimiglianza del discorso, Elenchos 9, 5-52.

Döring, K./Wöhrle, G. (Hrsg.) (1992), Antike Naturwissenschaft und ihre Rezeption, Bamberg.

Dörrie, H. (1972), Der Mythos und seine Funktion in der antiken Philosophie, Innsbruck.

Ders./Baltes, M. (1988), Die Philosophische Lehre des Platonismus V. Platonische Physik (im antiken Verständnis) II, Stuttgart-Bad Cannstatt.

Dorter, K. (1989), The Theory of Forms and Parmenides I, in: Anton, J./Preus, A. (Hrsg.) (1989), 183-202.

Ders. (1994), Form and Good in Plato's Eleatic Dialoges: The Parmenides, Theaetetus, Sophist, and Statesman, Berkeley/Los Angeles/London.

Douda, E. (1973), Platons Weltbaumeister, Altertum 19, 147-156.

Driscoll, J. (1979), The Platonic Ancestry of Primary Substance, Phronesis 25, 253-269.

Droz, G. (1992), Les Mythes Platoniciens, Du Seuil.

Drummond, J. J. (1982), Indivisible Lines and the Timaeus, Apeiron 16, 63-70.

Dubose, S. (1970), Poiesis and Cosmos, Tulane Studies of Philosophy 19, 21-26.

Duhem, P. (1958), Le Système du Monde. Histoire des Doctrines Cosmologiques de Platon a Copernic I, Paris.

Ders. (1976), Plato's Theory of Space and the Geometrical Composition of the Elements, in: Čapek, M. (Hrsg.) (1976), 21-25.

Dupont-Roc, R. (1976), „Mimesis" et Énonciation, in: Lallot, J. (Hrsg.) (1976), 6-14.

Düring, I./Owen, G. E. L. (Hrsg.) (1960), Aristotle and Plato in the Mid-Fourth Century, Göteborg.

Ebert, T. (1974), Meinung und Wissen in der Philosophie Platons, Berlin/New York.

Ders. (1991), Von der Weltursache zum Weltbaumeister, Antike und Abendland 37, 43-54.

Ders. (1994), Sokrates als Pythagoreer und die Anamnesis in Platons Phaidon. Abhandlung der Geistes- und Sozialwissenschaftlichen Klasse, Stuttgart.

Ders. (1998), Wer sind die Ideenfreunde in Platons *Sophistes*?, in: Enskat, R. (Hrsg.) (1998), 82-100.

Edwards, P. (Hrsg.) (1967), The Encyclopedia of Philosophy VI, New York/London.

Elias, J. A. (1984), Plato's Defence of Poetry, London.

Enno, R. (Hrsg.) (1994), Mythos. Zwischen Philosophie und Theologie, Darmstadt.

Ders. (1994), Platons Weg vom Logos zum Mythos, in: ders. (Hrsg.) (1994), 95-112.

Enskat, R. (Hrsg.) (1998), Amicus Plato Magis Amica Veritas. Festschrift für Wolfgang Wieland zum 65. Geburtstag, Berlin/New York.

Erickson, E. V. (Hrsg.) (1979), Plato: True and Sophistic Rhetoric, Amsterdam.

Erler, M. (1997), „Mythos und Historie" – Die Atlantisgeschichte als Platons Antwort auf die Frage: ‚Wie und wozu Geschichtsschreibung' und Aristoteles' Reaktion, in: Neukam, P. (Hrsg.) (1997), 80-100.

Eslick, L. J. (1963), The Material Substrate in Plato, in: McMullin, E. (Hrsg.) (1963), 39-58.

Fackeldey, H. G. (1958), Zur Einheit des Platonischen „Timaios“, Köln.

Ferber, R. (1991), Die Unwissenheit des Philosophen oder Warum hat Platon die „ungeschriebene Lehre“ nicht geschrieben?, Sankt Augustin.

Ders. (1995), Platon, München.

Ders. (1997), Why Did Plato Maintain the „Theory of Ideas“ in the Timaeus?, in: Calvo, T./Brisson, L. (1997), 179-186.

Ferrari, G. R. F. (1989), Plato and Poetry, in: Kennedy, G. A. (Hrsg.) (1989), 92-148.

Ders. (1995), Myth and History in Plato's Timaeus-Critias, in: Cálvo, T. (1995), ohne Seitenzahlen.

Field, G. C. (1933), Plato and Natural Science, Philosophy 8, 131-141.

Figal, G. (1993), Platons Destruktion der Ontologie. Zum Sinn des Parmenides, Antike und Abendland 39, 29-43.

Figel, G. (1991), Warum soll man über die Welt eine Geschichte erzählen? Der Timaios als Traktat vom Abbild, in: ders. (Hrsg.) (1991), 86-109.

Ders. (Hrsg.) (1991), Das Untier und die Liebe. Sieben Platonische Essays, Stuttgart.

Findlay, J. N. (1974), Plato: The Written and Unwritten Doctrines, London.

Fine, G. (1984), Separation, Oxford Studies in Ancient Philosophy 2, 31-87.

Dies. (1992), Aristotle's Criticism of Plato, in: Klagge, J. C./Smith, N. D. (Hrsg.) (1992), 13-41.

Finkelberg, A. (1996), Plato's Method in Timaeus, American Journal of Philology 117, 391-409.

Fischer, N. (1982), Ursprungsphilosophie in Platons Timaios, Philosophisches Jahrbuch 89, 247-268.

Folse, H. J. (1978), Platonic „Atomism“ and Contemporary Physics, in: Whittemore, R. C. (Hrsg.) (1978), 69-88.

Fowler, D. H. (1987), The Mathematics of Plato's Academy: A New Reconstruction, Oxford.

Frank, E. (1923), Plato und die sogenannten Pythagoreer. Ein Kapitel aus der Geschichte des griechischen Geistes, Halle.

Frede, D. (1996), The Philosophical Economy of Plato's Psychology: Rationality and Common Concepts in the Timaeus, in: Frede, M./Striker, G. (Hrsg.) (1996), 29-58.

Frede, M./Striker, G. (Hrsg.) (1996), Rationality in Greek Thought, Oxford.

Fredericks, S. C. (1978), Plato's Atlantis: A Mythologist Looks at Myth, in: Ramage, E. S. (Hrsg.) (1978), 81-99.

Friedländer, P. (1949), Structure and Destruction of the Atom According to Plato's Timaeus, in: Adams, G. P. u.a. (Hrsg.), University of California Publications in Philosophy 16, Berkeley/Los Angeles.

Ders. (1964), Platon I. Seinswahrheit und Lebenswirklichkeit, Berlin.

Fujisawa, N. (1974), Echein, Metechein, and Idioms of „Paradigmatism“ in Plato's Theory of Form, Phronesis 19, 30-58.

Furley, D. (1989), Cosmic Problems: Essays on Greek and Roman Philosophy of Nature, Cambridge.

Gadamer, H.-G. (1974), Idee und Wirklichkeit in Platons Timaios, Heidelberg.

Gaiser, K. (1962), Platons ungeschriebene Lehre. Studien zur systematischen und geschichtlichen Begründung der Wissenschaften in der Platonischen Schule, Stuttgart.

Ders. (1965), Platons Farbenlehre, in: ders./Flashar, H. (Hrsg.) (1965), 173-222.

Ders./Flashar, H. (Hrsg.) (1965), Synusia. Festgabe für Wolfgang Schadewaldt, Pfullingen.

Ders. (1987), Die Ursprünge des idealistischen Naturbegriffs bei Platon, in: Petry, M. J. (Hrsg.) (1987), 3-32.

Gampper, G. (1997), Zum Gebrauch des Artikels beim Gottesbegriff Platons, Frankenthal.

Gaudin, C. (1990), Platon et l'Alphabet, Paris.

Gauss, H. (1961), Philosophischer Handkommentar zu den Dialogen Platos III/2. Die Spätdialoge Philebus, Timaeus, Critias und Gesetze, Bern.

Geerard, M. (Hrsg.) (1990), Opes Atticae. Miscellanea Philologica et Historica Raymondo Bogaert et Hermanno Van Looy Oblata, The Hague.

Gentzler, J. (Hrsg.) (1998), Method in Ancient Philosophy, Oxford.

Gersch, S./Kannengiesser, C. (Hrsg.) (1992), Platonism in Late Antiquity, Notre Dame.

Gerson, L. P. (1990), God and Greek Philosophy: Studies in the Early History of Natural Theology, London/New York.

Ders. (1996), Imagery and Demiurgic Activity in Plato's Timaeus, Journal of Neoplatonic Studies 5, 29-66.

Gessman, A. M. (1968), Plato's Critias: Literary Fiction or Historical Narrative? Where Are We Standing in the Search for Atlantis?, Language Quarterly 7, 17-31.

Gill, C. (1977), The Genre of the Atlantis Story, Classical Philology 72, 287-304.

Ders. (1993), Plato on Falsehood – not Fiction, in: ders./Wiseman, T. P. (Hrsg.) (1993), 38-87.

Ders./Wiseman, T. P. (Hrsg.) (1993), Lies and Fiction in the Ancient World, Exeter.

Ders./McCabe, M. M. (Hrsg.) (1996), Form and Argument in Late Plato, Oxford.

Gill, M. L. (1987), Matter and Flux in Plato's Timaeus, Phronesis 32, 34-53.

Dies./Ryan, P. (1996), Plato: Parmenides, Indianapolis/Cambridge.

Gloy, K. (1986), Studien zur platonischen Naturphilosophie im Timaios, Würzburg.

Dies. (1990), Platon, die Wissenschaftsgeschichte und unser Naturverständnis. Platons Naturbegriff im Timaios, Deutsche Zeitschrift für Philosophie 38, 651-659.

Dies. (1995), Das Verständnis der Natur I. Die Geschichte des ganzheitlichen Denkens, München.

Dies. (Hrsg.) (1996), Natur- und Technikbegriffe. Historische und Systematische Aspekte: Von der Antike bis zur ökologischen Krise, von der Physik bis zur Ästhetik, Bonn.

Dies. (1996), Platons Naturbegriff im Timaios, in: dies. (Hrsg.) (1996), 29-41.

Gonzalez, F. J. (Hrsg.) (1995), The Third Way: New Directions in Platonic Studies, Lanham.

Gosling, J. C. B. (1973), Plato, London/Boston.

Gosztonyi, A. (1976), Der Raum. Geschichte seiner Probleme in Philosophie und Wissenschaften I, Freiburg/München.

Graeser, A. (1996), Wie über Ideen sprechen?. Parmenides, in: Kobusch, T./Mojsisch, B. (Hrsg.) (1996), 146-166.

Graham, D. W. (1991), Socrates, the Craft Analogy, and Science, Apeiron 29, 1-24.

Grube, G. M. A. (1935), Plato's Thought, London, With New Introduction, Bibliographic Essay, and Bibliography by D. J. Zeyl (1980).

Gueroult, M. (1924), Le Xe Livre de Lois et la Dernière Forme de la Physique Platonicienne, Revue des Études Grecques 37, 27-38.

Gulley, N. (1960), The Interpretation of Plato's Timaeus 49d-e, American Journal of Philology 81, 53-64.

Ders. (1962), Plato's Theory of Understanding, London.

Ders. (1977), Plato on Poetry, Greece and Rome 24, 154-169.

Guthrie, W. K. C. (1962), A History of Greek Philosophy I: The Earlier Presocratics and the Pythagoreans, Cambridge.

Ders. (Hrsg.) (1967), F. M. Cornford: The Unwritten Philosophy and Other Essays, Cambridge.

Ders. (1975), A History of Greek Philosophy IV: Plato The Man and His Dialogues: Earlier Period, Cambridge.

Ders. (1978), A History of Greek Philosophy V: The Later Plato and the Academy, Cambridge.

Hackforth, R. (1959), Plato's Cosmogony (Timaeus 27D ff.), Classical Quarterly 53, 17-22.

Ders. (1965), Plato's Theism, in: Allen, R. E. (Hrsg.) (1965), 439-447.

Hägler, R.-P. (1983), Platons ‚Parmenides'. Probleme der Interpretation, Berlin/New York.

Hahm, D. E. (1977), The Origins of Stoic Cosmology, Columbus.

Hahn, R. (1980), Material Causality, Non-Being, and Plato's Hypodoche: A Review of the Timaeus in Terms of the Divided Line, Apeiron 14, 57-66.

Hall, T. S. (1965), The Biology of the *Timaeus* in Historical Perspective, Arion 4, 109-122.

Hammer-Jensen, I. (1910), Platon und Demokrit, Archiv für Geschichte der Philosophie 23, 92-105, 211-229.

Hampton, C. (1990), Pleasure, Knowledge, and Being: An Analysis of Plato's Philebus, Albany.

Hankinson, R. J. (Hrsg.) (1988), Method, Medicine and Metaphysics: Studies in the Philosophy of Ancient Science, Alberta.

Ders. (1988), Stoicism, Science and Divination, in: ders. (Hrsg.) (1988), 123-160.

Ders. (1998), Cause and Explanation in Ancient Greek Thought, Oxford.

Happ, H. (1971), Hyle, Berlin.

Hardie, W. F. R. (1993), A Study in Plato, Bristol.

Hardt, F. (Hrsg.) (1952), La Notion du Divin. Depuis Homère jusqu'à Platon, Genève.

Hare, R. M. (1990), Platon. Eine Einführung, übers. C. Goldmann, Stuttgart.

Harré, R. (Hrsg.) (1986), The Physical Sciences Since Antiquity, London/Sydney.

Haslam, M. W. (1976), Plato's Unfinished Dialogues, American Journal of Philology 97, 336-339.

Hatab, L. J. (1990), Myth and Philosophy: A Contest of Truths, La Salle.

Heinaman, R. (1997), Plato: Metaphysics and Epistemology, in: Parkinson, G. H. R./Shanker, S. G. (Hrsg.) (1997), 356-393.

Heitsch, E. (1992), Wege zu Platon. Beiträge zum Verständnis seines Argumentierens, Göttingen.

Hentschke, A. B. (1971), Politik und Philosophie bei Plato und Aristoteles. Die Stellung der „Nomoi" im Platonischen Gesamtwerk und die politische Theorie des Aristoteles, Frankfurt/M.

Herter, H. (1957), Bewegung der Materie bei Platon, Rheinisches Museum für Philologie 100, 327-347.

Hirsch, W. (1971), Platons Weg zum Mythos, Berlin/New York.

Hirst, M. E. (1913), Plato Timaeus 37C, Classical Philology 8, 93.

Höffe, O. (Hrsg.) (1981), Klassiker der Philosophie I, München.

Ders. (Hrsg.) (1997), Platon. Politeia, Berlin.

Hoffmann, M. (1996), Die Entstehung von Ordnung. Zur Bestimmung von Sein, Erkennen und Handeln in der späteren Philosophie Platons, Stuttgart/Leipzig.

Hoffmann, P./Lallot, J./Boulluec, A. L. (Hrsg.) (1987), Les Textes et ses Represéntations. Études de Littérature Ancienne 3, Paris.

Honderich, T. (Hrsg.) (1995), The Oxford Companion to Philosophy, Oxford/New York.

Horstschäfer, T. M. (1998), ‚Über Prinzipien'. Eine Untersuchung zur methodischen und inhaltlichen Geschlossenheit des ersten Buches der *Physik* des Aristoteles, Berlin/New York.

Hösle, V. (1984), Hegels ‚Naturphilosophie' und Platons ‚Timaios'. Ein Strukturvergleich, Philosophia Naturalis 21, 64-100.

Howald, E. (1922), Eikos logos, Hermes 100, 63-79.

Huber, C. E. (1964), Anamnesis bei Platon, München.

Huber-Abrahamowicz, E. (1954/1997), Das Problem der Kunst bei Platon, Winterthur, Ebmatingen.

Hübner, K./Menne, A. (Hrsg.) (1973), Natur und Geschichte. X. Deutscher Kongress für Philosophie, Hamburg.

Huby, P./Neal, G. (Hrsg.) (1989), The Criterion of Truth, Liverpool.

Hunt, D. P. (1997), How (Not) to Exempt Platonic Forms from Parmenides' Third Man, Phronesis 42, 1-20.

Ders. (1998), The ‚Problem of Fire': Referring to Phenomena in Plato's Timaeus, Ancient Philosophy 18, 69-80.

Hussey, E. (1986), Matter Theory in Ancient Greece, in: Harré, R. (Hrsg.) (1986), 10-28.

Irwin, T. H. (1977), Plato's Heracleiteanism, Philosophical Quarterly 27, 1-13.

Ders. (1989), A History of Western Philosophy I: Classical Thought, Oxford.

Jackson, H. (1885), Plato's Later Theory of Ideas III: The Timaeus, Journal of Philology 13, 1-40.

Jackson, R./Lycos, K./Tarrant, H. (1998), Olympiodorus: Commentary on Plato's *Gorgias*, Leiden/Boston/Köln.

Jäger, G. (1967), „Nus" in Platons Dialogen, Göttingen.

Jäkel, S. (Hrsg.) (1993), Power and Spirit, Turku.

Jammer, M. (1969), Concepts of Space: The History of Theories of Space in Physics, Cambridge.

Ders. (1980), Das Problem des Raumes. Die Entwicklung der Raumtheorien, Darmstadt.

Janaway, C. (1995), Images of Excellence: Plato's Critique of the Arts, Oxford.

Johnson, H. J. (1967), Three Ancient Meanings of Matter: Democritus, Plato, and Aristotle, Journal of the History of Ideas 28, 3-16.

Jordan, R. W. (1983), Plato's Arguments for Forms, Cambridge.

Joubaud, C. (1991), Le Corps Humain dans la Philosophie Platonicienne. Études à Partir du Timée, Paris.

Joyal, M. (Hrsg.) (1997), Studies in Plato and the Platonic Tradition: Essays Presented to John Whittaker, Aldershot/Brookfield/Singapore/Sydney.

Kahn, C. H. (1976), Why Existence Does Not Emerge as a Distinct Concept in Greek Philosophy, Archiv für Geschichte der Philosophie 58, 323-334.

Ders. (1996), Plato and the Socratic Dialogue: The Philosophical Use of a Literary Form, Cambridge.

Kalfas, V. (1996), Plato's „Real Astronomy" and the Myth of Er, Elenchos 17, 5-20.

Kaloyeropoulos, N. A. (1980), La Théorie de l'Espace chez Kant et chez Platon, Genève.

Kamlah, W. (1963), Platons Selbstkritik im Sophistes, München.

Kapferer, R. (1952), Platons Timaios oder die Schriften über die Natur, Stuttgart.

Kardaun, M. (1993), Der Mimesisbegriff in der griechischen Antike. Neubetrachtung eines umstrittenen Begriffes als Ansatz zu einer neuen Interpretation der Platonischen Kunstauffassung, Amsterdam/New York/Oxford/Tokyo.

Késsidou, A. (1996), La Kalliphanie du Monde (l'Épiphanie du Beau) dans le Timée, Kernos 9, 327-332.

Kennedy, G. A. (Hrsg.) (1989), The Cambridge History of Literary Criticism I: Classical Criticism, Cambridge.

Kenney, J. P. (1991), Mythical Monotheism: A Study in Ancient Platonic Theology, Hanover/London.

Keuls, E. C. (1978), Plato and Greek Painting, Leiden.

Keyt, D. (1961), Aristotle on Plato's Receptacle, American Journal of Philology 82, 291-300.

Ders. (1971), The Mad Craftsman of the Timaeus, Philosophical Review 80, 230-235.

Kintz, L. (1994), Plato, Kristeva, and the Chora: Figuring the Unfigurable, in: Shankman, S. (Hrsg.) (1994), 145-160.

Klagge, J. C./Smith, N. D. (Hrsg.) (1992), Methods of Interpreting Plato and His Dialogues, Oxford.

Klauser, T. (Hrsg.) (1957), Realexikon für Antike und Christentum III, Stuttgart.

Kobusch, Th. (1990), Die Wiederkehr des Mythos. Zur Funktion des Mythos in Platons Denken und in der Philosophie der Gegenwart, in: Binder, G./Effe, B. (Hrsg.) (1990), 13-32.

Ders./Mojsisch, B. (Hrsg.) (1996), Platon. Seine Dialoge in der Sicht neuer Forschungen, Darmstadt.

Koskenniemi, H./Jäkel, S./Pyykkö, V. (Hrsg.) (1986), Literatur und Philosophie in der Antike, Turku.

Krafft, F. (1990), Die Mathematisierung des Kosmos, in: Döring, K./Wöhrle, G. (Hrsg.) (1990), 33-63.

Krämer, H. (1996), Die Idee der Einheit in Platons Timaios, Perspektiven der Philosophie. Neues Jahrbuch 22, 287-304.

Kratzert, T. (1998), Die Entdeckung des Raumes. Vom Hesiodischen „Chaos" zur Platonischen „Chora", Amsterdam/Philadelphia.

Kraut, R. (Hrsg.) (1992), The Cambridge Companion to Plato, Cambridge.

Ders., Introduction to the Study of Plato, in: ders. (Hrsg.) (1992), 1-50.

Ders. (1997), Plato, in: Zeyl, D. J. (Hrsg.) (1997), 387-413.

Krell, D. F. (1975), Female Parts in Timaeus, Arion N.S. 2, 400-421.

Ders. (1995), Archeticture: Ecstasies of Space, Time, and the Human Body, Albany.

Kristeller, P. O. (1989), Die Ideen als Gedanken der menschlichen und göttlichen Vernunft, Sitzungsberichte der Heidelberger Akademie der Wissenschaften, Heidelberg.

Kullmann, W. (1973), Der Platonische Timaios und die Methode der Aristotelischen Biologie, in: ders./Döring, K. (Hrsg.), 139-163.

Ders./Döring, K. (Hrsg.) (1973), Studia Platonica. Festschrift für Hermann Gundert, Amsterdam.

Ders./Föllinger, S. (Hrsg.) (1997), Aristotelische Biologie. Intention, Methoden, Ergebnisse, Stuttgart.

Ders. (1998), Aristoteles und die moderne Wissenschaft, Stuttgart.

Kung, J. (1985), Tetrahedra, Motion, and Virtue, Noûs 19, 17-27.

Dies. (1988), Why the Receptacle Is Not a Mirror, Archiv für Geschichte der Philosophie 70, 167-178.

Dies. (1989), Mathematics and Virtue in Plato's Timaeus, in: Anton, J. P./Preus, A. (Hrsg.) (1989), 309-339.

Küster, O./Küster, F./Schmidt, H. (1978), Platons „Timaios". Zusammenfassendes Gespräch, Stuttgart.

Labarbe, J. (1990), Quel Critias dans le Timée et le Critias de Platon?, in: Geerard, M. (Hrsg.) (1990), 239-255.

Laks, A. (1990), Legislation and Demiurgy: On the Relationship Between Plato's *Republic* and *Laws*, Classical Antiquity 9, 209-229.

Lallot, J. (Hrsg.) (1976), Écriture et Théorie Poétiques. Lecture d'Homère, Eschyle, Platon, Aristote, Paris.

Landmann, M. (1966), Die Weltschöpfung im Timaios und in der Genesis, Antaios 7, 476-500.

Lauermann, C (1985), Platons Konzeption der Bewegung des Geistes, Rheinfelden.

Laurent, J. (1996), L'Unicité du Monde selon Platon, in: Morel, P.-M. (1996), 39-52.

Lee, E. N. (1966), On the Metaphysics of the Image in Plato's Timaeus, The Monist 50, 341-368.

Ders. (1967), On Plato's Timaeus 49d4-e7, American Journal of Philology 88, 1-28.

Ders. (1971), On the „Gold Example" in Plato's Timaeus (50a5-b5), in: Anton, J. P./Kustas, G. L. (Hrsg.) (1971), 219-235.

Ders./Mourelatos, A. P. D./Rorty, R. M. (Hrsg.) (1973), Exegesis and Argument: Studies in Greek Philosophy Presented to Gregory Vlastos, Assen.

Ders. (1973a), „Hoist with His Own Petard": Ironic and Comic Elements in Plato's Critique of Protagoras (Tht. 161-171), in: ders./Mourelatos, A. P. D./Rorty, R. M. (Hrsg.) (1973), 225-261.

Ders. (1973b), The Second 'Third Man': An Interpretation, in: Moravcsik, J. M. E. (Hrsg.) (1973), 101-122.

Ders. (1976), Reason and Rotation: Circular Movement as the Model of Mind (Nous) in Later Plato, in: Werkmeister, W. H. (Hrsg.) (1976), 70-102.

Leisegang, H. (1950), Platon, in: Wissowa, G. u.a. (Hrsg.) (1950), 2342-2537.

Lenzi, M. (1997), Platonic Polypsychic Pantheism, Monist 80, 232-250.

Letwin, O. (1981), Interpreting the Philebus, Phronesis 26, 187-206.

Lindberg, D. C. (1992), The Beginnings of Western Science: The European Scientific Tradition in Philosophical, Religious, and Institutional Context, 600 B.C. to A.D. 1450, Chicago/London.

Lloyd, G. E. R. (1966), Polarity and Analogy: Two Types of Argumentation in Early Greek Thought, Cambridge.

Ders. (1968), Plato as a Natural Scientist, Journal of Hellenic Studies 88, 78-92.

Ders. (1970), Early Greek Science: Thales to Aristotle, London.

Ders. (1987), Dogmatism and Uncertainty in Early Greek Speculative Thought, in: Detienne, N./Loraux, N./Mossé, C./Vidal-Naquet, P. (Hrsg.) (1987), 297-312.

Ders. (1991), Methods and Problems in Greek Science, Cambridge.

Ders. (1996a), Adversaries and Authorities: Investigations into Ancient Greek and Chinese Science, Cambridge.

Ders. (1996b), Aristotelian Explorations, Cambridge.

Longrigg, J. (1993), Greek Rational Medicine: Philosophy and Medicine from Alcmaeon to the Alexandrians, London/New York.

Löw, R. (Hrsg.) (1987), Oikeiôsis. Festschrift für Robert Spaemann, Weinheim.

Luce, J. V. (1992), An Introduction to Greek Philosophy, London.

Lutoslawski, W. (1897), The Origin and Growth of Plato's Logic: With an Account of Plato's Style and of the Chronology of His Writings, London/New York/Bombay

Maas, W. (1974), Unveränderlichkeit Gottes. Zum Verhältnis von griechisch-philosophischer und christlicher Gotteslehre, München/Paderborn/Wien.

Mainzer, K. (1995), Platonische Körper, in: Mittelstraß, J. (Hrsg.) (1995), Stuttgart/Weimar, 264-267.

Mannsperger, D. (1969), Physis bei Platon, Berlin.

Mansfeld, J. (1981), Bad World and Demiurge: A 'Gnostic' Motif from Parmenides and Empedocles to Lucretius and Plato, in: Quispel, G. (Hrsg.) (1981), 261-314.

Mansion, S. (1965), Raum, in: Andresen, C. (Hrsg.) (1965), 2509-2510.

Margel, S. (1995), Le Tombeau du Dieu Artisan sur Platon, Précedé de *Avances* par J. Derrida, Paris.

Marten, R. (1962), Ousia im Denken Platons, Meisenheim/Glan.

Ders. (1975), Platons Theorie der Idee, Freiburg/München.

Martens, E. (1989), Platon, in: Böhme, G. (Hrsg.) (1989), 29-44.

Martin, G. (1973), Platons Ideenlehre, Berlin/New York.

Martin, Th. H. (1841a), Études sur le Timée de Platon I, Paris.

Ders. (1841b), Études sur le Timée de Platon II, Paris.

Mattéi, J.-F. (1996), Platon et le Miroir du Mythe. De l'Âge d'Or à l'Atlantide, Paris.

Maula, E. (1970), Plato's Agalma of the Eternal Gods, Ajatus 31, 7-36.

Maziarz, E. A./Greenwood, T. (1968), Greek Mathematical Philosophy, New York.

McCabe, M. M. (1994), Plato's Individuals, Princeton.

McKeon, R. (1994), On Knowing – The Natural Sciences, Chicago/London.

McMullin, E. (Hrsg.) (1963), The Concept of Matter in Greek and Medieval Philosophy, Notre Dame.

McPherran, M. L. (1984), Ontology and Relations in Plato's „Phaedo", „Parmenides", and „Timaeus", Ann Arbor.

Ders. (1988), Plato's Particulars, Southern Journal of Philosophy 26, 527-553.

Ders. (1989), Plato's Reply to the ‚Worst Difficulty' Argument of the Parmenides: Sophist 248a-249d, in: Anton, J./Preus, A. (Hrsg.) (1989), 227-246.

Meinhardt, H. (1968), Teilhabe bei Platon. Ein Beitrag zum Verständnis Platonischen Prinzipiendenkens unter besonderer Berücksichtigung des „Sophistes", Freiburg/München.

Meinwald, C. C. (1991), Plato's Parmenides, New York/Oxford.

Meldrum, M. (1950), Plato and the Archê Kakôn, Journal of Hellenic Studies 70, 65-74.

Melling, D. J. (1987), Understanding Plato, Oxford/New York.

Mendell, H. (1987), Topoi on Topos: The Development of Aristotle's Concept of Place, Phronesis 32, 206-231.

Menn, S. (1992), Aristotle and Plato on God as Nous and as the Good, Review of Metaphysics 45, 547-573.

Ders. (1995), Plato on God as Nous, Carbondale/Edwardsville.

Ders. (1998), Descartes and Augustine, Cambridge.

Mesch, W. (1997), Die ontologische Bedeutung der Zeit in Platons Timaios, in: Calvo, T./Brisson, L. (Hrsg.) (1997), 227-237.

Meyer-Abich, K. M. (1973), Eikos logos. Platons Theorie der Naturwissenschaft, in: Scheibe, E./Süßmann, G. (Hrsg.) (1973), 22-44.

Mignucci, M. (1990), Plato's „Third Man" Argument in the Parmenides, Archiv für Geschichte der Philosophie 72, 143-181.

Miller, D. R. (1994), The Third Genos in Plato's Timaeus (Summary of Dissertation), Harvard Studies in Classical Philology 96, 402-403.

Mills, K. W. (1968), Some Aspects of Plato's Theory of Forms: Timaeus 49cff, Phronesis 13, 145-170.

Mittelstraß, J. (1962), Die Rettung der Phänomene. Ursprung und Geschichte eines antiken Forschungsprinzips, Berlin.

Ders. (1970), Neuzeit und Aufklärung. Studien zur Entstehung der neuzeitlichen Wissenschaft und Philosophie, Berlin/New York.

Ders. (1973), Metaphysik der Natur in der Methodologie der Naturwissenschaften, in: Hübner, K./Menne, A. (Hrsg.) (1973), 63-87.

Ders. (1974), Die Möglichkeit von Wissenschaft, Frankfurt/ M.

Ders. (1981a), Platon, in: Höffe, O. (Hrsg.) (1981), 38-62.

Ders. (1981b), Das Wirken der Natur. Materialien zur Geschichte des Naturbegriffs, in: Rapp, F. (Hrsg.) (1981), 36-69.

Ders. (1984), Versuch über den Sokratischen Dialog, in: Stierle, K./Warning, R. (Hrsg.) (1984), 11-27.

Ders. (1985a), Die geometrischen Wurzeln der Platonischen Ideenlehre, Gymnasium 92, 399-418.

Ders. (1985b), Griechische Bausteine der neuzeitlichen Rationalität, in: Schuller, W. (1985), 195-209.

Ders. (1989), Die Kosmologie der Griechen, in: Audretsch, J./Mainzer, K. (Hrsg.) (1989), 40-65.

Ders. (1995), Machina Mundi. Zum astronomischen Weltbild der Renaissance, Basel/Frankfurt.

Ders. (Hrsg.) (1995), Enzyklopädie Philosophie und Wissenschaftstheorie III, Stuttgart/Weimar.

Ders./Mainzer, K. (1995), Raum, in: ders. (Hrsg.) (1995), 482-490.

Ders. (1997), Die Dialektik und ihre wissenschaftlichen Vorübungen (Buch VI 510b-511e und Buch VII 521c-539d), in: Höffe, O. (Hrsg.) (1997), 229-249.

Ders. (1998), Das Undenkbare denken. Über den Umgang mit dem Undenkbaren und Unvorstellbaren in der Wissenschaft, Konstanz.

Mohr, R. D. (1985), The Platonic Cosmology, Leiden.

Ders. (1986), Form as Individuals: Unity, Being and Cognition in Plato's Ideal Theory, Illinois Classical Studies 11, 113-128.

Ders. (1989), Plato's Theology Reconsidered: What the Demiurge Does, in: Anton, J./Preus, A. (Hrsg.) (1989), 293-307.

Moncada, J. E. (1994), Chora und Chronos. Logos und Ananke in der Elemententheorie von Platons „Timaios“, Wuppertal.

Moore, C. H. (1916), The Religious Thought of the Greeks: From Homer to the Triumph of Christianity, Cambridge.

Moravcsik, J. M. E. (Hrsg.) (1973), Patterns in Plato's Thought, Dordrecht/Boston.

Ders. (1992), Plato and Platonism: Plato's Conception of Appearance and Reality in Ontology, Epistemology, and Ethics, and Its Modern Echoes, Oxford/Cambridge.

More, D. E. (1921, 1970), The Religion of Plato, Princeton, New York.

Moreau, J. (1969), The Platonic Idea and Its Threefold Function: A Synthesis, International Philosophical Quarterly 9, 477-517.

Ders. (1988), l'Idée Platonicienne et le Réceptacle, Revue Philosophique de Louvain 86, 137-149.

Morel, P.-M. (Hrsg.) (1996), Platon et l'Objet de la Science, Bordeaux.

Morin, H. (1965), Der Begriff des Lebens im „Timaios“ Platons unter Berücksichtigung seiner früheren Philosophie, Uppsala.

Morris, T. F. (1985), How Can One Form Be in Many Things?, Apeiron 19, 53-56.

Morrow, G. R. (1954), The Demiurge in Politics: The Timaeus and the Laws, American Philological Association 27, 5-23.

Ders. (1960), Plato's Cretan City: A Historical Interpretation of the Laws, Princeton.

Ders. (1968), Plato's Theory of the Primary Bodies in the Timaeus and the Later Doctrine of Forms, Archiv für Geschichte der Philosophie 50, 12-28.

Ders. (1979), Plato's Conception of Persuasion, in: Erickson, E. V. (Hrsg.) (1979), 339-354.

Mortley, R. J. (1967), Primary Particles and Secondary Qualities in Plato's Timaeus, Apeiron 2, 15-17.

Moukanos, D. D. (1987), Die Idee einer mathematischen Physik Platons, Philosophia Naturalis 24, 78-82.

Mourelatos, A. P. (1991), Plato's Science: His View and Ours of His, in: Bowen, A. C. (Hrsg.) (1991), 11-30.

Mueller, I. (1989), Joan Kung's Reading of Plato's Timaeus, Apeiron 22, 1-27.

Ders. (1998), Platonism and the Study of Nature (Phaedo 95eff.), in: Gentzler, J. (Hrsg.) (1998), 66-89.

Mugier, R. (1930), Le Sens du Mot Theios chez Platon, Paris.

Mugler, Ch. (1957), Hexis, Schesis et Schêma chez Platon, Revue des Études Grecques 70, 72-90.

Ders. (1967), Le Kenón de Platon et le *Panta homou* d'Anaxagore, Revue des Études Grecques 80, 210-219.

Müller, C. W. (1965), Gleiches zum Gleichen. Ein Prinzip frühgriechischen Denkens, Wiesbaden.

Müller, G. (1986), Platonische Studien, Heidelberg.

Murdoch, I. (1977), The Fire and the Sun: Why Plato Banished the Artist, London.

Muth, R. (1949), Zum Physis-Begriff bei Platon, Wiener Studien 64, 53-70.

Naddaf, G. (1994), The Atlantis Myth: An Introduction to Plato's Later Philosophy of History, Phoenix 48, 189-209.

Nagy, G. (1989), Early Greek Views of Poets and Poetry, in: Kennedy, G. A. (Hrsg.) (1989), 1-77.

Narbonne, J.-M. (1997a), Le Réceptacle Platonicien. Nature, Fonction, Contenu, Dialogue, Canadian Philosophical Review 36, 253-279.

Ders. (1997b), Note à Propos de l'Extériorité Présumée du Réceptacle Platonicien, in: Calvo, T./Brisson, L. (Hrsg.) (1997), 215-226.

Nerlich, G. C. (1960), Regress Arguments in Plato, Mind 69, 88-90.

Nestle, W. (1940), Vom Mythos zum Logos. Die Selbstentfaltung des griechischen Denkens von Homer bis auf die Sophistik und Sokrates, Stuttgart 1940.

Neukam, P. (Hrsg.) (1997), Vermächtnis und Herausforderung, München.

Nightingale, A. W. (1996), Plato on the Origins of Evil: The *Statesman* Myth Reconsidered, Ancient Philosophy 16, 65-91.

Nikolaou, S.-M. (1998), Die Atomlehre Demokrits und Platons *Timaios*. Eine vergleichende Untersuchung, Stuttgart/Leipzig.

Nilles, J.-C. (1986), Approche Mythique du Bien, du Phytourgos et du Démiurge, Revue Internationale de Philosophie 40, 115-139.

Nock, A. D. (1962), The Exegesis of Timaeus 28C, Vigiliae Christianae 16, 79-86.

North, H. F. (Hrsg.) (1977), Interpretations of Plato, Leiden.

O'Brien, D. (1984), Plato: Weight and Sensation. The Two Theories of the „Timaeus", Paris/Leiden.

Ders. (1995), Aristotle's Theory of Motion, in: Cleary, J. J./Wians, W. C. (Hrsg.) (1995), 47-86.

O'Meara, D. J. (Hrsg.) (1985), Platonic Investigations: Studies in Philosophy and the History of Philosophy 13, Washington D. C.

Ders. (1989), Pythagoras Revived: Mathematics and Philosophy in Late Antiquity, Oxford.

Osborne, C. (1988), Space, Topography in the Timaeus: Plato and Augustine on Mankind's Place in the Natural World, Proceedings of the Cambridge Philological Society 214, 104-114.

Dies. (1996), Time, Shape, and Direction: Creative Discours in the Timaeus, in: Gill, C./McCabe, M. M. (Hrsg.) (1996), 179-211.

Ostenfeld, E. N. (1968), Disorderly Motion in the Timaeus, Classical et Mediaevalia 29, 22-26.

Ders. (1973), Plato's Concept of Matter, Classica et Mediaevalia 9, 47-67.

Ders. (1982), Forms, Matter and Mind: Three Strands in Plato's Metaphysics, The Hague/Boston/London.

Ders. (1986), Plato's Development and the Date of the Timaeus, Classica et Mediaevalis 37, 63-87.

Ders. (1990), Self-Motion, Tripartition and Embodiment, Classica et Medeaevalia 41, 43-49.

Ders. (1993), The Physicality of God in the Politicus Myth and in the Later Dialogues, Classica et Mediaevalia 44, 97-108.

Ders. (1997), The Role and Status of the Form in the Timaeus: Paradigmatism Revised?, in: Calvo, T./Brisson, L. (Hrsg.) (1997), 167-177.

Owen, G. E. L. (1965), The Place of the Timaeus in Plato's Dialogues, in: Allen, R. E. (Hrsg.) (1965), 313-338.

Ders. (1973), Plato on the Undepictable, in: Lee, E. N./Mourelatos, A. P. D./Rorty, R. M. (Hrsg.) (1973), 349-361.

Parkinson, G. H. R./Shanker, S. G. (Hrsg.) (1997), Routledge History of Philosophy I: From the Beginning to Plato, London.

Pasanen, O. (1997), Double Truths: An Interview with John Sallis, Man and World 30, 107-114.

Patterson, C. B. (1990), Those Athenian Bastards, Classical Antiquity 9, 40-73.

Patterson, R. (1981), The Unique Worlds of the Timaeus, Phoenix 35, 105-119.

Patzig, G. (1970), Platons Ideenlehre, kritisch Betrachtet, Antike und Abendland 16, 113-126.

Pelikan, J. (1997), What Has Athens to Do with Jerusalem? *Timaeus* and *Genesis* in Counterpoint, Ann Arbor.

Pelletier, F. J./King-Farlow, J. (Hrsg.) (1983), New Essays on Plato, Canadian Journal of Philosophy Supplementary 9, Guelph.

Penner, T./Kraut, R. (Hrsg.) (1989), Natur, Knowledge and Virtue: Essays in Memory of Joan Kung, Alberta.

Perger, M. v. (1997), Die Allseele in Platons *Timaios*, Stuttgart/Leipzig.

Perl, E. D. (1998), The Demiurge and the Forms: A Return to the Ancient Interpretation of Plato's Timaeus, Ancient Philosophy 18, 81-92.

Petry, M. J. (Hrsg.) (1987), Hegel und die Naturwissenschaften, Stuttgart-Bad Cannstatt.

Pieper, J. (1965), Über die Platonischen Mythen, München

Pietsch, C. (1998), Geworden-Ungeworden-Erschaffen. Zur antiken Diskussion um die Entstehung der Welt, in: Bernard, W./Wendel, H. J. (Hrsg.) (1998), 30-66.

Pohle, W. (1971), The Mathematical Foundations of Plato's Atomic Physics, Isis 62, 36-46.

Ders. (1973), Dimensional Concepts and the Interpretation of Plato's Physics, in: Lee, E. N./Mourelatos, A. P. D./Rorty, R. M. (Hrsg.) (1973), 306-323.

Polansky, R. M. (1992), Philosophy and Knowledge: A Commentary on Plato's Theaetetus, London.

Polis, D. F. (1991), A New Reading of Aristotle's Hyle, Modern Schoolman 68, 225-244.

Pradeau, J.-F. (1995), Être Quelque Part, Occuper une Place. Topos et Chôra dans le Timée, Études Philosophiques 50, 375-399.

Ders. (1997), Le Monde de la Politique. Sur le Récit Atlante de Platon, Timé (17-27) et Critias, Sankt Augustin.

Press, G. A. (Hrsg.) (1993), Plato's Dialogues: New Studies and Interpretations, Lanham.

Prior, W. J. (1985), Unity and Development in Plato's Metaphysics, London/Sydney.

Pritchard, P. (1995), Plato's Philosophy of Mathematics, Sankt Augustin.

Quispel, G. (Hrsg.) (1981), Studies in Gnosticism and Hellenistic Religions: Presented to Gilles Quispel on the Occasion of His 65. Birthday, Leiden.

Rabel, R. J. (1996), Schêma in Plato's Definition of Imitation, Ancient Philosophy 16, 365-376.

Racionero, Q. (1998), Logos, Myth and Probable Discourse in Plato's Timaeus, Elenchos 19, 29-60.

Ramage, E. S. (Hrsg.) (1978), Atlantis: Fact or Fiction?, Bloomington/London.

Randall, J. H. (1970), Plato: Dramatist of the Life of Reason, New York/London.

Rapp, F. (Hrsg.) (1981), Naturverständnis und Naturbeherrschung. Philosophiegeschichtliche Entwicklung und gegenwärtiger Kontext, München.

Rath, I. W. (1990), An den Grenzen des wissenschaftlichen Logos. Zu Platons Timaios, Zeitschrift für Ganzheitsforschung 34, 147-166.

Raven, J. E. (1965), Plato's Thought in the Making: A Study of the Development of His Metaphysics, Cambridge.

Reale, G. (1993), Zu einer neuen Interpretation Platons. Eine Auslegung der Metaphysik der großen Dialoge im Lichte der „ungeschriebenen Lehre", Paderborn/München/Wien/Zürich.

Ders. (1996), Platons protologische Begründung des Kosmos, in: Rudolph, E. (Hrsg.) (1996), 3-25.

Ders. (1997), Plato's Doctrine of the Origin of the World. With Special Reference to the Timaeus, in: Calvo, T./Brisson, L. (Hrsg.) (1997), 149-164.

Reed, N. H. (1972), Platon on Flux, Perception and Language, Proceedings of the Cambridge Philological Society 18, 65-77.

Regnéll, H. (1967), Ancient Views on the Nature of Life: Three Studies in the Philosophies of the Atomists, Plato and Aristotle, Lund.

Rich, A. N. M. (1954), The Platonic Ideas as the Thoughts of God, Mnemosyne 7, 123-133.

Rist, J. M. (1964a), The Immanence and Transcendence of the Platonic Form, Philologus 108, 211-232.

Ders. (1964b), Eros and Psyche: Studies in Plato, Plotinus and Origen, Toronto.

Ders. (1982), Human Value: A Study in Ancient Philosophical Ethics, Leiden.

Ritchie, D. G. (1902, 1993), Plato, Edinburgh, Bristol.

Ritter, C. (1919), Platons Stellung zu den Aufgaben der Naturwissenschaft, Heidelberg.

Rivaud, A. (1906), Le Problème du Devenir et la Notion de la Materie, Paris.

Ders. (1948), Histoire de la Philosophie I. Des Origines à la Scolastique, Paris.

Ders. (1956), Espace et Changement dans le Timée de Platon, in: ders. (Hrsg.) (1956), 209-214.

Ders. (Hrsg.) (1956), Mélanges de Philosophie Grecque offerts à M. Diès, Paris.

Robert, M. (1949), Zum Physis-Begriff bei Platon, Wiener Studien: Zeitschrift für Klassische Philologie 64, 53-70.

Robin, L. (1923), La Pensée Grecque et les Origines de l'Esprit Scientifique, Paris.

Ders. (1947), La Pensée Hellénique des Origines à Épicure. Questions de Méthode, de Critique et d'Histoire, Paris.

Ders. (1972), Untersuchungen über die Bedeugung und Stellung der Physik in der Philosophie Platons, übers. Krapf, L./Wippern, J., in: Wippern, J. (Hrsg.) (1972), 261-298.

Robinson, T. M. (1967), Demiurge and World Soul in Plato's Politicus, American Journal of Philology 88, 57-66.

Ders. (1969), Deux Problèmes de la Psychologie Cosmique Platonicienne, Revue Philosophique de la France et de l'Étranger 159, 247-253.

Ders. (1970), Plato's Psychology, Toronto.

Ders. (1979), The Argument of Tim. 27dff., Phronesis 24, 105-109.

Ders. (1987), Understanding the Timaeus, in: Cleary, J. J. (Hrsg.) (1987), 103-119.

Ders. (1993), The World as Art-Object: Science and the Real in Plato's Timaeus, Illinois Classical Studies 18, 99-111.

Roochnik, D. (1996), Of Art and Wisdom: Plato's Understanding of Techne, University Park.

Rosen, R. M./Farrell, J. (Hrsg.) (1993), Nomodeikte: Greek Studies in Honor of Martin Ostwald, Ann Arbor.

Rosen, S. (1995), Commentary on Sallis, in: Clearly, J. J./Wians, W. C. (Hrsg.) (1995), 170-175.

Ross, W. D. (1951), Plato's Theory of Ideas, Oxford.

Rossetti, L. (Hrsg.) (1992), Understanding the Phaedrus, Proceedings of the II Symposium Platonicum, Sankt Augustin.

Rowe, C. J. (1984), Plato, Sussex.

Rudolph, E. (Hrsg.) (1996), Polis und Kosmos. Naturphilosophie und politische Philosophie bei Platon, Darmstadt.

Runia, D. T. (1986), Philo of Alexandria and the *Timaeus* of Plato, Leiden.

Ders. (1989), Plato: Timaeus 30B6-C1, Elenchos 10, 435-443.

Ders. (1992), The Language of Excellence in Plato's Timaeus and Later Platonism, in: Gersch, S./Kannengiesser, C. (Hrsg.) (1992), 11-37.

Ders. (1997a), The Literary and Philosophical Status of Timaeus Prooemium, in: Calvo, T./Brisson, L. (Hrsg.) (1997), 101-118.

Ders. (1997b), The Text of the Platonic Citations in Philo of Alexandria, in: Joyal, M. (Hrsg.) (1997), 261-291.

Ruthenberg, K. (1992), Was kann Timaios erklären?, in: Döring, K./Wöhrle, G. (Hrsg.) (1992), 44-58.

Rutherford, R. B. (1995), The Art of Plato: Ten Essays in Platonic Interpretation, London.

Ryle, G. (1966), Plato's Progress, Cambridge.

Ders. (1967), Plato, in: Edwards, P. (Hrsg.) (1967), 314-333.

Sachs, E. (1917), Die fünf Platonischen Körper. Zur Geschichte der Mathematik und der Elementenlehre Platons und der Pythagoreer, Berlin.

Sallis, J. (1994), De la Chôra, in: De Cerisy, C. (Hrsg.) (1994), 173-177.

Ders. (1995), Timaeus' Discours on the Chôra, in: Cleary, J. J./Wians, W. C. (Hrsg.) (1995), 155-169.

Saltzer, W. G. (1976), Theorien und Ansätze in der griechischen Astronomie — im Kontext benachbarter Wissenschaften betrachtet, Wiesbaden.

Ders. (1997), Grundzustand und Erschaffung der Neuelemente in Platons Timaios-Kosmologie, in: ders./Eisenhardt, P. u.a. (Hrsg.) (1997), 224-246.

Ders./Eisenhardt, P. u.a. (Hrsg.) (1997), Die Erfindung des Universums? Neue Überlegungen zur philosophischen Kosmologie, Frankfurt/Leipzig.

Sambursky, S. (1987), The Physical World of the Greeks, Princeton.

Santa Cruz, M. I. (1997), Le Discours de la Physique. Eikos Logos, in: Calvo, T./Brisson, L. (Hrsg.) (1997), 133-139.

Sayre, K. M. (1983), Plato's Late Ontology: A Riddle Resolved, Princeton.

Ders. (1998), The Role of the Timaeus in the Development of Plato's Late Ontology, Ancient Philosophy 18, 93-124.

Schaerer, R. (1930), A Propos du „Timée" et du „Critias". Est-il Plus Difficile de Parler des Dieux ou des Hommes?, Revue des Études Grecques 43, 26-35.

Schäfer, v. L. (1993), Herrschaft der Vernunft und Naturordnung in Platons Timaios, in: ders./Ströker, E. (Hrsg.) (1993), 49-83.

Ders./Ströker, E. (Hrsg.) (1993), Naturauffassungen in Philosophie, Wissenschaft, Technik I, Freiburg/München.

Schefer, C. (1996), Platon und Apollon. Vom Logos zurück zum Mythos, Sankt Augustin.

Scheffel, W. (1976), Aspekte der Platonischen Kosmologie. Untersuchungen zum Dialog „Timaios“, Leiden.

Scheibe, E./Süßmann, G. (Hrsg.) (1973), Einheit und Vielheit. Festschrift für Carl Friedrich v. Weizsäcker zum 60. Geburtstag, Göttingen.

Schibels, W. A. (1971), Models of Ancient Greek Philosophy, London.

Schmitt, A. (1997), Verhaltensforschung als Psychologie. Aristoteles zum Verhältnis von Mensch und Tier, in: Kullmann, W./Föllinger, S. (Hrsg.) (1997), 259-285.

Schmitz, H. (1985), Die Ideenlehre des Aristoteles II. Platon und Aristoteles, Bonn.

Schneider, K. (1966), Die schweigenden Götter, Hildesheim.

Schofield, M. (1973), Eudoxus in the Parmenides, Museum Helveticum 30, 1-19.

Schubert, Ch./Brodersen, K. (Hrsg.) (1995), Rom und der griechische Osten, Stuttgart.

Schul, P.-M. (1956), Desmos, in: Rivaud, A. (Hrsg.) (1956), 233-234.

Schuller, W. (Hrsg.) (1985), Antike in der Moderne. Konstanzer Althistorische Vorträge und Forschungen 15, Konstanz.

Schulz, D. J. (1966), Das Problem der Materie in Platons „Timaios“, Bonn.

Schwabe, W. (1980), ‚Mischung‘ und ‚Element‘ im Griechischen bis Platon. Wort- und Begriffsgeschichtliche Untersuchungen, insbesondere zur Bedeutungsentwicklung von STOIXEION, Archiv für Begriffsgeschichte Supplement 3, Bonn.

Scolnicov, S. (1988), Plato's Metaphysics of Education, London/New York.

Ders. (1997), Freedom and Education in Plato's Timaeus, in: Calvo, T./Brisson, L. (Hrsg.) (1997), 363-374.

Sedley, D. (1997), ‚Becoming like God‘ in the Timaeus and Aristotle, in: Calvo, T./Brisson, L. (Hrsg.) (1997), 327-339.

Seung, T. K. (1994), Kant's Platonic Revolution in Moral and Political Philosophy, Baltimore/London.

Shankman, S. (Hrsg.) (1994), Plato and Postmodernism, Glenside.

Sharafat, S. (1997), Elemente von Platons Anthropologie in den *Nomoi*, Frankfurt/M.

Sharples, R. W. (Hrsg.) (1993), Modern Thinkers and Ancient Thinkers, London.

Shorey, P. (1889), The Timaeus of Plato, American Journal of Philology 10, 45-78.

Ders. (1928a), Plato Timaeus 48D, Classical Philology 23, 70-71.

Ders. (1928b), Recent Interpretations of the Timaeus, Classical Philology 23, 343-362.

Silverman, A. (1992), Timaean Particulars, Classical Quarterly 42, 87-113.

Skemp, J. B. (1967), The Theory of Motion in Plato's Later Dialogues, Amsterdam.

Ders. (1989), The Timaeus and the Criterion of Truth, in: Huby, P./Neal, G. (Hrsg.) (1989), 83-92.

Smith, J. E. (1985), Plato's Myths as „Likely Accounts“: Worthy of Belief, Apeiron 19, 24-42.

Solmsen, F. (1942), Plato's Theology, Ithaca/New York.

Ders. (1960a), Aristotle's System of the Physical World: A Comparison with His Predecessors, New York.

Ders. (1960b), Platonic Influences in the Formation of Aristotle's Physical System, in: Düring, I./Owen, G. E. L. (Hrsg.) (1960), 213-235.

Ders. (1963), Nature as Craftsman in Greek Thought, Journal of the History of Ideas 24, 473-496.

Ders. (1968), Plato and the Unity of Science, in: ders. (Hrsg.) (1968), 326-331.

Ders. (Hrsg.) (1968), Kleine Schriften I, Hildesheim.

Ders. (1977), Platon and Science, in: North, H. F. (Hrsg.) (1977), 86-105.

Ders. (1978), Platonic Values in Aristotle's Science, Journal of the History of Ideas 39, 3-23.

Sörbom, G. (1966), Mimesis and Art: Studies in the Origin and Early Development of an Aesthetic Vocabulary, Uppsala.

Sprague, R. K. (1993), Some Platonic Recollections, in: Press, G. A. (Hrsg.) (1993), 249-258.

Steiner, P. M. (1992), Psyche bei Platon, Göttingen.

Stenzel, J. (1959), Zahl und Gestalt bei Platon und Aristoteles, Darmstadt.

Stetter, C. (1997), Logik und Schrift, in: Astroh, M./Gerhardus, D./Heinzmann, G. (Hrsg.) (1997), 311-354.

Stewart, R. S. (1989), The Epistemological Function of Platonic Myth, Philosophy and Rhetoric 22, 260-280.

Stierle, K./Warning, R. (Hrsg.) (1984), Das Gespräch, München.

Stormer, G. D. (1974), Plato's Theory of Myth, The Personalist 55, 216-223.

Strange, S. K. (1987), The Double Explanation in the Timaeus, Ancient Philosophy 5, 23-39.

Ders. (1995), Mathematics and Metaphysics in Plato's Timaeus, in: Calvo, T. (Hrsg.) (1995), ohne Seitenzahlen.

Stückelberger, A. (1988), Einführung in die antiken Naturwissenschaften, Darmstadt.

Sweeney, L. (1988), Participation in Plato's Dialogues: *Phaedo*, *Parmenides*, *Sophist* and *Timaeus*, New Scholasticism 62, 125-149.

Szabo, Á. (1994), Die Entfaltung der griechischen Mathematik, Mannheim/Leipzig/Wien/Zürich.

Szaif, J. (1996), Platons Begriff der Wahrheit, Freiburg/München.

Szlezák, T. A. (1993), Platon lesen, Stuttgart-Bad Cannstatt.

Ders. (1996), Psyche – Polis – Kosmos. Bemerkungen zur Einheit des platonischen Denkens, in: Rudolph, E. (Hrsg.) (1996), 26-42.

Ders. (1997), Über die Art und Weise der Erörterung der Prinzipien im Timaios, in: Calvo, T./Brisson, L. (Hrsg.) (1997), 195-203.

Taran, L. (1971), The Creation Myth in Plato's Timaeus, in: Anton, J./Kustas, G. L. (Hrsg.) (1971), 372-407.

Tayer, H. S. (1993), Meaning and Dramatic Interpretation, in: Press, G. A. (Hrsg.) (1993), 44-59.

Taylor, A. E. (1928), A Commentary on Plato's Timaeus, Oxford.

Ders. (1937), Plato: The Man and His Work, London.

Teichmüller, G. (1966), Studien zur Geschichte der Begriffe, Hildesheim.

Tejera, C. (1995), The Dialogical Composition of Plato's Parmenides, in: Gonzalez, F. J. (Hrsg.) (1995), 211-221.

Theiler, W. (1957), Demiurgos, in: Klauser, T. (Hrsg.) (1957), 694-711.

Ders. (1965), Zur Geschichte der teleologischen Naturbetrachtung bis auf Aristoteles, Berlin.

Thesleff, H. (1986), Plato and Literature, in: Koskenniemi, H./Jäkel, S./Pyykkö, V. (Hrsg.) (1986), 51-64.

Thiel, D. (1995), Der Ort der ursprünglichen Einschreibung. Anmerkungen zu J. Derridas Arbeiten über Platons Chóra, Prima Philosophia 8, 215-243.

Ders. (1998), Chóra, Locus, Materia. Die Rezeption des Platonischen Timaios (48a-53c) durch Nikolaus von Kues, in: Aertsen, J. J./Speer, A. (Hrsg.) (1998), 52-73.

Thomsen, D. (1990), ‚Techne' als Metapher und als Begriff der sittlichen Einsicht. Zum Verhältnis von Vernunft und Natur bei Platon und Aristoteles, München.

Toombs, S. K. (1987), Medicine and the Patient-Physician Relationship in Ancient Greece, in: Baird, R. M./Cooper, W. F./Duncan, E. H./Rosenbaum, S. E. (Hrsg.) (1987), 75-90.

Torrance, T. F. (1969), Space, Time and Incarnation, Toronto.

Toulmin, S./Goodfield, J. (1962), The Architecture of Matter: The Physics, Chemistry, and Physiology of Matter, Both Animate and Inanimate, As It Has Evolved since the Beginning of Science, Chicago/London.

Tracy, T. J. (1969), Physiological Theory and the Doctrine of the Mean in Plato and Aristotle, The Hague/Paris.

Turbayne, C. M. (1991), Metaphors for the Mind: The Creative Mind and Its Origins, Columbia.

Turnbull, R. G. (1980), The Later Platonic Concept of Scientific Explanation, in: Anton, J. P. (Hrsg.) (1980), 75-101.

Ders. (1998), The *Parmenides* and Plato's Late Philosophy: Translation of and Commentary on the *Parmenides* with Interpretative Chapters on the *Timaeus*, the *Theaetetus*, the *Sophist*, and the *Philebus*, Toronto/Buffalo/London.

Ueberweg, F./Praechter, K. (1926), Grundriß der Geschichte der Philosophie I: Die Philosophie des Altertums, 12. Aufl., Berlin.

Vallejo, A. (1997), No, It's Not a Fiction, in: Calvo, T./Brisson, L. (Hrsg.) (1997), 141-148.

Vaught, C. G. (1987), Participation and Imitation in Plato's Metaphysics, in: Baird, R. M. u.a. (Hrsg.) (1987), 17-31.

Verdenius, W. J. (1952), Platons Gottesbegriff, in: Hardt, F. (Hrsg.) (1952), 241-293.

Ders. (1962), Mimesis; Plato's Doctrine of Artistic Imitation and Its Meaning to Us, Leiden.

Ders. (1971), Plato's Doctrine of Artistic Imitation, in: Vlastos, G. (Hrsg.) (1971), 259-274.

Veyne, P. (1987), Glaubten die Griechen an ihre Mythen? Ein Versuch über die konstitutive Einbildungskraft, Frankfurt/M.

Vicaire, P. (1964), Recherches sur les Mots Désignant la Poésie et le Poiète dans l'Oeuvre de Platon, Paris.

Vieillard-Baron, J.-L. (1976), L'Interpretation Hégélienne du ‚Timée', ou la Philosophie de la Nature, Revue de Métaphysique et de Morale 81, 376-395.

Viertel, W. (1980), Luc Brisson. Le Même et l'Autre dans la Structure Ontologique du Timée de Platon, Philosophische Rundschau 27, 45-52.

Vlastos, G. (1965a), The Disorderly Motion in the Timaeus [1939], in: Allen, R. E. (Hrsg.) (1965), 379-399.

Ders. (1965b), Creation in the Timaeus: Is It a Fiction? [1964], in: Allen, R. E. (Hrsg.) (1965), 401-419.

Ders. (Hrsg.) (1971a), Plato: A Collection of Critical Essays I: Metaphysics and Epistemology, Garden City.

Ders. (Hrsg.) (1971b), Plato: A Collection of Critical Essays II: Ethics, Politics, and Philosophy of Art and Religion, Garden City.

Ders. (1975), Plato's Universe, Oxford.

Ders. (1995), Studies in Greek Philosophy II: Socrates, Plato and their Tradition, hrsg. v. D. W. Graham, Princeton.

Ders. (1995), The Role of Observation in Plato's Conception of Astronomy, in: ders. (1995), 223-246.

Walter, H. (1994), Die Entwicklung der Mythopoiie in den Platonischen Dialogen, Saarbrücken.

Waterlow, S. (1982), The Third Man's Contribution to Plato's Paradigmatism, Mind 91, 339-357.

Wedberg, A. (1955), Plato's Philosophy of Mathematics, Stockholm.

Ders. (1982), A History of Philosophy I, New York.

Weingartner, R. H. (1973), The Unity of the Platonic Dialogue: The Cratylus, the Protagoras, the Parmenides, Indianapolis/New York.

Weizsäcker, C. F. v. (1990), Die Tragweite der Wissenschaft, Stuttgart.

Welliver, W. (1977), Character, Plot and Thought in Plato's Timaeus-Critias, Leiden.

Wendel, H. J./Bernard, W. (Hrsg.) (1998), Antike Philosophie und moderne Wissenschaft, Rostock.

Werkmeister, W. H. (Hrsg.) (1976), Facets of Plato's Philosophy, Assen.

White, D. A. (1989), Myth and Metaphysics in Plato's Phaedo, London/Toronto.

White, M. J. (1996), Concepts of Space in Greek Thought, Apeiron 29, 183-198.

White, N. P. (1989), Perceptual and Objective Properties in Plato, in: Penner, T./Kraut, R. (Hrsg.) (1989), 45-65.

Whittaker, J. (1968), The „Eternity" of the Platonic Forms, Phronesis 13, 131-144.

Ders. (1969), Timaeus 27d 5ff., Phoenix 23, 181-185.

Ders. (1973), Textual Comments on Timaeus 27C-D, Phoenix 27, 387-391.

Whittemore, R. C. (Hrsg.) (1978), Studies in Plato, New Orleans.

Ders. (1978), The Proper Categorization of Plato's Demiurgos, in: ders. (Hrsg.), (1978), 163-166.

Wians, W. (Hrsg.) (1996), Aristotle's Philosophical Development: Problems and Prospects, Maryland.

Wichmann, O. (1966), Platon. Ideelle Gesamtdarstellung und Studienwerk, Darmstadt.

Wieland, W. (1961), Die aristotelische Physik. Untersuchungen über die Grundlegung der Naturwissenschaft und die sprachlichen Bedingungen der Prinzipienforschung bei Aristoteles, Göttingen.

Ders. (1982), Platon und die Formen des Wissens, Göttingen.

Ders. (1987) Platons Schriftkritik und die Grenzen der Mitteilbarkeit, in: Bohn, V. (Hrsg.) (1987), 24-44.

Ders. (1996), Das Sokratische Erbe: Laches, in: Kobusch, T./Mojsisch, B. (Hrsg.) (1996), 5-24.

Wilke, B. (1997), Vergangenheit als Norm in der platonischen Staatsphilosophie, Stuttgart.

Wilpert, P. (1950), Die Elementenlehre des Platon und Demokrit, in: Hanslmeier, J. (Hrsg.) (1950), 49-66.

Wilson, J. C. (1889), On the Interpretation of Plato's Timaeus, London.

Wippern, J. (Hrsg.) (1972), Das Problem der ungeschriebenen Lehre Platons. Beiträge zum Verständnis der Platonischen Prinzipienphilosophie, Darmstadt.

Wissowa, G., u.a. (Hrsg.) (1950), Paulys Realencyclopädie der classischen Altertumswissenschaft XL/2, Stuttgart.

Witte, B. (1964), Der Eikos Logos in Plato's Timaios, Archiv für Geschichte der Philosophie 46, 1-16.

Wolfson, H. A. (1947), The Knowability and Describability of God in Plato and Aristotle, Harvard Studies in Classical Philology 56/57, 233-249.

Wood, R. J. (1968a), The Demiurge and His Model, Classical Journal 63, 255-258.

Wyller, E. A. (1995), Kosmos als Klangfigur. Platons Naturvision im „Timaios", Perspektiven der Philosophie. Neues Jahrbuch 21, 105-121.

Yolton, J. W. (1949), The Ontological Status of Sense-Data in Plato's Theory of Perception, Review of Metaphysics 3, 21-58.

Young, J. (1978), How Chaotic Is Plato's Chaos?, Prudentia 10, 77-83.

Yunis, H. (1996), Taming Democracy: Models of Political Rhetoric in Classical Athens, Ithaca/London.

Zaslavsky, R. (1981), Platonic Myth and Platonic Writing, Lanham/New York/London.

Zehnpfennig, B. (1997), Platon zur Einführung, Hamburg.

Zekl, H. G. (1990), Topos: Die aristotelische Lehre vom Raum. Eine Interpretation von Physik IV 1-5, Hamburg.

Zeller, E. (1963), Die Philosophie der Griechen in ihrer geschichtlichen Entwicklung II/1. Sokrates und die Sokratiker. Plato und die alte Akademie, Leipzig 1922, Darmstadt.

Zembaty, J. S. (1983), Plato's Timaeus: Mass Terms, Sortal Terms, and Identity Through Time in the Phenomenal World, in: Pelletier, F. J./King-Farlow, J. (Hrsg.) (1983), 101-122.

Zeyl, D. J. (1975), Plato and Talk of a World in Flux: Timaeus 40a6-50b5, Harvard Studies in Classical Philology 79, 125-148.

Ders. (1987), Commentary on Robinson, in: Cleary, J. J. (Hrsg.) (1987), 120-125.

Ders. (Hrsg.) (1997), Encyclopedia of Classical Philosophy, Westport.

Zuckert, C. H. (1996), Postmodern Platos: Nietzsche, Heidegger, Gadamer, Strauss, Derrida, Chicago/London.

Zürcher, J. (1951), Über die Abfassungszeit des „Timaios" und „Philebos", Philosophisches Jahrbuch 61, 481-498.

Begriffsregister

Namenregister

Textregister